Vivian Dittmar

# Der emotionale Rucksack



GOLDMANN

*Buch*

Der emotionale Rucksack – das sind die schwierigen, unaufgearbeiteten Gefühle aus der Vergangenheit, die jeder mit sich herumschleppt: Angst, Wut, Trauer, Schmerz und andere mehr. Sie belasten uns im Alltag, in der Beziehung und im Job, indem sie zu emotionalen Überreaktionen führen und so selbst harmlose Situationen eskalieren lassen. Vivian Dittmar stellt einen neuen, heilsamen Umgang mit dem emotionalen Rucksack vor. Sie zeigt, wie wir ihn kontrolliert und bewusst entladen können, sodass wir endlich freier und mit weniger Ballast durchs Leben gehen, ohne bei jeder Kleinigkeit aus der Haut zu fahren. So wird es sogar in emotionalen Ausnahmezuständen möglich, mit uns und anderen gelassener umzugehen.

*Autorin*

Vivian Dittmar ist anerkannte Expertin zum Thema emotionale Intelligenz, Autorin und Gründerin der Be the Change-Stiftung für kulturellen Wandel. Durch ihre Bücher, Vorträge, Seminare und Onlineangebote engagiert sie sich seit zwei Jahrzehnten für eine holistische Entwicklung von Mensch, Gesellschaft, Wirtschaft und Bewusstsein. Zu ihren Bucherfolgen zählen u. a. *Das innere Navi*, *Gefühle & Emotionen – eine Gebrauchsanweisung* und *Echter Wohlstand*.

Sie ist Mutter von zwei erwachsenen Söhnen und lebt in der Chiemgau-Region.

www.viviandittmar.net

*Außerdem von Vivian Dittmar im Programm*

Echter Wohlstand – Warum sich Investition in inneren Reichtum lohnt

VIVIAN DITTMAR

# Der emotionale Rucksack

*Wie wir mit ungesunden Gefühlen aufräumen*

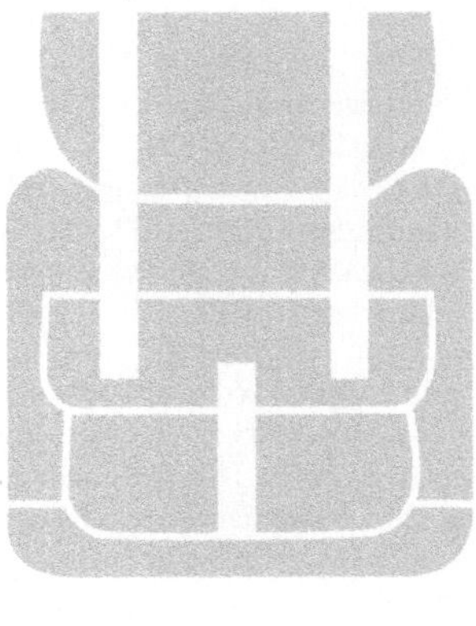

GOLDMANN

Die Originalausgabe erschien 2018 bei Kailash, München.



MIX
Papier | Fördert gute Waldnutzung
FSC® C014496
www.fsc.org

Penguin Random House Verlagsgruppe FSC® N001967

4. Auflage
Vollständige Taschenbuchausgabe November 2023

produktsicherheit@penguinrandomhouse.de
(Vorstehende Angaben sind zugleich Pflichtinformationen nach GPSR.)


Redaktion: Anne Nordmann, Chiara Jana Greber
Umschlaggestaltung: UNO Werbeagentur, München,
nach einem Entwurf von: ki 36 Editorial Design, München, Daniela Hofner
Umschlagmotiv: Rucksack: © Wolfgang Ludwig/plainpicture
Satz: Satzwerk Huber, Germering
Druck und Bindung: GGP Media GmbH, Pößneck
Printed in Germany
EB · CB
ISBN 978-3-442-22382-4

www.goldmann-verlag.de

## WICHTIGER HINWEIS

Dieses Buch kann ärztlichen/psychotherapeutischen Rat nicht ersetzen. Der Leser ist aufgefordert, selbst Verantwortung zu übernehmen und zu entscheiden, ob und wann er medizinische Hilfe in Anspruch nehmen will. Autorin und Verlag übernehmen keine Haftung für vermeintliche oder tatsächliche Schäden, die sich aus dem Gebrauch der in diesem Buch angeführten Inhalte ergeben.

Anmerkung: Ich weiß, dass es inzwischen in vielen Kreisen üblich ist, konsequent gegendert zu sprechen und zu schreiben. Ich habe mich bewusst dagegen entschieden, da eine hohe Lesbarkeit des Textes mir wichtiger ist als politische Korrektheit und ich gegenderte Ausdrucksformen leider oft als Sprachverstümmelung empfinde. Trotzdem ist es mir ein großes Anliegen, an dieser Stelle deutlich zu sagen, dass meine Aussagen geschlechtsunabhängig sind, wenn ich mich nicht ausdrücklich auf ein Geschlecht beziehe. Genauso spreche ich in meinen Schilderungen beispielhaft von Mann und Frau, wodurch ich jedoch gleichgeschlechtliche Paare in keiner Weise diskriminieren möchte.

*Für meine Mutter*

# INHALTSVERZEICHNIS

# EINLEITUNG

Es gibt Momente im Leben, da verstehen wir uns selbst nicht mehr. Das können ganz alltägliche Momente sein, wie etwa die berühmte offen gelassene Zahnpastatube, die eine Beziehungskrise provoziert. Oder weniger alltägliche Momente, wie wenn ein Wildfremder uns ohne Grund anpöbelt und wir erstaunt merken, dass uns das völlig aus der Bahn wirft. Ich erinnere mich lebhaft an einen solchen Moment vor vielen Jahren, der mich noch lange beschäftigte.

Es war ein typischer Münchener Herbsttag, und ich beschloss, mit meinem damals etwa dreijährigen Sohn ins Schwimmbad zu gehen. Es muss unter der Woche gewesen sein, vermutlich vormittags, denn das Bad war weitgehend leer, bis auf eine Seniorengruppe, die ausgerechnet im Kinderbecken ihre Aquagymnastikstunde hatte. Vor der Gruppe stand eine junge Frau, die energisch versuchte, Bewegung in die träge Ansammlung von Rüschenbadekappen zu bringen.

Das Becken war nicht ganz voll, und wir dachten uns nichts dabei, am hinteren Beckenrand ins Wasser zu gleiten. Mein Sohn war schon damals ein leidenschaftlicher Schwimmer, mit dem Planschbecken hatte er nichts mehr am Hut. Im großen Becken war es viel kälter, und einige ehrgeizige Sportskanonen zogen stoisch ihre Bahnen. Ein Dreijähriger hatte dort nichts verloren.

Wir waren gefühlt noch keine dreißig Sekunden im Wasser, als die Kursleiterin wie eine Furie auf uns losging. Ich kann mich nicht mehr erinnern, was sie gesagt hat, denn in dem Moment passierte es, völlig unvorhergesehen. Es war, als würde der Himmel einstürzen. Hätte ich auf festem Boden gestanden, ich hätte schwören können, dass soeben zwischen meinen Füßen eine Erdspalte aufgegangen war, um mich zu verschlingen. Meine Wahrnehmung verzerrte sich, und ich merkte, wie mein gesamter Gefühlshaushalt aus den Fugen geriet. Ich kann gar nicht sagen, was ich genau gefühlt habe, so wild wirbelte es in mir durcheinander.

Ich tat das Einzige, was mir in diesem Moment einfiel: Ich stammelte irgendetwas, nahm mein Kind unter den Arm und flüchtete auf die Toilette, wo ich in haltloses Schluchzen ausbrach. Und ich meine wirklich haltlos, so wie ich seit Jahren nicht geweint hatte.

Was war geschehen? Ich hatte keinen blassen Schimmer. Die Situation wäre vielleicht besser nachzuvollziehen gewesen, wenn ich zum Beispiel unter einer Depression gelitten oder sonst in einer Lebenskrise gesteckt hätte. Doch nichts davon traf zu. Es war ein ganz normaler Morgen gewesen, und auch wenn ich schon immer sensibler und emotionaler war als viele andere Menschen, diese Reaktion war sogar für mich extrem.

Ich hatte tausend Fragen: Wo kamen all diese Gefühle auf einmal her? Warum konnte eine wildfremde Frau, die ich in meinem Leben noch nie gesehen hatte und auch nie wiedersehen würde, mich so aus der Bahn werfen? Was gab ihr so eine Macht über meinen Gefühlshaushalt? Warum versagten all meine üblichen Steuerungsmechanismen? Warum war es mir nicht gelungen, ihr die Meinung sagen, mich schützend vor mein Kind zu stellen oder zumindest ohne emotionalen Super-GAU die Situation zu akzeptieren? Ich hatte keine einzige Antwort.

Diese Geschichte ist nun über fünfzehn Jahre her. Heute weiß ich, was damals geschehen ist: Etwas an der Situation erinnerte mich an eine längst vergangene Erfahrung, die ich nicht verarbeitet hatte. Mit anderen Worten, eine Ladung in meinem emotionalen Rucksack wurde aktiviert. Doch viel wichtiger als diese sicher nicht bahnbrechende Erkenntnis ist die Tatsache, dass ich inzwischen gelernt habe, mit meinem Rucksack nicht nur irgendwie klarzukommen, sondern ihn als wertvolle Ressource in meinem Leben zu schätzen. Es war ein langer Weg dorthin, auf dem ich auch immer wieder in Sackgassen landete, irgendwelchen vermeintlichen Lösungen aufsaß, die sich als Scheinlösungen entpuppten.

In den letzten Jahren begann ich dann im Zuge meiner Arbeit mit Menschen diese Erkenntnisse zu teilen – in Seminaren zur Persönlichkeitsentwicklung, auf Festivals, in Führungskräfteschulungen, um nur ein paar Beispiele zu nennen. Und ich stellte fest, egal ob knallharter Manager, aufgeräumter Ingenieur, verträumter Künstler oder liebevolle Mutter: Wir alle haben einen emotionalen Rucksack, und wir alle erleben immer wieder Momente, in denen unsere emotionale Steuerung versagt.

Vielleicht bist du besser darin, dich zusammenzureißen und dir nichts anmerken zu lassen, wenn du innerlich entgleist. Vielleicht gelingt es dir die meiste Zeit sogar, es vor dir selbst zu verbergen. Vielleicht sind deine Symptome ganz anders als meine, wenn dein emotionaler Rucksack sich bemerkbar macht. Nicht jeder bricht gleich in Tränen aus. Manche Menschen bekommen zum Beispiel einen Wutanfall und verstehen im Nachhinein nicht, was in sie gefahren ist. Andere fühlen plötzlich gar nichts mehr und nehmen alles nur noch wie durch Watte wahr. Wieder andere erleben wilde Wechselbäder der Gefühle, die von einer überlauten, nicht einzudämmenden Gedankenflut begleitet werden.

Egal, wie du emotionale Ausnahmezustände erlebst und wie du sie überlebst: Sie alle haben gemeinsam, dass unsere emotionale Steuerung versagt und wir nicht mehr fähig sind, angemessen auf die Situation zu reagieren. Wir erkennen uns selbst nicht mehr und können im Nachhinein oft nur noch hilflos den Kopf schütteln und uns fragen, was um alles in der Welt in uns gefahren ist. Also wenn es gut läuft. Wenn es schlecht läuft – und das passiert leider sehr häufig, – schieben wir dem Auslöser die Schuld für unsere Reaktion in die Schuhe. Klar, die Aquagymnastiktussi war wirklich eine blöde Schnepfe, die überhaupt kein Recht darauf hatte, ein Kind aus dem Kinderbecken zu vertreiben. Doch diese Anklage ändert nichts daran, dass meine emotionale Reaktion völlig unangemessen war. Und damit hat die blöde Schnepfe nichts zu tun. Das ist mein emotionaler Rucksack.

Nun ist das Beispiel, das ich gewählt habe, einerseits extrem, andererseits aber auch harmlos. Gerade weil ich die Frau nie wiedergesehen habe und auch sonst nichts mit ihr zu tun hatte, ist nichts weiter passiert, als dass ein schöner Morgen im Schwimmbad verdorben wurde. Doch nicht immer sind die Auswirkungen unserer emotionalen Ausnahmemomente so harmlos. Oft erleben wir sie mit Menschen, die uns nahestehen – mit unserem Partner, unseren Kindern, unseren Eltern oder unserem Vorgesetzten. In diesen Situationen kann unser emotionales Gepäck und unsere Unfähigkeit, angemessen damit umzugehen, fatale Folgen haben: Wir missbrauchen unsere Liebsten als emotionale Mülleimer, wir sagen Dinge, die uns unseren Job kosten können, oder wir beenden Liebesbeziehungen, die wir eigentlich fortführen wollten, um nur einige Beispiele zu nennen. Deshalb ist die Auseinandersetzung mit unserem emotionalen Rucksack alles andere als Luxus. Sie ist essentiell, wenn wir daran interessiert sind, gesunde Beziehungen zu führen, gute Entscheidungen zu treffen und unsere emotionalen Ladungen nicht einfach an die nächste Generation weiterzugeben.

Die Auswirkungen unseres emotionalen Rucksacks machen sich in allen wichtigen Lebensbereichen bemerkbar. Viele Trennungen und Scheidungen sind darauf zurückzuführen. Der Beziehungsraum wird Stück für Stück vergiftet, bis allein die Anwesenheit des anderen unerträglich geworden ist. In Unternehmen verursacht die Hilflosigkeit von Mitarbeitern und Führungskräften im Umgang mit dem emotionalen Rucksack horrende Kosten. Sie stört und verzerrt die Kommunikation, wodurch konstruktive Zusammenarbeit unmöglich wird. Und die meisten Eltern stellen irgendwann mit Schrecken fest, dass sie sich genau wie die eigene Mutter, der eigene Vater verhalten, trotz aller guten Vorsätze, genau das nie zu tun. Es ist ihr emotionaler Rucksack, der alle guten Absichten zunichtegemacht hat und sie zur Karikatur der eigenen Eltern werden lässt.

Und nicht zuletzt verdirbt uns unser emotionaler Rucksack immer wieder kostbare Lebenszeit, wie es mir an jenem Morgen im Schwimmbad ergangen ist. Doch so muss es nicht laufen. Inzwischen weiß ich: Diese Situationen sind nur scheinbar irrational und überflüssig. Tatsächlich folgen sie einer ganz eigenen Logik, die wir nicht nur verstehen, sondern die wir uns sogar zunutze machen können. Solche Situationen sind keine seltsamen Störfaktoren, sondern kostbare Gelegenheiten, unseren emotionalen Rucksack aufzuräumen und anstehende Entwicklungsschritte zu vollziehen.

Dieser Prozess ist nicht immer einfach, doch er lohnt sich. Dabei geht es auch nicht darum, irgendwo anzukommen, wo unser emotionaler Rucksack schließlich ganz ausgepackt ist und wir unser Leben endlich genießen können. Für mich ist der Weg zum Ziel geworden, und ich durfte auf diesem bereits so viel Kostbares für mich entdecken, dass ich heute keinen Schritt auf dieser Reise mehr missen möchte.

Doch ich greife vor. Beginnen wir am Anfang. Beginnen wir damit, unseren emotionalen Rucksack genauer in Augenschein zu nehmen.

# TEIL I

# EMOTIONALES GEPÄCK

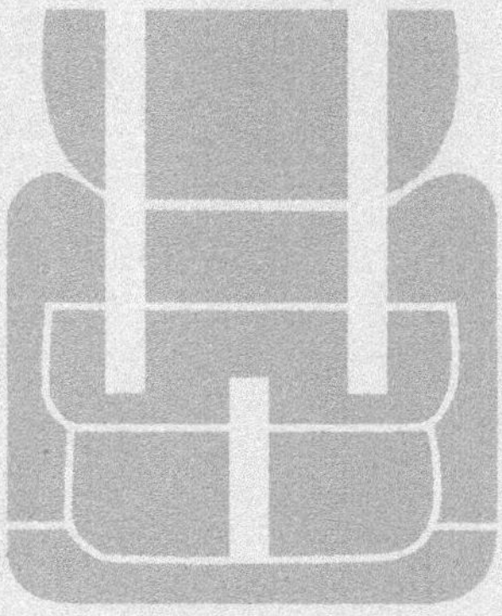

Auf jedem Lebensweg gibt es Erfahrungen, die wir nicht so ohne Weiteres wegstecken, und das ist auch gut so. Wir brauchen Herausforderungen, um uns zu entwickeln, wir müssen gelegentlich an die Grenzen dessen kommen, was für uns erträglich ist – und zuweilen sogar darüber hinaus. Zwar sind dies die Abschnitte unseres Lebensweges, auf die wir aus naheliegenden Gründen lieber verzichten würden, doch das hilft uns nicht weiter. Unsere Kontrolle über das, was wir erleben, ist begrenzt. Das gilt für die Kindheit noch mehr als für den späteren Lebensweg. Doch auch im Erwachsenenalter kommt es zu gewöhnlichen oder ungewöhnlichen Herausforderungen. Manche von diesen scheinen gottgesandt oder der anarchischen Willkür eines seelenlosen Universums geschuldet, je nachdem welche Deutungsweise man bevorzugt. Andere scheinen hausgemacht, etwa wenn wir wieder und wieder die gleiche ungute Entscheidung treffen und uns dadurch in Schwierigkeiten bringen, die uns weit über unsere Komfortzone hinaustragen.

Unabhängig davon, ob sie hausgemacht sind oder scheinbar ohne unser Zutun schicksalhaft über uns hereinbrechen – solche Erlebnisse fordern ihren Tribut. Wie wir diesen Tribut zollen, bestimmt, welchen Einfluss sie auf unseren weiteren Lebensweg haben. Alles läuft auf eine einfache Frage hinaus: Wachsen wir an ihnen, oder zerbrechen wir? Anders ausgedrückt: Machen sie uns krank oder weise?

Die Antwort auf diese Fragen ist alles andere als einfach. Plattitüden wie »Was dich nicht umbringt, macht dich stark« sind schnell dahingesagt, im wirklichen Leben helfen sie uns kaum weiter. Oft wollen wir an den Herausforderungen, die das Leben uns zuspielt, wachsen und wissen einfach nicht wie. Viele der gängigen Strategien erweisen sich in diesen Situationen als nutzlos. Und mit jeder neuen Herausforderung, an der wir eher zerbrechen, als zu wachsen, wird unser Rucksack ein kleines bisschen schwerer.

In diesem ersten Teil geht es zunächst darum, unser emotionales Gepäck genauer in Augenschein zu nehmen. Wie ist es beschaffen? Wo kommt es her? Wie macht es sich in unserem Leben bemerkbar? Und vor allem: Was will es von uns? Wenn es wirklich, wie von mir behauptet, nicht primär dazu da ist, uns das Leben schwer zu machen – wofür ist es dann bitte schön gut? Im zweiten Teil wenden wir uns der Frage zu, wie wir gut mit diesem Gepäck umgehen können, bevor wir im dritten Teil beleuchten, wie dieser gesunde Umgang im gelebten Alltag aussehen kann.

# 1

# DU HAST EINEN RUCKSACK AUF

Ein Rucksack ist eine äußerst praktische Erfindung. In seinen Tiefen findet auf Reisen oder Wanderungen unser wichtigstes Hab und Gut Platz, und unterwegs kommt erfahrungsgemäß noch so manches Souvenir hinzu. Natürlich nur das Nötigste, denn auch wenn alles im Rucksack schön verstaut ist – erfahrene Reisende wissen, dass jedes Gramm zählt.

Das Wunderbarste an einem Rucksack ist natürlich, dass wir uns all das Zeug außer Sichtweite auf den Rücken schnallen können. Und sind wir erst eine Weile unterwegs, dann scheint es, als wäre der Rucksack ein Teil unseres Körpers, so sehr haben wir uns an sein Gewicht gewöhnt. Wir können die Last, die wir tragen, weitgehend vergessen – auch wenn wir uns vielleicht gelegentlich wundern, warum unsere Reise so beschwerlich ist.

Ähnlich verhält es sich mit unserem emotionalen Gepäck. Jeder von uns trägt einen emotionalen Rucksack mit sich herum. Manche einen sehr großen, geradezu überdimensionierten, wie er für eine Polarexpedition oder ähnlich ambitionierte Exkursionen gebraucht wird. Ganze Zeltausrüstungen sowie der Proviant für mehrere Tage finden in solchen Exemplaren Platz. Andere tragen einen deutlich kleineren, vielleicht im Stil jener Handtaschen, die alle paar Jahre wieder in Mode kommen: winzige Beutelchen, die an langen Trägern etwas verloren zwischen unseren Schulterblättern baumeln. In ihnen findet gerade mal ein Portemonnaie, vielleicht ein Lippenstift und ein zerknautschtes Taschentuch Platz.

Doch was ist das eigentlich für ein Ding, dieser emotionale Rucksack? Wo kommt er her, wie ist er entstanden, was will er von uns? Um das zu verstehen, müssen wir uns zunächst mit dem Unterschied zwischen Gefühlen und Emotionen befassen, zwei Phänomene, die gerne in einen Topf geworfen werden, in meiner Verwendung der Begriffe jedoch sauber voneinander unterschieden gehören. Denn jedes hat einen anderen Ursprung, und mit jedem will anders umgegangen werden.

## Was ist ein Gefühl?

Beginnen wir mit dem Begriff »Gefühl«. Für diesen gibt es weder unter Psychotherapeuten noch unter Wissenschaftlern eine einheitliche Definition, weshalb ich mir in meinem Buch *Gefühle & Emotionen – Eine Gebrauchsanweisung* erlaubt habe, meine eigene festzulegen. In meinem Vokabular bezeichnet Gefühl eine Empfindung, die durch eine Interpretation aus dem Moment heraus entsteht und die in diesem Moment eine bestimmte Funktion erfüllt. Zum Beispiel: Ich komme nach Hause, der Abwasch ist nicht gemacht, ich interpretiere das als »falsch« und erzeuge dadurch Wut.

Diese Wut gibt mir die nötige Energie, etwas dagegen zu unternehmen, etwa selbst abzuspülen oder meinen Mitbewohner darauf anzusprechen. Wenn es sich um ein reines Gefühl handelt, frei von emotionalen Altlasten, dann ist die erzeugte Wut genau so groß und intensiv, wie die Situation es erfordert. Danach ist die Situation abgeschlossen. Es bleibt kein Restgefühl in meinem System zurück, da die gesamte Energie in der entsprechenden Handlung aufgebraucht wurde. In meinem Modell des Gefühlskompasses gehe ich von fünf Grundgefühlen aus, die uns gemeinsam befähigen, mit allen Situationen des Lebens angemessen in

Beziehung zu treten: Wut, Trauer, Angst, Scham und Freude. Warum genau diese fünf und warum sie alle meines Erachtens gleich wichtig sind, ist ein Thema, auf das ich in Teil drei noch wesentlich detaillierter eingehen werde. An dieser Stelle möchte ich lediglich festhalten, dass Gefühle nach meinem Verständnis etwas sehr Praktisches sind. Ihr schlechter Ruf rührt zu einem Großteil daher, dass sie mit jenen Empfindungen, die ich Emotionen nenne, verwechselt werden. Und die können, im Gegensatz zu Gefühlen, wirklich sehr unpraktisch sein.

## Emotionen sind etwas anderes

Auch für den Begriff »Emotion« gibt es keine einheitliche Definition. Oft wird er einfach als Synonym für Gefühl verwendet. Diese Konvention spiegelt in meinen Augen die Tatsache wider, dass wir in unserem Kulturkreis noch keine differenzierte Sprache für Gefühlsbelange entwickelt haben. Eine emotional kompetente Kultur braucht eine differenzierte Sprache, um unterschiedliche Gefühlsphänomene präzise beschreiben zu können. Ich habe mich anderen Autoren angeschlossen und verwende den Begriff Emotion, um damit nicht gefühlte Gefühle aus der Vergangenheit, so genannte »emotionale Altlasten«, zu bezeichnen.

Die mangelnde Unterscheidung zwischen Gefühl und Emotion hat weitreichende Konsequenzen für unseren Umgang mit beidem. Gefühl und Emotion unterscheiden sich nicht nur in ihrem Ursprung, sondern auch in ihrer Funktion und Wirkung. Während Gefühle, wie soeben beschrieben, aus dem Moment heraus, durch meine Interpretation einer Situation entstehen, stammen Emotionen aus der Vergangenheit. Sie sind in Situationen entstanden, die wir zum damaligen Zeitpunkt nicht fühlen wollten oder konnten.

Das kann daran liegen, dass wir überwältigt waren und unsere emotionale Kapazität nicht ausgereicht hat. Wir waren zu klein dafür, wir konnten etwas nicht fühlen und dadurch nicht verarbeiten. Oder wir wollten nicht fühlen, was durch eine bestimmte Situation und unsere Interpretation in uns ausgelöst wurde – weil es sich nicht gut anfühlte, weil wir zu sehr mit »wichtigen Dingen« beschäftigt waren, weil es nicht in unser Selbstbild passte oder weil wir nicht genug mit uns selbst in Kontakt waren, um mitzubekommen, was eigentlich gerade in uns passierte.

Egal ob wir nicht fühlen konnten oder nicht fühlen wollten: Die Erfahrungen bleiben unabgeschlossen und wandern zusammen mit den nicht gefühlten Gefühlen in unseren emotionalen Rucksack. Dort warten sie auf eine Gelegenheit, wieder gefühlt zu werden, damit sich die Erfahrung vervollständigen kann.

## Size matters

Wer einen großen Rucksack mit sich herumträgt, hat entsprechend schwer an ihm zu tragen. Denn auch wenn er bequem weggeschnallt ist: Seine Ausmaße und das Gewicht belasten uns. Sie machen uns buchstäblich das Leben schwer, was sich vor allem darin äußert, dass wir unser Leben nicht so genießen können wie andere Menschen. Das schiere Gewicht unseres Rucksacks zieht uns ständig nach unten. Als wäre das nicht genug, hat die darin enthaltene Ladung auch noch die unangenehme Eigenschaft, in den ungünstigsten Augenblicken hervorzuquellen, unsere emotionale Steuerung auszuhebeln und in unseren Beziehungen jede Menge Unheil anzurichten.

Ist der Rucksack hingegen deutlich kleiner, kann es sein, dass wir in unserem Leben kaum etwas von ihm mitbekommen. Er ist halt da, und nur äußerst selten, wenn überhaupt jemals, geschieht etwas, das uns auf seine Existenz aufmerksam macht. Vielleicht haben wir gelegentlich mit den Rucksäcken unserer Mitmenschen zu kämpfen, wenn diese uns unsanft anrempeln, doch darüber hinaus ist unser Leben von diesem Thema nicht weiter tangiert.

Nun habe ich hier bewusst zwei Extreme skizziert: den überdimensionierten Polarexpeditionsrucksack und den fast schon lächerlich kleinen Handtaschenrucksack. Die meisten Menschen werden sich wohl zwischen diesen beiden Extremen wiederfinden, irgendwo im Bereich Daypack bis hin zu den leichteren Treckingmodellen. Doch wir alle kennen Menschen mit dem einen oder anderen Extrem. Menschen, die sich unerklärlich schwertun, die wir instinktiv mit Samthandschuhen anfassen, damit wir nicht unversehens die Ladung auf ihrem Rücken um die Ohren bekommen. Und jenen anderen Typ, der erstaunlich unbekümmert, vielleicht auch ein bisschen oberflächlich durch sein Leben spaziert und oftmals nicht wirklich nachvollziehen kann, in welch große Dramen sich seine Mitmenschen ständig verwickeln oder warum sie das Leben so schwernehmen.

## Ein universelles Phänomen?

Ich habe ja bereits erwähnt, dass ich in den letzten Jahren die Gelegenheit hatte, mit vielen hundert Menschen über dieses Phänomen zu sprechen, und dabei einige faszinierende Entdeckungen machen durfte. Die erste Erkenntnis war wie gesagt, dass offenbar jeder Mensch einen emotionalen Rucksack hat. Früher dachte ich, dass das nur auf manche Menschen zutrifft, logischerweise genau jene, die sich zu einem Persönlichkeitsentwicklungsseminar mit dem Schwerpunkt Gefühle anmelden würden. Sie waren halt wie ich: Sie hatten große Rucksäcke, die ihnen das Leben schwer machten, und deshalb begaben sie sich auf die Suche nach etwas, das ihnen helfen könnte.

Doch dann begann ich im Rahmen von Businesstrainings mit Führungskräften und Mitarbeitern aus den unterschiedlichsten Bereichen und Hierarchieebenen über dieses Thema zu sprechen. Und siehe da: Sie alle trugen einen emotionalen Rucksack mit sich herum! Doch nicht nur das – und hier kommt nun die zweite wichtige Erkenntnis –, auch sie besaßen ein sicheres Gespür dafür, wie groß der eigene Rucksack oder der ihrer Kollegen war. Sie wussten genau, mit wem sie vorsichtiger umgehen mussten und mit wem sie auch mal etwas flapsiger sein konnten. Darüber hinaus wussten sie – Erkenntnis Nummer drei –, wann sie es mit einer aktivierten emotionalen Ladung zu tun hatten. Sie besaßen diesen scheinbar sechsten Sinn, wenn in einer Besprechung die Luft zum Schneiden dick war oder wenn in einem Raum, den sie gerade betraten, eine Ladung hochgegangen war.

Diese Erkenntnis war für mich sehr wichtig, denn die Teilnehmer meiner Trainings waren ja nicht da, weil sie sich speziell für emotionale Kompetenz interessierten, sondern sie waren von ihren Personalabteilungen meist aus ganz anderen Gründen angemeldet worden. Sie hatten sich in ihrem Leben noch nie mit diesen Themen befasst und würden es vielleicht auch nie wieder tun. Sie waren nicht zu mir gekommen, weil sie einen besonderen Leidensdruck in diesem Bereich verspürten, sondern sie waren halt im Rahmen von Kulturentwicklungsprozessen bei mir gelandet: Ingenieure, Techniker, Marketingleute, Vertriebler, Schichtleiter, ITler, Finanzbuchhalter, Männer und Frauen, am Anfang, mittendrin oder bald schon am Ende ihres Berufslebens.

Aufgrund dieser Erfahrungen wage ich es, dir zu unterstellen, dass auch du einen Rucksack mit dir herumträgst, jetzt gerade, in diesem Moment, ob du dir dessen bewusst bist oder nicht. Wie groß er ist, kann ich nicht sagen. Doch vermutlich kannst du es selbst ganz gut einschätzen, hast auch du dieses instinktive Gespür dafür, mit was für einer Ladung du herumläufst und welches Gewicht du auf den Schultern trägst.

Doch wovon hängt es eigentlich ab, wie groß unser Rucksack ist? Ist es Veranlagung, hat es mit der Kindheit zu tun, welche Faktoren spielen vielleicht noch eine Rolle? Sehr bewährt hat sich für mich die folgende Formel, die ich ursprünglich im Scherz zur Berechnung des Rucksackvolumens entwickelt hatte:

$$\text{Rucksackvolumen} = \frac{\text{Intensität x Sensibilität}}{\text{Unterstützung}}$$

In Worten: Unser Rucksackvolumen ergibt sich aus drei Faktoren. Der erste ist die Intensität der Erfahrungen, die wir in unserem Leben gemacht haben. Stammen wir aus einer Familie, in der alles so weit in Ordnung war, oder hing der Haussegen häufiger schief als gerade? Haben wir unser Leben bislang in Sicherheit und mäßigem Wohlstand verbringen dürfen – also entsprechend dem, was hierzulande als normal gilt –, oder haben wir Flucht, Entbehrung und Existenzängste erfahren? Hierbei geht es nicht allein um Kindheitserfahrungen, auch wenn natürlich unbestritten ist, dass diese uns ein Leben lang prägen. Doch auch spätere intensive Ereignisse hinterlassen ihre Spuren: eine schwierige Scheidung, der Verlust des Arbeitsplatzes, eine schwere Krankheit, der Tod eines nahestehenden Menschen, um nur einige Beispiele zu nennen. Kurzum, wie herausfordernd unsere bisherigen Lebenserfahrungen waren, ist einer der Faktoren, die bestimmen, wie groß unser Rucksack ist.

Der zweite Faktor kann mit dem Wort Sensibilität zusammengefasst werden. Wie empfindlich bist du? Wie intensiv erlebst du etwas? Wie stark beeinträchtigt dich das Erlebte? Ein Schlüsselerlebnis war für mich, als ein Freund, der mir in meiner ersten großen Lebenskrise als Teenager beistand, zu mir sagte: »Weißt du was? Mir ist etwas über dich klargeworden. An dir ist gar nichts verkehrt. Du bist einfach sehr, sehr sensibel.« Wie recht er hatte! Ich gehöre zu den Menschen, die von einer Kindheit traumatisiert wurden, in der im Großen und Ganzen ehrlich gesagt alles ziemlich in Ordnung war. Klar, man kann immer ein Haar in der Suppe finden, doch nüchtern betrachtet war alles halb so schlimm. Ich bin aber leider wirklich wahnsinnig sensibel, weshalb die mittelstarke Intensität meiner Erfahrungen in meiner Rucksackformel mit einer sehr hohen Bewertung in puncto Sensibilität multipliziert wird.

Neben den beiden Faktoren Intensität der Erfahrungen und Sensibilität der Person, die beide zusammenwirken, um unser Rucksackvolumen zu vergrößern, gibt es einen dritten Faktor, einen, der unser Rucksackvolumen reduziert. In der Formel wird dieser Unterstützung genannt. Hierbei geht es zum einen um die Frage, wie viel Unterstützung jemand hatte, um seine Erfahrungen zu verarbeiten. Das ist vor allem bei den richtig großen Emotionspaketen ausschlaggebend, denn diese entstanden ja in Momenten, in denen unsere eigene emotionale Kapazität nicht ausreichte, um mit einer Erfahrung klarzukommen. Das bedeutet im Umkehrschluss, dass wir die Unterstützung anderer brauchen, um diese zu verarbeiten. Warum das so ist und welche Art von Unterstützung hier wirklich weiterhilft, wird uns noch ausführlich beschäftigen. Und nein, es geht hier nicht darum, dass du eine Therapie beginnen sollst, auch wenn es natürlich Situationen im Leben gibt, wo das eine gute Idee ist.

Neben dieser Unterstützung durch andere, die für große Emotionspakete unabdingbar ist, beinhaltet der Faktor Unterstützung auch, inwieweit wir uns selbst bei der Verarbeitung schwieriger Erfahrungen zur Seite stehen. Das mag sich zunächst seltsam anhören – ich bin doch immer bei mir, wie soll ich mir denn bitteschön nicht zur Seite stehen? Bei genauerem Hinsehen erkennen wir jedoch, dass viele Menschen tatsächlich oft nicht bei sich sind und sich selbst bei der Verarbeitung schwieriger oder unliebsamer Erfahrungen mit schöner Regelmäßigkeit im Stich lassen. Der innere Monolog – der meist unbewusst geschieht – verläuft entlang wohlvertrauter Linien. Sätze wie »Jetzt stell dich nicht so an« oder »Bist du immer noch nicht darüber hinweg?« oder »Reiß dich doch mal zusammen!« haben viele Menschen in der Kindheit verinnerlicht. Wer in schweren Zeiten oder wenn alte emotionale Wunden berührt werden, so mit sich redet, pflegt ehrlich gesagt keinen unterstützenden, liebevollen Umgang mit sich.

## Wem gehört dieser Rucksack?

Ich erinnere mich noch lebhaft daran, wie ich vor vielen Jahren mit einer guten Freundin in einem Café am Münchener Flughafen saß, als wenige Meter von uns entfernt ein herrenloser Rucksack entdeckt wurde. Er befand sich vor den Fahrkartenautomaten für die öffentlichen Verkehrsmittel und sah eigentlich ganz unschuldig aus. Vermutlich hatte ein erschöpfter Reisender ihn dort abgestellt, während er sich um seine Fahrkarte bemühte und ihn dann, beglückt von dem erfolgreichen Abschluss seines Unterfangens, stehen gelassen.

Es dauerte nicht lang, bis die Polizei auf das Gepäckstück aufmerksam gemacht wurde und gezwungenermaßen begann, sich dafür zu interessieren. Es war, Jahre bevor die Ereignisse des 11. Septembers die Ära des Kriegs gegen den Terror offiziell einläuteten. Damals war es, nüchtern betrachtet, extrem unwahrscheinlich, dass es sich bei diesem Rucksack um eine Bombe handeln könnte. Trotzdem folgte ein aufwändig inszeniertes Spektakel. Es begann mit einigen immer dringlicher werdenden Durchsagen, dass der Eigentümer des besagten Rucksacks sich doch bitte umgehend seiner annehmen solle. Nichts dergleichen geschah. Vermutlich saß er oder sie längst in der S-Bahn in die Innenstadt und bekam von alldem nichts mit. Es folgte eine Absperrung des Bereichs durch eine Handvoll Polizeibeamte, die ihre Sache natürlich sehr ernst nahmen. Genervte Passagiere mussten von den Fahrkartenautomaten ferngehalten werden. Man wartete auf die

Ankunft von Spezialisten – speziell ausgebildete Hunde oder Sprengstoffspezialisten der Polizei oder beides, ich weiß es ehrlich gesagt nicht mehr so genau.

Woran ich mich jedoch lebhaft erinnere, ist, dass meine Freundin sich über die Maßen amüsierte. Sie gehört zu jenen Menschen, die mit der glücklichen Gabe gesegnet sind, das Lustige in jeder Situation zu erkennen. In ihren Augen war das Ganze ein eigens für uns inszeniertes Theaterstück. Sie fand es urkomisch, dass ein schusseliger Reisender völlig unwissend einen solchen Aufruhr verursachen konnte. Mit am meisten amüsierte sie die Vorstellung, zu den Beamten zu gehen und sich als die Besitzerin des Rucksacks auszugeben. Sie hätte zu gern die Rolle dieses Schussels gehabt und die Reaktion auf den Gesichtern der Menschen gesehen, die sich vor unseren Augen immer tiefer in ihr Drama verstrickten.

Ich weiß nicht mehr, wie die Szene endete. Vielleicht einfach mit meiner Abreise. Sie ist mir jedoch lebhaft im Gedächtnis geblieben, da die Reaktion meiner Freundin so ungewöhnlich war. Den meisten Menschen – mich inbegriffen – wäre es vermutlich wahnsinnig peinlich, so einen Aufruhr zu veranstalten. Meiner Freundin wäre es sicher auch peinlich gewesen, aber genau diese Peinlichkeit fand sie urkomisch. Sie kann sich, im Gegensatz zu mir, über ihre Unzulänglichkeiten amüsieren wie andere Menschen über ihren Lieblingskomiker. Daher hätte sie gern die Hand gehoben und gesagt: »Dieser Rucksack gehört mir.« Das ist ein Satz, den die wenigsten Menschen leicht über die Lippen bringen – vor allem dann nicht, wenn es um ihren emotionalen Rucksack geht.

## Wer ist für deinen Rucksack verantwortlich?

Meine Freundin hätte ohne Weiteres Verantwortung für einen Rucksack übernommen, der gar nicht ihrer war. Und zwar nicht, weil sie ihn sich gerne aneignen wollte, sondern weil sie es urkomisch findet, unvollkommen zu sein, und der Moment der Spannungsauflösung sie reizt. Eine ähnliche Spannungsauflösung geschieht zwischen Menschen, wenn sie beginnen, Verantwortung für ihren emotionalen Rucksack zu übernehmen. Es ist der erste entscheidende Schritt, um die Beziehung zu unserem emotionalen Gepäck zu verändern. Doch genau vor diesem Schritt sträuben wir uns oft gewaltig, empfinden ihn häufig als bittere Medizin.

Wir fühlen uns als Opfer der überwältigenden Erfahrungen und sehen überhaupt nicht ein, dass wir den ganzen Mist nun auch noch aufräumen sollen. Nicht jeder war so glücklich wie ich und hatte eine eigentlich recht passable Kindheit. Viele Menschen haben in ihrer Kindheit, auch in Verhältnissen, in denen oberflächlich betrachtet alles ganz in Ordnung war, Mangel gelitten – Mangel an Zuwendung, Mangel an Präsenz, Mangel an Akzeptanz für ihr Anderssein, Mangel an unbeobachteter Zeit. Und es wachsen auch heute noch viele Kinder unter Umständen auf, die selbst oberflächlich betrachtet alles andere als optimal sind. Mit anderen Worten: Es ist total nachvollziehbar, dass wir die Verantwortung für dieses emotionale Gepäck, das vielfach in der Kindheit entstanden ist, nicht übernehmen wollen. Soll sich doch jemand anderes darum kümmern! Ich habe schließlich schon genug gelitten!

So nachvollziehbar diese Haltung auch ist: Sie hilft uns nicht weiter. Jene Menschen, die wir für die Verursacher unseres Leides halten, sind oft schon verstorben – oder sie verstehen nicht im Entferntesten, was eigentlich unser Problem ist. Und selbst wenn sie Mitgefühl für unsere Last haben, wenn sie wissen, welch große Päckchen durch ihr Verhalten in unserem Rucksack gelandet sind, hilft auch das uns erstaunlich wenig weiter. Noch immer hängt dieses Ding an unserem Rücken. Noch immer zieht uns seine Last in die Tiefe.

Verantwortung für unseren Rucksack zu übernehmen bedeutet nicht, dass wir auch die Schuld für das, was geschehen ist, übernehmen. Es geht hierbei gar nicht um Schuld. In unserem Rucksack befinden sich Erfahrungen, die wir auf unserem Lebensweg gemacht und die wir nicht verdaut haben. Warum wir diese Erfahrungen gemacht haben und wessen Schuld das ist, spielt für die Frage der Verantwortung für den Rucksack erstaunlicherweise keine Rolle.

Diese Erfahrungen können mit Menschen zu tun haben, die es eigentlich nur gut mit uns meinten – wie mein Großvater, der seine Kinder regelmäßig schlug, weil er tatsächlich glaubte, das sei ein notwendiger Bestandteil einer guten Erziehung. Oder sie können mit Menschen zu tun haben, die wirklich böse Absichten hatten, die uns wehtun wollten. Oder es können Erfahrungen sein, für die niemand etwas kann, wie bei einer guten Freundin von mir, deren Mutter an Krebs starb, als sie acht Jahre alt war.

So unterschiedlich die vermeintlichen Ursachen oder Verursacher unserer Erfahrungen auch sein mögen – die Verantwortung für die Aufarbeitung von Lebenserfahrungen liegt immer bei der Person, die sie durchlebt hat. Wir sind also nicht für die Erfahrung selbst verantwortlich, sehr wohl jedoch dafür, wie diese in uns weiterlebt. Für die Spuren, die diese in uns hinterlässt. Und genau das wird maßgeblich von der Verarbeitung bestimmt.

Dieser kleine, aber feine Unterschied ist ausschlaggebend, um einen neuen Umgang mit unserem Rucksack zu entwickeln. Denn eines wird im Verlauf dieses Buches auch deutlich werden: Dein Rucksack ist nicht nur eine potenziell gefährliche Last. Er ist auch ein Schatz, der darauf wartet, von dir ausgepackt zu werden. Und vielleicht tröstet es dich ja, dass dieser Schatz nicht der Person zugutekommt, die du vielleicht für den Inhalt deines Rucksacks verantwortlich hältst, sondern dir. Doch um ihn zu bergen, braucht es Arbeit, und der Weg erscheint zunächst beschwerlich. Dass dieser Weg auch lohnend sein kann, wird im Laufe dieses Buches deutlich – ebenso wie die Tatsache, dass es wesentlich einfacher sein kann, als wir gemeinhin annehmen.

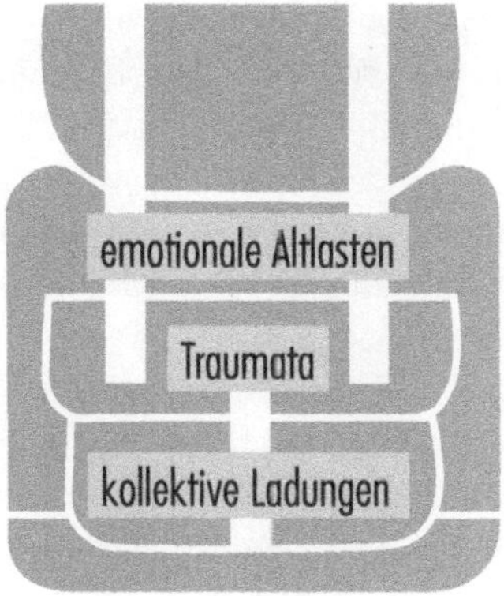


*Die Schichten des Rucksacks*

Bevor wir uns der Frage zuwenden, wie dein Rucksack sich in deinem Leben bemerkbar macht, möchte ich einen genaueren Blick in das Innere des Rucksacks werfen. Im Laufe der Jahre wurde mir klar, dass sich die dort gespeicherten Päckchen grob in drei Kategorien oder Schichten unterteilen lassen. Ich möchte diese kurz anreißen, auch wenn das volle Ausmaß der Unterscheidung vermutlich erst im Laufe des Buches deutlich werden wird, wenn wir uns tiefgehender mit dem Rucksack auseinandersetzen.

Die erste Kategorie oder Schicht ist jene, die ich schon genannt und beschrieben habe: die emotionalen Altlasten. Diese sind in Situationen entstanden, die uns emotional überforderten oder die wir nicht fühlen wollten. Die drei in der Rucksackformel beschriebenen Faktoren bestimmen, wie viele Päckchen sich in welcher Größe im Rucksack im Laufe unserer Lebensreise ansammeln. Die Schicht mit diesen Päckchen kann also sehr dünn sein oder bis in die Tiefen des Rucksacks hineinreichen.

Die zweite Kategorie oder Schicht ist jene der Traumata. Diese sind ebenso wie die emotionalen Altlasten durch überwältigende Erfahrungen entstanden. Während Emotionen jedoch aus nicht gefühlten Gefühlen bestehen, sind Traumata nicht entladene biologische Programmierungen.

Mit biologische Programmierungen meine ich instinkthafte Überlebensprogramme. Dazu zählen die Flucht-und-Kampf-Reaktion, die Schockstarre, aber auch Hunger, Durst, Ekel und sexuelle Lust, um nur ein paar Beispiele zu nennen. Traumata entstehen also, wenn in einer Situation solche Überlebensprogramme aktiviert wurden und dann, genau wie bei den Emotionen, zur späteren Verarbeitung abgespalten wurden. Das kann in einer einzelnen schockartigen Situation geschehen sein, wie bei einem Autounfall, oder als schleichender Prozess über mehrere Jahre, etwa wenn ein Kind konstant zu wenig Zuwendung bekommt und daher in einem ständigen Überlebensmodus ist. Das Erste wird gemeinhin als Schocktrauma, das Zweite als Entwicklungstrauma bezeichnet.

Die Unterscheidung von Trauma und emotionaler Altlast ist deshalb wichtig, weil beide nicht nur unterschiedlich entstanden sind, sondern auch auf unterschiedlichem Weg Heilung finden. Bei emotionalen Altlasten geht es vor allem darum, nicht gefühlte Gefühle wieder ins Bewusstsein zu heben, zu fühlen und dadurch ihre Verarbeitung zu ermöglichen. Diese geschieht also auf emotionaler Ebene. Nicht so bei den Traumata. Da biologische Programmierungen auf einer prärationalen Ebene angesiedelt sind, müssen Traumata über den Körper verarbeitet werden. Beides wird uns im Laufe des Buches noch beschäftigen, und auch die Unterscheidung wird immer deutlicher werden.

An dieser Stelle ist noch eine Beobachtung wichtig: Traumata sind im Rucksack meistens von einer Schicht emotionaler Altlasten bedeckt. Menschen mit traumatischen Erfahrungen haben meistens große Rucksäcke. Im Alltag und in ihren nahen Beziehungen tritt vor allem diese erste emotionale Schicht in Erscheinung. Ob darunter ein Trauma verborgen liegt, ist für den Laien oft nicht so ohne Weiteres zu erkennen. Der Hauptfokus dieses Buches liegt auf der Verarbeitung emotionaler Altlasten, nicht auf der Traumatherapie. Da beides jedoch in Menschen mit Traumata eng verknüpft ist, werde ich im Laufe des Buches immer wieder auf beides Bezug nehmen.

Die dritte Schicht oder Kategorie im Rucksack ist jene der kollektiven Altlasten. Diese zeigen sich bewusst oft erst in Menschen, die ihren Rucksack schon ein Stück weit ausgepackt haben. Es handelt sich hierbei um kollektive gesellschaftliche Themen oder auch Menschheitsthemen, die nicht verarbeitet wurden. Auch diese Schicht lässt sich theoretisch wieder in emotionale Altlasten und Traumata unterteilen, da auch im Kollektiv beides vorkommt. In Deutschland sind hier natürlich an erster Stelle die beiden großen Kriege des zwanzigsten Jahrhunderts zu nennen. Oder bei Frauen das Thema sexueller Missbrauch, das auch in vielen Frauen auftaucht, die selbst keine Missbrauchserfahrungen gemacht haben. Auch in vielen Beziehungen spielen kollektive Themen eine Rolle – nicht geheilte Wunden im Verhältnis zwischen den Geschlechtern. Auf den Bereich der kollektiven Themen werde ich am Ende des Buches noch genauer eingehen. An dieser Stelle möchte ich es dabei belassen, auf seine Existenz hingewiesen zu haben.

Doch nun zurück zu dir und deinem Rucksack: Was trägst du mit dir herum? Wie macht es sich in deinem Leben bemerkbar? Eckst du nur gelegentlich etwas an, oder wird jeder Tag, jede Beziehung und jeder Lebensbereich von diesem Gewicht bestimmt? Oft geschieht mit unserem emotionalen Gepäck nämlich ganz Ähnliches wie damals am Flughafen mit dem herrenlosen Rucksack. Wir sind nur einen Augenblick unachtsam, und schon wird unser Rucksack Auslöser mannigfacher Probleme. Dabei kann es sich um eskalierende Dramen handeln – wie etwa wenn besagter Rucksack wirklich eine Bombe enthalten hätte, die dann womöglich auch noch wie in einem Actionfilm explodiert wäre –, mindestens genauso häufig sind es jedoch eher unterschwellig lavierende, äußerst diffuse Dynamiken, von denen keiner genau weiß, was eigentlich los ist. War einfach jemand unachtsam? Oder war es Absicht? Gibt es überhaupt ein Problem, oder ist eigentlich alles in Ordnung und wir machen uns umsonst verrückt?

Im nächsten Kapitel befassen wir uns mit dem Thema emotionale Aktivierung, um besser zu verstehen, wie dein Rucksack dein Leben und deine Beziehungen beeinflusst – und woran du das merkst. Denn auch wenn viele Menschen offenbar ein feines

Gespür für die Existenz des Rucksacks haben und auch wahrnehmen, wenn seine Ladung sich bemerkbar macht: Es gibt viele verschiedene Ausprägungen dieses Phänomens, die nicht immer alle auf den ersten Blick als solche erkannt werden.

## Übung 1: Erste Rucksackinspektion

Nimm dir etwas Zeit, um dich mit deinem Rucksack zu beschäftigen, indem du folgende Fragen für dich reflektierst. Du kannst dazu Tagebuch schreiben, bei einem Spaziergang darüber nachdenken oder mit einer Person deines Vertrauens darüber sprechen:

1. Wie groß ist mein Rucksack? Vergib aus dem Bauch heraus einen Wert auf einer Skala von eins bis zehn. Wenn du magst, kannst du auch spaßeshalber die Formel verwenden und für jeden Faktor einen Wert auf einer Skala von eins bis zehn vergeben. Du kannst diese Überlegung auch für dir nahestehende Menschen anstellen. Wie groß ist ihr Rucksack in deiner Wahrnehmung?
2. Wie macht sich dein Rucksack in deinem Leben bemerkbar? Welche Beziehungen und Lebensbereiche sind besonders von ihm betroffen?
3. Suche dir einen Gegenstand, der ein wichtiges Emotionspäckchen aus deinem Rucksackinhalt symbolisiert.

# 2

# WAS IST EMOTIONALE AKTIVIERUNG?

In der Einleitung habe ich erzählt, wie es mir eines schönen Tages im Schwimmbad erging, als eine mir wildfremde Person mich anblaffte. Damals hatte ich keine Worte, um meine Erfahrung zu beschreiben. Heute nenne ich das, was damals geschehen ist, emotionale Aktivierung.

Als emotionale Aktivierung bezeichne ich sowohl den Moment als auch den Zustand, wenn etwas in unserem Rucksack aus seinem weitgehend harmlosen Schattendasein herausgerissen wird. Wir werden in einen Ausnahmezustand versetzt, der jedoch bei Weitem nicht immer so dramatisch sein muss, wie das bei mir im Schwimmbad der Fall war. Fast noch verbreiteter sind in unserem Kulturkreis Aktivierungszustände, die auf den ersten Blick gar nicht emotional wirken. Sie sind eher durch eine Abwesenheit von Gefühl gekennzeichnet, durch eine gewisse Dumpfheit, die sich wie eine zähe Masse über Menschen und Situationen legt.

Was auf den ersten Blick wie ein krasser Widerspruch erscheint, löst sich bei genauerem Hinsehen auf. Letztlich sind beide Ausprägungen emotionaler Aktivierung – jene der übermäßig dramatischen Emotionalität und jene der gefühlsarmen Dumpfheit – Strategien, um nicht zu fühlen, was jetzt gerade in uns geschieht. Unabhängig davon, ob wir übersteuern oder abstumpfen: Das aktivierte Päckchen und die dazugehörige Ladung haben die

Kontrolle über uns. Unsere emotionale Steuerung entgleist in die eine oder andere Richtung, wodurch wir nicht mehr Herr unserer selbst sind. Wir sagen und tun dann Dinge, die wir normalerweise nicht sagen oder tun würden: Schimpfwörter verwenden, Geschirr schmeißen, Freundschaften kündigen. Und wir schaffen es umgekehrt nicht, Dinge zu tun oder zu sagen, die normalerweise selbstverständlich wären: uns entschuldigen, jemandem unsere Hilfe anbieten, zärtlich sein. Wenn wir ehrlich sind, bereuen wir unser Verhalten oft im Nachhinein. Oder wir rationalisieren es, da wir der Tatsache nicht ins Auge sehen können, dass wir uns total daneben verhalten haben.

Bevor wir uns mit dem Mechanismus beschäftigen, der emotionaler Aktivierung zugrunde liegt, möchte ich genauer darauf eingehen, wie diese sich bemerkbar macht. Beginnend mit den emotionalen Merkmalen, gefolgt von den körperlichen und mentalen Symptomen, möchte ich die große Bandbreite möglicher Erscheinungsformen kurz anreißen.

## Emotionale Merkmale

**Merkmale emotionaler Aktivierung**

1. Starke Emotionen oder emotionale Taubheit
2. Körperliche Stresssymptome
3. Veränderte Sinneswahrnehmungen
4. Irrationalität
5. Veränderte Stimmlage
6. Verzerrte Wahrnehmung

Eine emotionale Aktivierung kann sich in einem heftigen Emotionschaos äußern, wie das bei mir im Schwimmbad der Fall war. Dieses Chaos kann, je nach Temperament und Art der emotionalen Ladung, die berührt wurde, ganz unterschiedlich gefärbt sein. Während der eine haltlos in Tränen ausbricht, bekommt der andere einen Wutanfall. Ein Dritter hat eine Panikattacke, während ein Vierter plötzlich von Selbsthass überflutet wird. Und ein Fünfter ist womöglich plötzlich von einer völlig überdrehten Heiterkeit ergriffen.

Häufig hat unsere Emotionalität bei einer Aktivierung nicht nur eine bestimmte Färbung, sondern pendelt zwischen mehreren Erscheinungsformen hin und her, vermischt diese zu einem unkenntlichen Wust: der Wutanfall, dem die Selbstzerfleischung folgt, die Panik, die in hysterisches Gelächter übergeht, das Schluchzen, das gespickt ist von Selbstvorwürfen.

Und dann gibt es eben jene andere Art, mit einer emotionalen Aktivierung umzugehen, die auf den ersten Blick wesentlich subtiler, schleichender, lavierender und damit irgendwie undurchschaubarer erscheint. Statt mit heftigen Emotionen auf die Welt zu reagieren, ziehen wir uns hier von der Welt zurück. In unserem Innenleben dominiert dann vielleicht eine Taubheit, die mal in ein diffuses Unwohlsein übergehen oder mal einem inneren Druck weichen kann. Das kann plötzlich geschehen, was die Wahrscheinlichkeit erhöht, dass wir es selbst bemerken, es kann sich jedoch auch langsam einschleichen. Solche Zustände können sich im Laufe eines Lebens so weit verfestigen, dass die Bezeichnung Ausnahmezustand absurd erscheint. Was ursprünglich mal als vorübergehende Überlebensstrategie des emotionalen Systems gedacht war, ist dann zum Normalzustand geworden.

## Körperliche Merkmale

Plötzliche und eher dramatische Aktivierungen gehen oft mit körperlichen Stresssymptomen einher: Der Puls erhöht sich, die Hände werden feucht, unser Temperaturempfinden verändert sich. Auch unsere Sinneswahrnehmungen können stark beeinträchtigt sein. Unser Sichtfeld verändert sich, wir bekommen einen Tunnelblick oder, wie bei mir im Schwimmbad, es scheint der Himmel einzustürzen. Auch unsere Wahrnehmung von Geräuschen kann plötzlich anders sein, als hätten wir Wattebausche in den Ohren, oder alles ist auf einmal unerträglich laut. Auch die eigene Stimme kann sich plötzlich ganz anders anhören.

Bei Aktivierungen, die in Richtung Rückzug und Dumpfheit gehen, fällt es dem Betroffenen vor allem schwer, sich selbst zu spüren. Zusammen mit dem Kontakt zur emotionalen Ebene ist auch der Zugang zur körperlichen Ebene verloren gegangen. Der eigene Körper wirkt fremd, irgendwie weit weg, vielleicht wie eine Art Anhängsel oder Gefäß, jedoch nicht wie ein lebendiger Organismus, durch den wir die Welt sinnlich erleben. Bei beiden Aktivierungsformen kommt es häufig zu einer Veränderung der Stimmlage: Die Stimme ist plötzlich belegt, etwas heiser, lauter oder leiser, höher oder tiefer als sonst.

## Mentale Merkmale

Auf der mentalen Ebene kann es zu panischer Aktivität kommen. Gedanken, die wie wild im Kreis galoppieren und verzweifelt eine Ursache, einen Ausweg oder einen Schuldigen suchen – irgendetwas, das uns aus diesem unangenehmen Zustand befreien könnte. Diese Gedankenspiralen können sich auch in heftigen Argumentations- und Rechtfertigungstiraden äußern, die wir entweder mit uns selbst ad infinitum durchspielen oder mit denen wir unsere Mitmenschen traktieren. Dahinter steckt der verzweifelte Versuch, mental zu lösen, was emotional nicht rundläuft. Durch den riesigen Lärm, den wir in Gedanken veranstalten, lenken wir uns von den Emotionen ab, die eigentlich gerade unsere Aufmerksamkeit fordern. Umgekehrt kann auch eine plötzliche Unfähigkeit, kohärent zu denken, eintreten, als wäre alles in schweren Sirup getaucht.

Diese Auflistung macht vor allem eines deutlich: Emotionale Aktivierung hat sehr viele, sehr unterschiedliche Erscheinungsformen. Vielleicht hast du direkt beim Lesen einige für dich wiedererkannt, während andere dir eindeutig fremd sind. Oder du kennst sie nur von Menschen aus deinem Umfeld. Manche haben viele verschiedene Aktivierungszustände, andere sind eher auf ein oder zwei Symptomsets eingefahren. Was alle Aktivierungszustände gemein haben, ist, dass wir von etwas in Beschlag genommen werden, das unsere Handlungsfähigkeit, unsere Selbststeuerung, unsere emotionale Schwingungsfähigkeit und unser rationales Reflexionsvermögen massiv beeinträchtigt. Und dieses Etwas ist unser emotionaler Rucksack. Wie ein Alb setzt er sich auf uns drauf und lässt uns anders denken, handeln, fühlen, wahrnehmen, zuhören und sprechen, als wir es normalerweise tun würden.

Wenn eine Aktivierung sehr stark ist, kann dieser Ausnahmezustand uns zu einem komplett anderen Menschen machen. Jeder, der schon mal eine schlimme Trennung oder Scheidung mitgemacht hat, wird leider nur zu gut wissen, wovon ich spreche: Der Traummann wird zum Albtraum, die Traumfrau zur Furie, und man fragt sich im Stillen, was aus dem netten Menschen geworden ist, mit dem man sich ursprünglich eingelassen hat.

Wie die Aktivierung sich konkret zeigt, ist nicht so wichtig. Ausschlaggebend ist, ob es uns gelingt, sie frühzeitig zu erkennen. Denn nur so haben wir die Möglichkeit, anders mit ihr umzugehen. Je besser wir darin werden, eine Aktivierung frühzeitig zu erkennen, desto mehr wird uns auch bewusst, wie fruchtlos unsere Bemühungen sind, einfach weiterzumachen, als wenn nichts wäre. Alles ist verzerrt, unserer Wahrnehmung ist nicht mehr zu trauen, unsere Worte haben eine emotionale Ladung, die auch harmlose Aussagen sehr verletzend machen kann, und Entscheidungen, die in diesem Zustand getroffen werden, sind selten von Erfolg gekrönt. Folgende Übung soll dich dabei unterstützen, deine ganz persönlichen Aktivierungszustände besser kennenzulernen, indem sie die Erforschung dieser Zustände auf der rationalen Ebene mit dem körperlichen Erleben verknüpft.

## Übung 2: Wie bist du, wenn du aktiviert bist?

Damit wir einen neuen Umgang mit unserem Rucksack entwickeln können, müssen wir lernen, unsere emotionalen Ausnahmezustände frühzeitig zu erkennen.

1. Wann warst du das letzte Mal emotional aktiviert?
2. Welche Symptome hattest du dabei?
3. Stell dich hin und nimm dir einen Moment Zeit, um die Erinnerung an diesen Zustand in deinem Körper wachzurufen. Wie hast du dich gefühlt?
4. Erlaube deinem Körper nun, diesen inneren Zustand in einer Haltung, einer Geste auszudrücken. Es kann eine ganz kleine oder eine sehr dramatische Geste sein, das ist nicht wichtig. Worauf es ankommt, ist, dass sie mit deinem inneren Fühlen verbunden ist. Lass dir Zeit dafür.
5. Lass die Geste dann bewusst wieder los und mit ihr auch den Aktivierungszustand.
6. Du kannst diese Übung für verschiedene Aktivierungsmomente wiederholen, da du vermutlich mehrere Zustände kennst. Es ist eine gute Möglichkeit, sie stärker ins Bewusstsein zu holen und dadurch die Wahrscheinlichkeit zu erhöhen, sie das nächste Mal früher zu erkennen.

## Aus heiterem Himmel oder sanftes Crescendo

**Drei Merkmale eines Amygdala-Hijacks:**

1. Plötzlicher Beginn
2. Starke emotionale Reaktion
3. Späteres Bereuen

Ich habe es ja schon angedeutet: Eine emotionale Aktivierung geschieht nicht immer in dieser abrupten Form, wie es bei meiner Schwimmbadszene der Fall war. Das war sozusagen eine Bilderbuchaktivierung – ein Paukenschlag, und alles ist anders. Der Psychologe Daniel Goleman prägte für diese klassische Form der Aktivierung in seinem Bestseller *Emotionale Intelligenz* den Begriff »Amygdala-Hijack«. Die Amygdala, auch Mandelkern genannt, ist ein wichtiges Emotionalzentrum im Gehirn, mit dem wir uns gleich noch näher beschäftigen werden. Ein Hijack ist eine plötzliche Machtübernahme, zum Beispiel bei einer Flugzeugentführung. Bei einem Amygdala-Hijack übernimmt also unser Mandelkern plötzlich die Kontrolle über unser System. Dieser Vorgang hat drei Merkmale: plötzlicher Beginn, vorübergehender Kontrollverlust, späteres Bereuen. So problematisch und schwierig diese Aktivierungen sind, sie haben den entscheidenden Vorteil, dass sie tendenziell leicht zu identifizieren sind. Anders verhält es sich bei Aktivierungen, die eher schleichend geschehen.

Diese beginnen wie ein leises Hintergrundrauschen. Oder wie die ganz feine, leicht dissonante Streichermusik, die im Film kaum hörbar eingespielt wird und Vorbote kommenden Unheils ist, auch wenn oberflächlich noch alles friedlich wirkt. Bewusst nehmen wir sie kaum war, doch sie beeinflusst schon in dieser kleinen Dosis unsere gesamte Wahrnehmung der Szene. Im Beziehungsalltag vieler Paare lassen sich solche Miniaktivierungen wunderbar beobachten. Sie sagt am Frühstückstisch beiläufig: »Ach, übrigens, Schatz, heute Abend wird es spät. Ich habe mich noch mit Karin verabredet. Wir wollen die Präsentation für morgen nochmal gemeinsam durchgehen.« Er sagt: »Okay«, und merkt selbst vielleicht gar nicht, dass gerade die Streicher eingesetzt haben. Nur wenn er sehr gut mit sich in Kontakt ist, wird es ihm auffallen. Und nur wenn sie sehr auf ihn eingestimmt ist, wird sie die minimale Veränderung in seiner Stimme bewusst wahrnehmen. Unbewusst wird sie diese jedoch sehr wohl registrieren. Und wenn es schlecht läuft, genügt schon diese feine Verschiebung, um auch bei ihr eine Aktivierung auszulösen: Auch ihre Streicher setzen ein.

Bewusst übergehen wir diese Signale jedoch, solange es irgend möglich ist, denn wir wissen nicht, was wir mit ihnen anfangen sollen. Sie wird sich doch noch mit einer Kollegin treffen dürfen, um für die wichtige Präsentation optimal vorbereitet zu sein?

Genau wie im Film kommt dann oft eines zum anderen, und die sanften, leicht beunruhigenden Streicher steigern sich im Verlauf mehrerer Stunden, Tage, Monate oder sogar Jahre in einem dramatischen Crescendo, bis sie nicht mehr zu überhören sind. An diesem Punkt ist es tragischerweise oft zu spät, denn die Emotionen haben längst eine Eigendynamik entwickelt, die sich nicht mehr so ohne Weiteres einfangen lässt. Ein einfaches »Ich hatte mich so auf den Abend mit dir gefreut« entwickelt sich zu einem ausgewachsenen »Nie hast du Zeit für mich!«. Und aus der simplen Feststellung »Mir fehlt gerade auch die Zeit mit dir, aber diese berufliche Chance ist mir wirklich wichtig« wird die ausgewachsene Anklage »Du unterstützt mich nicht bei meinen beruflichen Zielen!«.

Wenn wir ehrlich sind, dann wissen wir, dass solche Anklagen nicht immer der Wahrheit entsprechen. Doch diese Aufrichtigkeit kommt uns im Zustand emotionaler Aktivierung abhanden. Unsere Wahrnehmung ist verzerrt, wir sehen die Wirklichkeit in holzschnittartigen Schwarz-Weiß-Bildern, und Menschen, die es eigentlich gut mit uns meinen, die uns lieb und teuer sind, finden sich unversehens in Rollen wieder, für die sie sich nie gemeldet haben. Die emotionalen Altlasten haben die Kontrolle über unseren Beziehungsraum übernommen und begonnen, diesen zu vergiften.

Und nicht immer werden diese Anklagen, diese verzerrten Wirklichkeitsbilder, in Beziehungen auch ausgesprochen. Oft wirken sie wie ein stilles Gift, das im Verborgenen tötet, ohne jemals bewusst gedacht, geschweige denn artikuliert worden zu sein. Statt dramatisch zu explodieren und vielleicht auch daran zu zerbrechen, entwickelt sich die Beziehung in ein abgestumpftes, gefühlsarmes Nebeneinander, dem Intimität und Lebendigkeit irgendwann, irgendwo abhandengekommen sind.

Oft stehen wir diesem Prozess hilflos gegenüber, wissen nicht, was in uns und unseren Partner gefahren ist, wieso unser einst so unbeschwertes, beglückendes Beisammensein nun zu einem trägen Sumpf verkommen ist. Die Vergangenheit hat unmerklich begonnen, die Gegenwart zu überschatten. Unsere gefühlte Realität längst vergangener Tage überlagert das, was jetzt ist, und verzerrt es bis zur Unkenntlichkeit.

## Die Schatten der Vergangenheit

Kehren wir noch einmal zu der Szene im Schwimmbad zurück. Was war dort los? Welches frühere Erlebnis hat sich da zu Wort gemeldet? Damals hatte ich keine Ahnung – wie gesagt, im Moment der Aktivierung ist uns dies nicht bewusst. Wir bekommen nur die emotionale Dimension mit. Heute weiß ich, es war die Kindheitserfahrung, mich ganz unschuldig auf etwas zu freuen, dann das Recht darauf abgesprochen zu bekommen und noch dazu beschämt zu werden, die dort wieder aktiviert wurde.

Ich erinnere mich genau: Es war auf Bali, zwei Freundinnen und ich hatten einen ganzen Nachmittag am Strand eine Tanzeinlage choreografiert, die wir am Abend auf einer Party aufführen wollten. Fieberhaft kombinierten wir Akrobatikelemente mit Tanzschritten, übten unermüdlich, bis jede Kleinigkeit saß, halfen einander bei den Moves, die wir nicht so gut beherrschten, und wurden von Stunde zu Stunde aufgeregter.

Als es dann so weit war, sollten wir nach einer Tanzdarbietung balinesischer Tänzer auftreten. Wir verbargen uns hinter dem Vorhang, vor uns war die Bühne ein schmaler Streifen zwischen den Instrumenten und Musikanten des Gamelanorchesters, dahinter das Publikum im Halbdunkel. Wir nickten einander zu, das Signal zum Start: Wir sollten alle gleichzeitig ein Rad auf die Bühne schlagen, ich in der Mitte zwischen meinen Freundinnen. Ich befand mich schon kopfüber auf beiden Händen, als ich bemerkte, dass wir nur zu zweit waren. Das Mädchen zu meiner Rechten war offenbar nicht gestartet. Sobald ich wieder Boden unter den

Füßen hatte, blickte ich zu ihr und sah, dass sie die Hände vors Gesicht geschlagen hatte und weinte. Es stellte sich heraus, dass sie im letzten Moment Angst bekommen hatte. Die schmale Bühne war so viel enger als der weite Strand, an dem wir geprobt hatten. Sie hatte befürchtet, auf den Gamelaninstrumenten zu landen.

Meine Freundin war untröstlich und vorerst nicht zum Weitertanzen zu bewegen. Das andere Mädchen und ich improvisierten, so gut wir konnten, um das Publikum nicht vollends zu enttäuschen und halbwegs unser Gesicht zu wahren. Doch die Situation war nicht wirklich zu retten. All das wäre schon schlimm genug gewesen, doch nicht überwältigend. Wir trösteten einander und setzten sofort alles daran, eine zweite Chance zu bekommen.

Emotional überwältigend wurde die Situation für mich erst durch meine Stiefmutter. Sie hatte keine tröstenden Worte für uns, sondern war der Meinung, dass wir unser Repertoire offenbar nicht beherrscht hatten. Sie gab uns unmissverständlich zu verstehen, dass es sich einfach nicht gehört, auf die Bühne zu gehen, bevor so ein Programm tausendprozentig sitzt. Wie in einem schlechten Film verglich sie mich mit meiner Stiefschwester und sagte, dass ihr so etwas nie passieren würde. Unsere Beteuerungen, dass wir alles zigmal durchgegangen waren, lediglich die schmale Bühne uns verunsichert hatte, interessierten sie nicht. In ihren Augen hatten wir versagt und waren daher der Bühne nicht würdig. Wir hatten kein Recht auf diese Bühne. Es war anmaßend von uns gewesen, mit so etwas Halbausgegorenem auftreten zu wollen.

Später am Abend gelang es uns noch, den Gastgeber erneut zur Bühne zu bugsieren und unser Können vor ihm unter Beweis zu stellen. Doch es war nicht das Gleiche. Wir hatten versagt.

Die Situation im Schwimmbad war, oberflächlich betrachtet, eine ganz andere: keine Bühne, kein Publikum, kein Versagen. Doch in meinem inneren Erleben gab es offenbar ausreichend Übereinstimmung, um mich mit dieser emotionalen Ladung in meinem Rucksack in Kontakt zu bringen. Ich hatte mich auf einen schönen Morgen im Schwimmbad gefreut, und mir wurde ein Recht abgesprochen, von dem ich ganz unschuldig geglaubt hatte, es zu haben. Gefühlt wurde mir unterstellt, ich sei anmaßend, dieses Recht überhaupt für mich zu beanspruchen. Und dieser Angriff kam für mich völlig unvermittelt, aus dem Nichts heraus, von jemandem, der sich absolut im Recht fühlte, über mich zu richten.

Auf den ersten Blick mag es verblüffen, dass zwischen zwei Situationen, die so unterschiedlich sind, unterbewusst eine Verbindung hergestellt wird. Tatsächlich aber ist das sogar ganz typisch für emotionale Ladungen und deren Aktivierungsmomente. Oft genügen scheinbar geringfügige Übereinstimmungen, um eine Altlast in uns aufleben zu lassen. Ausschlaggebend ist nicht, wie stark die Situation objektiv übereinstimmt. Wichtig ist, ob sie sich ähnlich anfühlt. Hierfür gibt es zwei Erklärungen, eine neurobiologische und eine psychologische.

## Zwei Wege im Gehirn

Beginnen wir mit der gehirnwissenschaftlichen Erklärung. Laut derzeitigem Kenntnisstand gibt es zwei Wege, wie Gefühle in unserem Gehirn ausgelöst werden können: einen indirekten über den Neocortex und einen direkten Weg über den sogenannten Mandelkern, die Amygdala, von der zuvor schon die Rede war.[1]

Der erste Weg im Gehirn ist analog zu dem, was ich in Kapitel eins als reines Gefühl bezeichnet habe, also eine Empfindung, die durch eine Interpretation ausgelöst wird. Das ist ein vergleichsweise langsamer Weg, auf dem es mehrere Sekunden oder sogar Minuten dauern kann, bis ein Gefühl entstanden ist. Der Vorteil dieses Weges ist, dass unsere Ratio bei der Erzeugung des Gefühls ein Wörtchen mitreden kann. Das ist vor allem in Beziehungsfragen von großem Vorteil.

Wahrnehmung
⇩
Interpretation
⇩
Gefühl
⇩
Effekt

Anders verhält es sich beim direkten Weg über den Mandelkern. Dieser spart sich den Weg über die Ratio und ist daher sehr viel schneller als der erste. Er befähigt unser System, innerhalb von Sekundenbruchteilen auf eine Situation zu reagieren. In unserem Erleben bedeutet das, dass auf diesem Weg extrem starke Empfindungen ausgelöst werden können, bevor wir auch nur einen einzigen Gedanken dazu formuliert haben. Er gleicht einer instinkthaften Reaktion. Die berühmte Liebe auf den ersten Blick, der Moment, wo eine Mutter zum ersten Mal ihr Neugeborenes im Arm hält und sein Duft einen ekstatischen Glücksrausch in ihr auslöst, oder das unwillkürliche Zusammenzucken, wenn ein großer Hund uns plötzlich anbellt – all das sind Beispiele dieser unmittelbaren Reaktionen, die ohne einen Gedanken auskommen. Wenn überhaupt, folgt der Gedanke der Reaktion, statt ihr vorauszugehen.

Wahrnehmung
⇩
Emotionale Reaktion
⇩
Effekt
⇩
Reflexion

Dieser zweite Weg ist der wesentlich ältere, und er hat uns im Laufe der Evolution mit Sicherheit gute Dienste geleistet. Seine Direktheit ermöglichte es uns, in all jenen Bereichen unmittelbar zu reagieren, wo es um unser Überleben geht: bei der Fortpflanzung, der Nahrungsaufnahme und dem Schutz vor Gefahren. Wie bereits in Kapitel eins erwähnt, bezeichne ich diese Gruppe von Empfindungen als biologische Programmierungen, um sie sowohl von den Gefühlen als auch von den Emotionen abzugrenzen. Da es sich um Überlebensprogramme handelt, vollziehen sie sich nicht nur unglaublich schnell, sondern sie sind auch sehr grob und im Zweifel gegen den Angeklagten. Das bedeutet, dass auch mal falscher Alarm geschlagen wird, denn ein falscher Alarm hat weniger problematische Konsequenzen als eine unerkannte Gefahr oder Chance.

Doch wie verhält es sich mit den Emotionen, welchen Weg schlagen diese im Gehirn ein? Wir können hierüber nur spekulieren, denn in der Forschung werden die drei Kategorien bislang nicht in dieser Form unterschieden. Doch die Erfahrung zeigt, dass eine emotionale Aktivierung genauso schnell und unmittelbar geschieht, wie biologische Programmierungen ausgelöst werden. Und das ist auch sinnvoll, denn das, was wir in der Vergangenheit als überwältigend erfahren haben, wird in unserem emotionalen Gedächtnis als bedrohlich abgespeichert. Da ist es naheliegend, dass auch unseren emotionalen Altlasten der Zugang zu dem Alarmknopf unseres Systems gewährt wird. Das bedeutet jedoch auch, dass die zugrunde liegende Bewertung genauso unpräzise und holzschnittartig erfolgt, wie es bei den biologischen Programmierungen der Fall ist. Schließlich muss es schnell gehen. Der Fokus liegt auf dem emotionalen Inhalt der Situation und nicht auf der äußeren Erscheinung. Und diesen Inhalt hat mein emotionales Gedächtnis offenbar als ausreichend übereinstimmend mit der verpatzten Tanzshow eingestuft, um Alarm zu schlagen.

Neben dieser neurobiologischen Erklärung gibt es noch eine psychologische, die womöglich für unser persönliches Erleben noch wichtiger ist. Hierbei geht es um das Interesse unseres Systems, emotionale Altlasten zu entladen, um die dazugehörigen Erfahrungen zu verarbeiten.

## Der Wunsch nach Vervollständigung

Wenn ein Ereignis und die dazugehörigen Gefühle in uns nicht abgeschlossen sind, tragen wir diese als emotionalen Ballast in unserem Rucksack mit uns herum. Das ist zwar eine gute Zwischenlösung, jedoch langfristig problematisch. Dieser Ballast macht uns über kurz oder lang nicht nur das Leben schwer, er kann uns sogar richtig krank machen. Eine wachsende Anzahl von Erkrankungen wird solchen emotionalen Ursachen zugeschrieben.

Das bedeutet, dass unser System ein großes Interesse daran hat, solche Altlasten zu verarbeiten, um sich selbst gesund zu erhalten.

Da diese jedoch fein säuberlich in den Tiefen unseres Rucksacks verstaut sind, den wir die meiste Zeit außer Sichtweite auf dem Rücken tragen, ist das leichter gesagt als getan. Sicher kennst du das: Du weißt, du solltest zu einer bestimmten Erinnerung ganz starke Gefühle haben, und kannst sie einfach nicht finden. Um dem Abhilfe zu schaffen, suchen wir unbewusst ständig nach Situationen, die uns an das Vergangene erinnern, damit wir überhaupt mit der dazugehörigen Ladung in Kontakt kommen. Und weil es so wichtig für unsere Gesundheit ist, eine solche Übereinstimmung auch zu finden, helfen wir bei Bedarf einfach ein bisschen nach, indem wir fehlende Aspekte großzügig ergänzen. Psychologisch gesprochen: Wir projizieren.

Nun wäre das an sich ja eine feine Sache: Emotionale Altlasten machen uns krank, deshalb suchen wir nach Gelegenheiten, sie wieder loszuwerden. Wenn diese sich nicht von allein zeigen, arbeiten wir ganz pragmatisch mit dem, was da ist, und nehmen uns die künstlerische Freiheit, den Rest dazuzudichten. Dadurch werden wir aktiviert, was uns eine Gelegenheit gibt, noch einmal mit dem alten Emotionspäckchen in Kontakt zu kommen, das wir so entsorgen können.

Theoretisch wunderbar, praktisch läuft es leider in den meisten Fällen ganz anders ab. Denn während es für unsere Gesundheit gut sein kann, emotionale Altlasten zu entladen, ist es das für unsere Beziehungen in der Regel ganz und gar nicht. Hier können unsere Emotionspakete großen Schaden anrichten. Ganze Beziehungslandschaften werden mit schöner Regelmäßigkeit durch unkontrollierte Entladungen und emotionale Kettenreaktionen in Schutt und Asche verwandelt. Denn nicht jede emotionale Entladung führt automatisch zu emotionaler Heilung. Oft sind unsere Emotionspakete nachher sogar größer als zuvor, da der Aktivierungsmoment, den wir uns ausgesucht haben, als weitere unverarbeitete Erfahrung in den Tiefen unseres Rucksacks landet. Es bildet sich eine weitere Emotionsschicht um unser Päckchen. So gesehen ist es ganz logisch, dass es neben der unbewussten Suche nach passenden Entladungssituationen auch eine starke Instanz gibt, die nach Möglichkeit versucht, spontane Entladungen zu verhindern. Ich nenne diese gerne unseren emotionalen Schließmuskel.

# 3

# DER EMOTIONALE SCHLIESSMUSKEL

Kleine Kinder haben kein Problem mit ihrem emotionalen Rucksack. Das liegt nicht etwa daran, dass sie nie überwältigende Erfahrungen machen. Ganz im Gegenteil, Kinder sind im Laufe ihres Heranwachsens immer wieder mit Situationen konfrontiert, die sie herausfordern und zuweilen auch überfordern. Der große Hund, der sich einem Dreijährigen in den Weg stellt und plötzlich laut bellt; die gerade noch beste Kindergartenfreundin, die uns wegen einer Neuen die Freundschaft kündigt; Eltern, die sich auseinanderleben oder einfach nicht da sind; Klassenkameraden, die ihre eigene Unsicherheit damit kaschieren, dass sie sich über andere lustig machen: Kindheit ist eine Herausforderung. Und daran ist per se auch nichts auszusetzen. Es ist normal und sogar gesund, denn Kinder brauchen für ihre Entwicklung einen beständigen Wechsel zwischen Herausforderung und Komfort. Es ist Teil des Menschseins, immer wieder mit Situationen konfrontiert zu sein, für die wir allein zu klein sind, ein Leben lang. Sehr schön lässt sich dieses Phänomen an dem sogenannten Dreizonenmodell aus der Erlebnispädagogik erläutern, das ich hier auf den emotionalen Bereich anwenden möchte.

## Die Komfortzone

Die Komfortzone ist der Bereich, in dem wir uns wohl und sicher fühlen. Diese Komfortzone sieht natürlich bei jedem Menschen und in jeder Entwicklungsstufe anders aus. Sie ist stark geprägt durch die ganz individuellen Erfahrungen, die ein Mensch in seinem Leben gemacht hat, und dadurch, wie gut er diese verdaut hat. Und diese Komfortzone verändert sich kontinuierlich, genau wie wir uns ständig verändern und weiterentwickeln.

Diese Idee einer Komfortzone betrifft nicht nur das, was im Außen geschieht, sondern lässt sich genauso auf unser inneres Erleben anwenden. Was befindet sich im Bereich deiner inneren Komfortzone? Fühlst du dich nur dann wohl, wenn du total ausgeglichen und freudig in die Welt blickst? Oder darfst du auch mal ein bisschen aktiviert, wütend, traurig oder ängstlich sein? Oder sogar sehr? Wo ist der Bereich, in dem du aufhörst, dich wohlzufühlen?

Genau wie sich unsere Komfortzone, was äußere Ereignisse betrifft, ein Leben lang verändern und erweitern kann, ist unsere innere Komfortzone wandelbar. Und während eine weite äußere Komfortzone uns befähigt, mit vielen Situationen klarzukommen, hat eine weite innere Komfortzone den Vorteil, unsere Handlungsfreiheit erheblich zu erhöhen. Hierbei geht es nicht darum, etwas auszuhalten und zu durchleiden. Vielmehr ist die innere Präsenz mit dem, was gerade in uns geschieht, Voraussetzung dafür, dass es sich wandeln kann.

## Die Stretchzone

Die Stretchzone ist der Bereich, in dem ich mich herausgefordert fühle. Die Situation bringt mich an die Grenzen dessen, womit ich umgehen kann. Sie fordert mich, ohne mich zu überfordern. Das geschieht meistens, wenn wir mit etwas Neuem konfrontiert sind:

ein neuer Aufgabenbereich im Job, von dem wir nicht wissen, ob wir ihm hundertprozentig gewachsen sind; die Krankheit eines Angehörigen, die uns an den Rand unserer Kräfte bringt, oder ein Konfliktgespräch mit einer langjährigen Freundin, mit der es in letzter Zeit zu einigen Reibereien kam. Solche Situationen können Stress erzeugen und sind oft unangenehm. Zugleich sind es jedoch genau diese Situationen, die uns wachsen lassen. Indem wir uns Herausforderungen stellen, eignen wir uns neue Fertigkeiten an, wodurch sich unsere Komfortzone erweitert und uns bereit macht für neue Abenteuer. Was gerade noch Stretchzone war, ist nun Komfortzone geworden, was früher eindeutig Panikzone war, ist nun womöglich unsere neue Stretchzone.

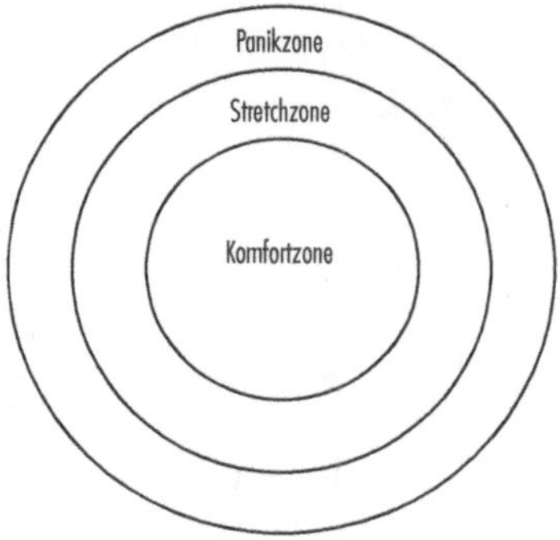


*Das Dreizonenmodell*

In der Stretchzone haben wir die Wahl, ob wir uns innerlich unserem emotionalen Erleben zu- oder davon abwenden. Wenn wir uns dafür entscheiden, nicht zu fühlen, was in uns geschieht, können sich bei Erfahrungen in diesem Bereich emotionale Altlasten anstauen. Um ein einfaches Beispiel heranzuziehen, das vermutlich jeder kennt: Es ist ein ganz normaler Morgen, und auf dem Weg ins Bad schlägst du dir deinen Zeh an. Eigentlich nicht schlimm, aber doch fest genug, dass es richtig wehtut und dich unsanft in den Tag hineinkatapultiert.

In diesem Moment hast du zwei Möglichkeiten. Entweder du versuchst, den Schmerz und deine innere Reaktion darauf – wie auch immer diese ist – auszublenden, um möglichst unbehelligt in den Tag zu starten. Oder du nimmst dir einen Moment, um zu fühlen, was gerade in dir ausgelöst wurde, und dir innerlich Anteilnahme zu schenken. Wer ersteren Weg wählt, kann oft beobachten, dass danach eines zum anderen kommt – der Kaffee sich unerklärlicherweise über die Zeitung ergießt, die U-Bahn einem vor der Nase wegfährt, die Freundin sich nicht gemeldet hat. Und bis es zehn Uhr ist, hat das, was als harmlose Unachtsamkeit begann, sich zu einer ausgewachsenen Ladung entwickelt. Diese können wir dann zu unserem restlichen Gepäck in den Rucksack stopfen, oder wir suchen uns einen Anlass, um unseren Frust in die Welt zu pusten: die Lästergespräche an der Kaffeemaschine, eine Stichelei mit dem Lieblingsfeind im Büro oder ein stilles Vor-sich-hin-Gemotze über den Chef.

Natürlich kann ich meinen Kaffee auch dann verschütten, wenn ich mir den Moment genommen habe, um zu fühlen, und auch die U-Bahn wartet nicht unbedingt auf mich, weil ich mir selbst Anteilnahme schenke. Doch meine innere Reaktion darauf wird dann eine andere sein.

## Die Panikzone

Die Panikzone bezeichnet den Bereich, in dem ich überfordert bin. Hier kommen wir hin, wenn sich herausstellt, dass wir den neuen Aufgaben wirklich nicht gewachsen sind und es uns nicht gelingt, uns rechtzeitig Unterstützung zu holen. Oder wenn die Krankheit unseres Angehörigen lebensbedrohlich wird, sich über Jahre hinzieht oder uns aus anderen Gründen maßlos überfordert. Oder wenn das Konfliktgespräch mit der Freundin eskaliert und eine langjährige Freundschaft in die Brüche geht. Was auch immer die konkrete Situation ist, wir landen immer dann in der Panikzone, wenn die Situation zu groß für uns ist, sodass wir allein nicht damit klarkommen.

Während wir im Bereich der Stretchzone noch die Wahl haben, ob wir uns innerlich zu- oder abwenden, es also selbst in der Hand haben, uns im Stich zu lassen oder zu unterstützen, ist diese Wahl in der Panikzone nicht mehr möglich. Hier ist der Bereich, wo du allein nicht präsent und fühlend verbunden bleiben kannst mit dem, was gerade in dir geschieht.

In solchen Situationen sind viele Menschen überrascht, dass sie zunächst gar nichts fühlen. Oft sagt der Kopf ihnen, dass sie jetzt eigentlich ganz viel empfinden müssten, doch de facto fühlen sie gerade nichts. Das liegt daran, dass die Lücke zwischen dem eigenen Bedürfnis und dem, was gerade geschieht, so groß ist, dass die eigene emotionale Kapazität nicht ausreicht, um diese zu überbrücken. Die Trauer, die Wut, die Angst, die es bräuchte, um diese Lücke zu schließen, ist zu gewaltig für uns. Für diesen Fall gibt es eine Art Sicherung, die dafür sorgt, dass die Gefühle ausbleiben – oder wir zumindest nicht bewusst wahrnehmen, was gerade emotional in uns geschieht. Das Ereignis wandert in unseren Rucksack – zur späteren Bearbeitung. Bleiben diese Momente unangetastet und nicht gefühlt, werden sie zu einem weiteren Bestandteil unseres Rucksacks. Eine Art, diese Sicherung zu beschreiben, ist der Begriff »emotionaler Schließmuskel«.

Das zweite Szenario, in dem wir nicht fühlend präsent sein können mit dem, was gerade in uns geschieht, ist, wenn ein Paket in unserem Rucksack aktiviert wurde, für das unsere emotionale Kapazität nicht ausreicht. In diesem zweiten Szenario ist im Außen gar nichts wirklich Schlimmes geschehen – Beispiel Schwimmbad. Nüchtern betrachtet hätte mich dieses Ereignis maximal in meine Stretchzone befördern sollen – und vielleicht noch nicht einmal das. Was ist schon dabei, wenn eine Gymnastiklehrerin sich im Ton vergreift, weil sie einen schlechten Tag hat? Doch wegen der Resonanz mit diesem bestimmten Päckchen in meinem emotionalen Rucksack beförderte mich dieser harmlose Umstand direkt in meine Panikzone.

## Übung 3: Erstelle eine Landkarte deiner Zonen

Für diese Übung brauchst du ein Blatt Papier und etwas zu schreiben oder Malzeug. Schön ist ein möglichst großes Blatt, wenn du keines zur Hand hast, tut es auch ein DIN-A4-Blatt.

1. Beginne damit, mittig auf dem Papier einen Kreis zu zeichnen, der deine Komfortzone darstellt. Zeichne sie intuitiv so groß oder klein, wie es für dich stimmig ist.
2. Schließ für einen Moment die Augen und spür dich gut. Dann frag dich: Was befindet sich im Bereich meiner Komfortzone? Wo in meinem Leben fühle ich mich wohl, sicher und selbstbewusst? Was sind meine Kraftquellen? Wie fühle ich mich dort?
3. Beginne nun, den Kreis zu füllen. Entweder durch Worte, die in dir auftauchen, oder durch Farben und Bilder. Erlaube hierbei deinem Gefühl, sich auszudrücken. Es muss für deinen Verstand keinen Sinn ergeben und auch für niemand anderen.
4. Jetzt geht es um deine Stretchzone, die um deine Komfortzone herum angesiedelt ist. Zeichne auch diese intuitiv so groß oder klein, wie es für dich stimmig ist.
5. Und dann schließ auch hier wieder für einen Moment die Augen und nimm dir Zeit, in dich hineinzuspüren. Dann frag dich: Was befindet sich im Bereich meiner Stretchzone? Was sind jetzt gerade die Herausforderungen in meinem Leben, von denen ich noch nicht weiß, ob ich ihnen gewachsen bin? Wie fühle ich mich, wenn ich diesen begegne?
6. Füll dann in gleicher Weise wie bei der Komfortzone den Bereich der Stretchzone auf dem Papier.
7. Nun ist es Zeit, den gleichen Prozess für die Panikzone zu wiederholen. Wenn du magst, kannst du auf deinem Blatt auch hierfür einen Kreis zeichnen – oder du verwendest einfach alles, was außerhalb der Stretchzone liegt, als Panikzone.
8. Nimm dir danach noch etwas Zeit, um das entstandene Bild zu betrachten. Was siehst du?

Optimale Entwicklung geschieht durch einen beständigen Wechsel zwischen der Komfort- und der Stretchzone, und zwar ein Leben lang. Ohne Stretch keine Entwicklung. Ohne Komfort keine Regeneration. Da die drei Zonen jedoch beständigem Wandel unterworfen sind und wir nicht immer genau abschätzen oder gar kontrollieren können, wem oder was wir uns aussetzen, passiert es immer wieder, dass wir auch mal in der Panikzone landen, ob wir wollen oder nicht. Und oft geschehen genau durch diese Erfahrungen sogar die größten Entwicklungsschritte auf unserem Lebensweg.

## Der Luxus spontaner Entladung

Kinder haben noch kein Problem mit ihrem Rucksack, denn sie entladen überschüssige emotionale Energien immer bei der nächstbesten Gelegenheit. Ein klassisches Beispiel: Ein Kind stürzt beim Spielen und schlägt sich das Knie auf. Ohne auch nur darüber nachzudenken, läuft es zu Mama oder Papa, kuschelt sich in den Schoß und lässt seinen Gefühlen freien Lauf. Nach wenigen Minuten ist die Sache erledigt, es kehrt zu seinem Spiel zurück. In seinem Rucksack ist kein Emotionspäckchen abgelagert worden. Um es mit unserer Formel zu sagen: Das Kind hatte ausreichend Unterstützung, um die intensive Erfahrung zu verarbeiten.

Je älter das Kind wird, desto größer wird seine emotionale Kapazität, also jener Bereich von Erfahrungen, mit dem es allein klarkommt. Und das Kind lernt, sich selbst zu beruhigen, wenn es in seine Stretchzone kommt. Oft kann man sogar beobachten, wie schon recht kleine Kinder in Stresssituationen sich selbst ermutigende Worte wie »Ist nicht so schlimm« oder »Nichts passiert« zumurmeln. Sie übernehmen die Funktion, die bislang Bezugspersonen für das Kind innehatten.

Schon bald stellt eine kleine Verletzung wie das aufgeschlagene Knie keine emotional überwältigende Erfahrung mehr dar.

Vielleicht weint das Kind trotzdem kurz, doch es kann sich selbst beruhigen. Anders ausgedrückt: Seine Stretchzone hat sich erweitert, es hat gelernt, dass diese Situationen zum Leben dazugehören und kein Anlass zur Panik sind.

## Die Entwicklung des emotionalen Schließmuskels

Neben dieser Erweiterung der emotionalen Kapazität entwickelt sich noch eine zweite Instanz, jener besagte emotionale Schließmuskel. Dieser metaphorische Muskel regelt, wann ich wie entlade. Analog zu dem Schließmuskel, der unseren Stuhlgang reguliert, entwickelt sich auch der emotionale Schließmuskel im Laufe unseres Heranwachsens und sorgt dafür, dass wir nicht mehr unkontrolliert entladen. Die Entwicklung des einen Schließmuskels befähigt uns dazu, ohne Windeln auszukommen, die des anderen, für begrenzte Zeiträume die Welt ohne die emotionale Sicherheit unserer engsten Bezugspersonen zu erforschen. Wir sind nicht mehr darauf angewiesen, jederzeit und überall sofort zu entladen. Wir haben gelernt, uns zusammenzureißen, bis wir wieder bei einer Vertrauensperson sind, wo wir dann bei Bedarf die aufgestaute Ladung loswerden können.

## Entladung im Alltag

Kinder, die bei ihren Eltern eine gute emotionale Unterstützung erfahren haben, danken es ihnen nicht selten damit, dass sie bei ihnen besonders gern entladen. Im Alltag erleben viele Eltern diesen Prozess als sehr anstrengend und zermürbend, nicht zuletzt, weil sie den zugrunde liegenden Mechanismus nicht verstehen. Ein klassisches Beispiel: Das Kind war ein paar Tage bei den Großeltern oder bei einer Freundin. Dort war es ein Muster an Ausgeglichenheit, und alle hatten seine helle Freude an dem wohlerzogenen Kind. Kaum ist es wieder bei den Eltern, wird es unausstehlich: Es motzt und meckert scheinbar ohne Grund, alle Ausgeglichenheit ist wie weggeblasen, keiner versteht, was los ist. Freut es sich etwa nicht, die Mutter wiederzusehen? Ist das wirklich das gleiche Kind, das die letzten Tage so ausgeglichen, kooperationsbereit und höflich war? Ähnliche Erfahrungen machen Eltern, wenn ihre Kinder vom Kindergarten oder von der Schule nach Hause kommen, und fragen sich insgeheim, womit sie das verdient haben.

Dahinter steckt, dass das Kind in der Schule oder bei den Großeltern Dinge erlebt hat, die zwar nicht traumatisch waren, jedoch eine Herausforderung, manchmal auch eine Überforderung. Es ist nun aber alt genug, nicht immer alles gleich herauszulassen, sprich, sein Schließmuskel hat sich so weit entwickelt, dass es seine Gefühle und Emotionen unter Kontrolle halten kann, bis es wieder bei seinen engsten Bezugspersonen ist. Denn auch wenn die Oma uns sehr lieb hat oder die Kindergärtnerin besonders nett ist: Die Verbindung zu den engsten Bezugspersonen hat noch einmal eine andere Qualität. Und sobald das Kind sich wieder in dieser vertrauensvollen Geborgenheit befindet, öffnet sich der Schließmuskel, und die angestaute emotionale Energie entlädt sich.

Dieser Prozess ist zwar anstrengend, doch er ist gut, gesund und wichtig. Wenn wir verstehen, was dahintersteckt, und wissen, was das Kind in dem Moment von uns braucht, wird es viel leichter für uns als Eltern, in diesen Zeiten liebevoll präsent zu bleiben – ein Thema, das uns später noch beschäftigen wird. Denn diese Entladungen finden sehr schnell ihr natürliches Ende, wenn sie die Zuwendung und Anteilnahme, teilweise aber auch die Grenzen und die Klarheit erfahren, die sie brauchen.

Es ist wohl kaum notwendig zu betonen, dass die Entwicklung unseres emotionalen Schließmuskels nicht nur natürlich, sondern auch sinnvoll ist. Es ist ein wichtiger Aspekt emotionaler Selbststeuerung, Gefühle und Emotionen nicht unkontrolliert herauszulassen, und es ist ein wichtiges Merkmal eines reifen Umgangs mit Gefühlen und Emotionen, dass diese nur in einem bestimmten Rahmen – den wir uns noch genauer ansehen werden – ein Eigenleben führen und freien Lauf haben. Gerade wenn es um emotionale Altlasten geht, gibt es zahlreiche Situationen, in denen es weder angemessen noch hilfreich ist, wenn diese sich einfach ihren Weg bahnen, wie es ihnen gerade gefällt. Denn die Logik, nach der Emotionen sich bewegen, läuft der Logik guter Beziehungen und geregelter sozialer Abläufe oft entgegen.

Nach diesem Loblied auf den emotionalen Schließmuskel ist es mir genauso wichtig zu betonen, dass seine Entwicklung auch eine Gefahr birgt. Und zwar dann, wenn wir nur lernen, diesen zu verschließen, ohne zugleich die Fähigkeit zu entwickeln, ihn bei Bedarf auch wieder zu öffnen. Das geschieht, wenn Kindern die vertrauensvollen, sicheren Räume fehlen, in denen sie immer wieder erleben können, dass Gefühle mitgeteilt und durch liebevolle Anteilnahme reguliert werden können – offenbar ein weit verbreitetes Phänomen. Denn während Kinder gemeinhin sehr gut darin sind, sich Unterstützung zu suchen oder sogar einzufordern, packen Erwachsene die starken Gefühle, die schwierige Situationen hervorrufen, gerne in ihren emotionalen Rucksack. An sich keine schlechte Idee. Theoretisch zur späteren Verarbeitung, in der Praxis jedoch häufig auf Nimmerwiedersehen.

Das Ergebnis sind Menschen, die nur dann mit ihren emotionalen Ladungen in Kontakt kommen, wenn diese durch starke Auslöser im Außen aktiviert werden. In dem Moment explodiert das dazugehörige Päckchen in ihrem Rucksack mit solcher Wucht, dass sie jede Kontrolle über ihren Schließmuskel verlieren – eben so, wie es bei mir im Schwimmbad der Fall war.

## Steuerung können wir lernen

Eine Schlüsselkompetenz im Umgang mit emotionalen Altlasten besteht in einer gesunden Steuerung des emotionalen Schließmuskels. Indem wir die Fähigkeit entwickeln, den Schließmuskel bewusst zu entspannen und in einem dafür vorgesehenen Rahmen Entladung zuzulassen, kann diese zu einer echten Chance für emotionale Heilung werden. Genau das geschieht nämlich in aller Regel nicht, wenn wir unkontrolliert entladen. Statt einer Vervollständigung oder Neubewertung der Situation aus der Vergangenheit kommt es oft zu einer erneuten Überforderung, da uns auch in der neuen Situation, genau wie damals, meist die nötige Unterstützung fehlt, um die Erfahrung zu verarbeiten. Wieder erleben wir, dass wir zu klein sind, um mit der Situation zurechtzukommen und bekräftigen damit nur unsere ursprüngliche Einschätzung.

Das ist damals bei mir im Schwimmbad geschehen. Denn auch wenn ich heftig entladen habe: Die sterile Einsamkeit einer Schwimmbadtoilette war keine Umgebung, die mich darin unterstützt hat, eine neue Einschätzung der Erfahrung zu entwickeln. Stattdessen war ich, genau wie damals, von meinen Emotionen überfordert und in meiner Überzeugung bestärkt, dass ich in so einer Situation hilflos und ohnmächtig bin. Mein Emotionspäckchen war danach größer als davor.

## Die Dosis macht das Gift

Dein mental-emotionales System ist sehr weise, vielleicht weiser, als du denkst. Es ist stets darauf bedacht, dich vor Überforderung zu schützen und dir nicht mehr zuzumuten, als du verkraften kannst. Deshalb sorgt es mithilfe deines emotionalen Schließmuskels auch recht zuverlässig dafür, dass du nicht ständig von den überwältigenden Inhalten deines Rucksacks überflutet wirst. Es weiß, dass dies eine Überforderung wäre, und verhindert es deshalb.

Ein Erlebnis, das ich vor einigen Jahren hatte, illustriert dieses Phänomen ganz gut. Ich war als Beifahrerin in einen Autounfall involviert, wo unser Auto auf einer Kreuzung vorne rechts gerammt wurde. Einen halben Meter weiter hinten und es wäre vermutlich recht ungemütlich für mich geworden, doch ich hatte Glück und kam mit einem Schreck davon. Als die Sanitäter, die vorsichtshalber gerufen wurden, mir die üblichen Fragen nach meinem Befinden stellten, antwortete ich gefasst und klar. Wie es für Schockzustände typisch ist, fühlte ich nichts.

Einige Tage darauf war ich bei einer guten Freundin zu Besuch, und wir kamen auf das Ereignis zu sprechen. Als ich davon erzählte und ihre Anteilnahme spürte, wurde etwas in mir weich, und ehe ich wusste, wie mir geschah, war ich in Tränen ausgebrochen. Ich begann zu zittern und spürte, wie der Schreck mir noch in den Knochen saß. Und während ich schluchzte und zitterte, konnte ich förmlich spüren, wie der Schreck sich löste und die ganze Realität dessen, was geschehen war, in mich einsank.

Damals verblüffte mich dieser Vorgang. Ich verstand nicht, wieso die Tränen mich dort plötzlich überkamen, wo ich die Tage zuvor so gefasst gewesen war und super funktioniert hatte. Es war auch nicht das erste Mal, dass ich über das Erlebnis gesprochen hatte. Heute weiß ich, dass es mit der Intelligenz meines Schließmuskels zu tun hatte: Er wusste genau, dass ich die Tage zuvor allein mit diesen Gefühlen überfordert gewesen wäre. Erst als durch die Anteilnahme meiner Freundin meine eigene emotionale Kapazität eine vorübergehende Erweiterung erfahren hatte, erlaubte er mir, das Erlebte auch zu fühlen und es so zu verarbeiten.

Leider haben wir nicht immer das Glück, diese Anteilnahme zu erfahren, wenn wir sie brauchen – und viele Menschen haben sich, selbst wenn sie ihnen zuteilwird, schlicht abgewöhnt, den Schließmuskel dann auch zu entspannen. Oder sie vermeiden den Kontakt mit Menschen, die ihnen liebevolle Anteilnahme schenken, denn sie merken, wie ihre Emotionen dadurch hochkommen.

Natürlich ist es jedem freigestellt, mit dem eigenen Gepäck so umzugehen, wie er es für richtig hält. Der Preis, den wir dafür zahlen, ist jedoch oft ein Leben, das von emotionalen Überlebensstrategien bestimmt wird. Diese helfen uns zwar, irgendwie klarzukommen, sie verhindern jedoch jene Heilung und Entwicklung, die eigentlich möglich wäre.

# 4

# EMOTIONALE ÜBERLEBENSSTRATEGIEN

Es ist ein offenes Geheimnis, dass viele Süchte und andere ungesunde Angewohnheiten emotionale Ursachen haben. Weniger offensichtlich ist, wie wir es anders machen können. Doch bevor wir uns dieser wichtigen Frage zuwenden, möchte ich genauer in Augenschein nehmen, wie wir im Alltag oft mit emotionalen Altlasten umgehen und welche Vor- oder Nachteile diese Strategien haben. Hierbei konzentriere ich mich vor allem auf fünf gängige Strategien: Betäubung, Ablenkung, Kompensation, Abreagieren und Analyse. Diese Liste erhebt keinen Anspruch auf Vollständigkeit – dem Erfindungsreichtum unserer Psyche scheinen keine Grenzen gesetzt zu sein. Doch eine weite Spanne alltäglicher Verhaltensweisen ist mit dieser Liste abgedeckt.

**Gängige Überlebensstrategien:**

1. Betäubung
2. Ablenkung
3. Kompensation
4. Abreagieren
5. Analyse

## 1. Betäubung



Zweifellos eine der beliebtesten Strategien, um mit emotionalen Ladungen umzugehen, ist die der Betäubung. Der Griff zur Zigarette oder das Feierabendbier sind so weit verbreitet, dass sie ganz selbstverständlich zum Lebensgefühl unserer Gesellschaft gehören. Doch Betäubung beschränkt sich nicht allein auf den recht offensichtlichen Missbrauch von Nikotin, Alkohol und anderen Drogen. Viel weiter verbreitet und schwieriger zu greifen sind Verhaltenssüchte wie die nach Shopping, Information, Unterhaltung, Videospielen, Essen, Arbeit und vielem mehr.

Nun ist es verlockend, diese Betäubungsstrategien allesamt zu verteufeln. Wir würden uns damit in eine lange Tradition puritanischer Verfechter des reinen Lebens stellen. Doch so einfach ist es leider nicht. Zwar können wir dem Teufel Alkohol entsagen, und dank der abschreckenden Propaganda auf den Zigarettenpackungen wird es auch hier immer einfacher, eine klare Linie zu ziehen. Doch damit haben wir nicht die anderen, subtileren Süchte in den Griff bekommen. Wir können schließlich nicht einfach aufhören zu essen, um ungesundes Essverhalten in den Griff zu bekommen. Ähnlich schwierig ist es bei Informations-, Internet- oder Shoppingsüchten, eine saubere Linie zu ziehen und klar zu erkennen, wo normaler Gebrauch aufhört und Missbrauch beginnt. Dies kann uns nur gelingen, wenn wir eine Sensibilität für die inneren Zustände entwickeln, die uns unseren Betäubungsstrategien in die Arme treiben. Dort können wir ansetzen, um eine Verhaltensänderung zu erwirken – und nicht indem wir versuchen, das Verhalten zu unterbinden. Anders ausgedrückt: Die Sucht ist nicht das Problem, sie ist der Versuch einer Lösung des Problems. Wenn wir uns einer Lösung entziehen, müssen wir eine neue Lösung entwickeln. Tun wir dies nicht bewusst, ist die Wahrscheinlichkeit sehr hoch, dass eine andere, subtilere Sucht an die Stelle der soeben aufgegebenen tritt.

Darüber hinaus gibt es noch einen weiteren guten Grund, unsere Süchte nicht samt und sonders zu verteufeln. Sie sind Teil der

Strategien, die wir entwickelt haben, um mit emotionalen Ladungen umzugehen, und haben in einem begrenzten Rahmen hier auch ihre Berechtigung. Mit anderen Worten: Wir können es uns auch mal erlauben, durch Lektüre eines drittklassigen Romans, Nachrichtenkonsum oder ein schönes Glas Wein eine innere Pausentaste zu drücken. Ausschlaggebend ist, dass diese Strategie nicht zur langfristigen Lösung wird, sondern eben nur eine Pausentaste bleibt, die wir im Bewusstsein drücken, dass da noch emotionale Hausaufgaben auf uns warten. Wenn unser emotionales System sich zu Wort meldet, ist es, wie wenn wir auf unserem Handy einen Anruf erhalten, den wir gerade nicht entgegennehmen wollen. Wir können diesen Anruf wegdrücken – einmal, zweimal, vielleicht noch ein drittes Mal. Doch irgendwann kommt der Zeitpunkt, wo wir gut daran tun, ihn entgegenzunehmen und uns unseren Emotionen zuzuwenden.

## 2. Ablenkung

Eine zweite, sehr beliebte und weniger problematische Strategie ist die der Ablenkung. Sie hat, genau wie die der Betäubung, ihre Licht- und ihre Schattenseite. Positiv gesehen kann Ablenkung uns helfen, vorübergehend auf andere Gedanken zu kommen und uns nicht noch tiefer in den Emotionssumpf hineinzubohren. Sie verhindert, dass unsere Gedanken in einer endlosen Spirale um den Auslöser kreisen und ihn dadurch noch verstärken. Ein klassisches, auch wissenschaftlich inzwischen gut erforschtes Beispiel ist, wenn wir sehr wütend sind. Untersuchungen haben gezeigt, dass Ablenkung hier wirklich sinnvoll ist, um eine Eskalation zu verhindern. Ablenkung durchbricht in diesem Fall den unheilvollen Kreislauf, in dem Gedanke und Emotion sich gegenseitig verstärken und hochschaukeln.[2]

Auch in der Kindererziehung ist Ablenkung ein beliebtes Mittel. Bei den Balinesen ist es beispielsweise ganz normal, einem weinenden Baby eine Blume zu zeigen, um es auf andere Gedanken zu bringen – eine Strategie, die sich dort natürlich anbietet, wo an jeder Ecke exotische Blüten in den tollsten Farben blühen. Die Schönheit der Blüte, der betörende Sinnesreiz überflutet das Baby und lässt es oft vor Erstaunen verstummen. Auch bei uns arbeiten viele Eltern ganz instinktiv mit dieser Methode – geben dem Kind ein Spielzeug, singen ihm etwas vor oder drücken ihm sogar das eigene Smartphone in die Hand, um es auf andere Gedanken zu bringen, wenn es unausgeglichen ist.

Mal ganz abgesehen von der Tatsache, dass ein Smartphone in den Händen eines Kleinkindes sicher nicht gut aufgehoben ist – wann ist Ablenkung eigentlich sinnvoll? Der Nachteil der Ablenkung ist ähnlich wie bei der Betäubung, dass es nur eine vorübergehende Lösung ist. Wenn wir aus der kurzfristigen Strategie versuchen, eine langfristige Lösung zu stricken, werden wir zu Gejagten, die sich von einer Ablenkung in die nächste flüchten müssen. Der Preis, den wir dafür zahlen, ist hoch, denn dieses Theater funktioniert nur, solange wir uns von unserem emotionalen Erleben abschneiden. Als langfristige Strategie verdammt es uns damit zu einem Leben, in dem wir von unseren Gefühlen abgeschnitten sind – und zwar von allen Gefühlen, den angenehmen wie den unangenehmen, den nützlichen wie den weniger nützlichen. Ein solches Leben ist über kurz oder lang ein schales Leben, denn die Ablenkungen vermögen nicht, das verlorene Gefühl wettzumachen. Und wie das Beispiel mit dem Smartphone zeigt, können sie ein erster Schritt in eine Sucht sein.

Sinnvoll ist Ablenkung dann, wenn es darum geht, Gedankenspiralen zu durchtrennen, die uns immer tiefer in das Drama hineinziehen. Das gilt für Kinder genauso wie für Erwachsene: Manchmal ist es gut, wenn eine Blume, ein Anruf oder sonst eine Unterbrechung uns aus unserem Zustand herausreißt. Wir kommen auf andere Gedanken und vergessen bestenfalls, was uns gerade noch so aufgeregt hat. Wenn unserem Unwohlsein jedoch eine echte emotionale Altlast zugrunde liegt oder ein wichtiges

Bedürfnis, wird die Ablenkung nur vorübergehend Linderung verschaffen. Genau wie das hungrige Baby sich vom Anblick einer Blüte nur vorübergehend betören lässt.

## 3. Kompensation

Die dritte Strategie ist den ersten beiden durchaus verwandt. Bei der Kompensation geht es darum, unangenehme Emotionen durch Ersatzhandlungen auszugleichen. Das kann das Stück Schokolade sein, das uns über eine Zurückweisung unseres Partners hinwegtrösten soll, oder das Gummibärchen, das dem weinenden Kind zwischen die Lippen geschoben wird. Es kann der Shoppingtrip sein, der unsere Kreditkarte zwar überzieht, jedoch vorübergehend den Emotionswust in uns übertüncht, wenn wir Streit mit der besten Freundin hatten. Das Stück Torte, das wir uns diesmal mit einer Extraportion Sahne genehmigen, weil die Welt so unfreundlich ist; der Sportwagen, der unser angekratztes Selbstwertgefühl aufbügeln soll, wenn die Frau uns für einen anderen verlassen hat; der Mann, mit dem wir ins Bett gehen, obwohl wir ihn nicht wirklich attraktiv finden, weil der eigene uns betrogen hat; die heimliche Partie Klondike, die wir uns während der Arbeitszeit genehmigen, wenn unser Chef mal wieder besonders ätzend war – die Liste unserer Ersatzhandlungen ließe sich endlos fortsetzen.

Auch hier ist prinzipiell nichts dagegen einzuwenden, wenn wir uns etwas Gutes tun, um uns zu helfen, vorübergehend unser emotionales Leid zu lindern. Doch wir dürfen diese Strategie nicht mit einer Lösung verwechseln. Ob eine Kompensation uns wirklich weiterhilft oder die Situation nur komplizierter macht, hängt stark von der inneren Bewegung ab, die sie begleitet. Tue ich mir etwas Gutes, um Ressourcen aufzubauen, mit denen ich dann den unangenehmen Emotionen begegnen kann? Oder ist mein Ziel, diesen zu entkommen, hoffe ich allen Ernstes, dass diese durch die Sahnetorte, den Sportwagen, das Tête-à-Tête verschwinden werden? Ist meine Handlung von Mitgefühl getragen – etwa wenn ich mir nach einem schwierigen Tag ein heißes Bad einlasse und gut zu mir bin –, oder hat sie eine selbstzerstörerische Qualität, weil sie mir eigentlich schadet?

## 4. Abreagieren

Diese vierte Strategie wird oft als deutlich gesünder betrachtet als die ersten drei. Wenn wir uns abreagieren, so die Logik, dann drücken wir die Emotionen schließlich nicht einfach weg wie bei den anderen Strategien, sondern lassen sie raus. Das kann ganz unterschiedliche Formen annehmen: körperlich, emotional oder mental.

Bei der Strategie, sich körperlich abzureagieren, geht es darum, sich beim Sport oder ähnlich intensiven Aktivitäten zu verausgaben. Wenn wir es damit nicht übertreiben, ist es sicher deutlich gesünder als viele andere Versuche, uns emotional Erleichterung zu verschaffen. Bewegung hilft uns, Spannungen abzubauen, und setzt Endorphine frei, die uns ja bekanntlich glücklich machen. Da die Aktivität jedoch nicht auf der Ebene stattfindet, auf der uns unwohl ist – also der emotionalen –, gelingt es ihr oft nicht, uns dauerhaft Erleichterung zu verschaffen. Die Dosis Endorphine ist dann streng genommen zwar gesünder als so manche Droge, doch erfüllt sie eine ähnliche Funktion. Deshalb können wir über kurz oder lang genauso süchtig werden, wenn wir körperliches Abreagieren als alleinige Strategie im Umgang mit emotionalen Ladungen missbrauchen.

Doch wie verhält es sich eigentlich, wenn wir uns, statt uns körperlich auszupowern, emotional abreagieren? Ist das nicht eine gute Strategie, um mit emotionalen Ladungen umzugehen? Ja und nein. Ja, denn schließlich wollen unsere emotionalen Ladungen wirklich entladen werden. Nein, weil so, wie es in der

Regel praktiziert wird, mehr Schaden als Nutzen angerichtet wird. Dieser Schaden kann, wie bereits mehrfach erwähnt, unsere Beziehungen betreffen, wenn wir unsere Mitmenschen als emotionale Mülleimer missbrauchen. Er kann aber auch uns selbst betreffen.

Andere als emotionale Mülleimer zu missbrauchen war bis vor kurzer Zeit noch völlig legitim und ist es in vielen Kulturen der Welt bis heute. Vielfach war und ist es sogar in den ungeschriebenen, ja teilweise auch in den geschriebenen Gesetzen von Staaten verankert. Eltern durften ihre Kinder schlagen, Männer ihre Frauen, Lehrer ihre Schüler, Meister ihre Lehrjungen, wobei dieses Schlagen nur die Spitze des Eisberges war, wie hierarchisch höher Gestellte sich an Untergebenen abreagieren konnten und durften. Es ist ein extremer Ausdruck einer Haltung, die sich genauso in Anschreien, Erniedrigung oder Spott zeigen kann. Und diese Phänomene sind bis heute weit verbreitet.

Erst kürzlich wurde mir die Geschichte eines Handwerkers zugetragen, der sich freute, endlich einen Lehrjungen zu haben. Diesen könne er nun immer anschreien, wenn er nicht gut gelaunt sei, meinte er, dann ginge es ihm gleich besser. Viele Eltern reagieren sich regelmäßig an ihren Kindern ab – entweder unter dem Vorwand, sie durch Schimpfen zurechtzuweisen, oder weil sie einfach keine andere Strategie im Umgang mit ihren emotionalen Ladungen haben.

Doch auch wenn diese Strategien immer noch weit verbreitet sind – ihre gesellschaftliche Akzeptanz schwindet. Sie sind längst nicht mehr so salonfähig, wie sie es einmal waren. Dafür scheint sich eine neue Form des Abreagierens immer weiter auszubreiten, und das ist jene des emotionalen Dramas.

In diesem Fall handelt es sich nicht um hierarchisch unterschiedlich gestellte Personen, wo der eine den anderen als Mülleimer missbraucht, sondern um Menschen in einer weitgehend gleichwertigen Partnerschaft, die sich in Dramen verstricken, um einen Vorwand zu haben, sich emotional abzureagieren. Viele moderne Partnerschaften funktionieren nach diesem Schema: Mit schöner Regelmäßigkeit wird ein Streit vom Zaun gebrochen, der beiden die Gelegenheit gibt, mal so richtig Dampf abzulassen. Diese Streitigkeiten fungieren als Ventil, um emotionalen Druck abzubauen, und können sogar vorübergehend den Eindruck von Erleichterung erwecken. Auf eine dramatische Trennung folgt unweigerlich die Versöhnung, bis sich wieder genügend emotionale Ladung für das nächste Drama aufgebaut hat.

Neben der Tatsache, dass diese Dynamik sehr anstrengend ist, uns viel kostbare Lebenszeit und Energie raubt, ist sie auch sehr aufreibend. Die emotionalen Ladungen werden zwar, ähnlich wie in meiner Schwimmbadgeschichte, aktiviert und kommen raus, die Situation ist jedoch alles andere als unterstützend. Statt einer Auflösung und Heilung der Pakete werden diese oft immer größer.

Doch mal unabhängig davon, dass es unseren Beziehungen nicht guttut: Könnte es für uns selbst eine gute Strategie sein? Und wie verhält es sich eigentlich, wenn ich andere bewusst außen vor lasse und stattdessen allein in den Wald gehe, um mich abzureagieren, oder meinem Boxsack mit den wüstesten Beschimpfungen so richtig einheize? Oder wenn ich mich mit meinem Lieblingskuscheltier in einem Kissenberg vergrabe, um in aller Ruhe Rotz und Wasser zu heulen?

So schön die Idee ist, sie hat leider nicht nur einen Haken, sondern gleich drei. Der erste hat damit zu tun, dass Dampfablassen sich zwar kurzfristig gut anfühlen kann, jedoch langfristig keine Erleichterung bringt. Das hat mir nicht nur meine persönliche Erfahrung gezeigt, sondern es wurde inzwischen durch zahlreiche Studien bestätigt. Wut einfach rauszulassen – ob an unschuldigen Bäumen, der Person, die uns aktiviert hat, oder einem unschuldigen Lehrjungen – führt dazu, dass diese Stimmung sich verfestigt, selbst wenn wir vielleicht vorübergehend den Eindruck haben, Linderung zu erfahren.[3] Dies bedeutet übrigens nicht, dass Wut allgemein schlecht ist. Mir geht es hier lediglich um Wutausbrüche oder den Versuch, durch Dampfablassen Linderung von Wut als Emotion zu erfahren. Wut als Gefühl und wie dieses uns durchaus gute Dienste leisten kann, wird später noch Thema sein.

Der zweite Haken ist, dass auch hier wieder die notwendige Unterstützung fehlt, um mit den emotionalen Ladungen eine neue Erfahrung zu machen. Natürlich ist prinzipiell nichts dagegen einzuwenden, sich mal zu einer gepflegten Heulsession in einen Kissenberg zu verziehen. Wenn die emotionale Aktivierung noch im Bereich meiner Stretchzone ist, kann ich mich natürlich in eine Decke kuscheln, mich meinen Emotionen zuwenden und in diesem Raum der Anteilnahme, den ich mir selbst schenke, fühlen. Bei stärkeren Aktivierungen brauchen wir jedoch die Unterstützung anderer, um das zu fühlen, was uns allein überwältigt. Wenn wir es dennoch allein probieren, stellen wir oft fest, dass wir entweder nicht wirklich Zugang zu den Emotionen finden – unser emotionaler Schließmuskel schützt uns zuverlässig vor der überwältigenden Intensität der gespeicherten Ladung – oder wir uns in einem Drama verstricken und uns nur tiefer in unser Leid hineinschrauben, wodurch sich unsere ursprüngliche Erfahrung der emotionalen Überforderung wiederholt.

## Übung 4: Ein regelmäßiges Check-in

Halte mehrmals täglich für einen kurzen Moment inne, um dich deinem inneren Fühlraum zuzuwenden. Als sehr hilfreich hat sich hierfür die Nutzung einer App wie MindBells erwiesen. Sie lässt in unregelmäßigen Abständen ein angenehmes akustisches Signal ertönen, das keine andere Funktion hat, als dich dazu aufzufordern, innezuhalten und dich selbst wahrzunehmen.

Doch auch ohne App kannst du es dir zur Angewohnheit machen, regelmäßig einen Blick in dein Innenleben zu werfen und zu spüren, wo du gerade bist. Hilfreich sind hierbei auch bestimmte Anker, etwa indem du das Innehalten an gewisse Tätigkeiten knüpfst, die du bestimmt nicht vergisst, wie Essen oder Trinken.

Der dritte Aspekt des Abreagierens, neben dem körperlichen und dem emotionalen, ist der mentale. Hier ergehen wir uns beispielsweise in krassen Schimpftiraden oder grausamen Fantasien, was wir dem fiesen Auslöser unseres Pakets alles antun würden. Auch wenn es uns eine gewisse subversive Befriedigung verschaffen mag: Emotionale Heilung erfahren wir so nicht. Auch hier schrauben wir uns durch die gehässigen Gedanken nur tiefer in unseren emotionalen Sumpf hinein, statt uns aus ihm zu befreien.

## 5. Analyse

Die fünfte und letzte Strategie auf meiner Liste ist in unserer ratiodominierten Gesellschaft naturgemäß sehr beliebt. Statt zu fühlen, was gerade in uns los ist, versuchen wir uns durch Analyse aus dem emotionalen Schlamassel herauszudenken. Wir versuchen, es zu verstehen, und hoffen, es durch dieses Verstehen lösen zu können.

Doch wir können uns selbst, unsere Kindheit, unsere Beziehungen und unsere Gefühle ad infinitum analysieren, verändern tun sie sich dadurch nicht. Um noch einmal zu meiner Schwimmbadgeschichte zurückzukehren: Die Erkenntnis, dass diese Geschichte mich an mein Kindheitserlebnis mit der verpatzten Tanzeinlage erinnerte, hätte mir keinen Deut weitergeholfen. Sie wäre mir auf rein rationaler Ebene auch gar nicht zugänglich geworden – die beiden Ereignisse sind, nüchtern betrachtet, einfach zu unterschiedlich. Die Verbindung offenbarte sich erst, als ich mich in einem geschützten Raum auf die heftigen Emotionen einließ, die das Erlebnis in mir ausgelöst hatte. Sie führten mich zu der dazugehörigen Erinnerung. Solange ich mich der Situation rein rational näherte – was ich natürlich versuchte, indem ich mir die naheliegende Frage stellte, was um alles in der Welt da passiert war –, tappte ich im Dunkeln.

Hierfür gibt es eine einfache Erklärung: Die Erinnerung an die verpatzte Tanzperformance war in meinem emotionalen Gedächtnis als bedrohlich abgespeichert, nicht in meinem Verstand. Mein Verstand hatte sie längst abgehakt, und ich hätte jederzeit eine mehr oder weniger intelligent lautende Analyse der Situation liefern können. Doch die emotionale Ebene war von diesem Abhaken offenbar wenig beeindruckt, und auch eine noch so ausgefeilte Analyse hätte sie nicht tangiert. Und diese emotionale Ebene ist nur über die Emotion zugänglich. Für den Verstand ist sie ein Buch mit sieben Siegeln. In der Praxis bedeutet das, dass der Kreativität des Verstandes keine Grenzen gesetzt sind. Er kann sich unzählige Deutungsmuster ausdenken, von denen sich eines faszinierender, tiefgründiger, intelligenter und überzeugender anhört als das andere. Doch welches dieser vielen Deutungsmuster auch nur annähernd relevant ist, kann einzig der emotionale Zugang offenbaren – und oft zeigt sich dort ein völlig anderer Zusammenhang, als wir vermutet hatten.

Menschen, die sehr viel Zeit damit verbracht haben oder verbringen, sich selbst und ihre Emotionen zu analysieren, ohne sich auf das Fühlen einzulassen, sind oft zutiefst verwirrt. Wenn man sich die Zeit nimmt, ihnen zuzuhören, findet man sich binnen kürzester Zeit in einem Spiegelkabinett wieder, in dem jede Richtung einen Weg vorgaukelt und jeder dieser Wege gleich real erscheint. Doch da nie die Probe aufs Exempel gemacht wird – also sich real aufs Fühlen einzulassen –, verbleibt die Person in einem kleinen Kämmerchen des Kabinetts, wendet sich von einem Weg zum anderen, endlos darüber nachsinnend, welcher nun der richtige ist. Zugleich wächst die Verzweiflung darüber, dass sich ob all der Analyse keine Veränderung der eigenen Situation eingestellt hat – sie steckt immer noch in der gleichen kleinen Kammer des Spiegelkabinetts fest und kommt nicht vom Fleck.

## Übung 5: Was sind deine Lieblingsstrategien?

Nimm dir etwas Zeit, um deine emotionalen Überlebensstrategien unter die Lupe zu nehmen. Du kannst die Liste der fünf Strategien, die ich in diesem Kapitel vorgestellt habe, dabei zu Hilfe nehmen und jede Kategorie gesondert inspizieren. Sei so spezifisch wie möglich: Wann greifst du zu dieser Strategie? Wie genau sieht das bei dir aus? Also, wenn es zum Beispiel Betäubung ist oder Ablenkung: Durch welche Aktivitäten betäubst du dich oder lenkst dich ab? Wie gut funktioniert deine Strategie, und welche Nebenwirkungen hat sie möglicherweise?

Sei ehrlich und zugleich liebevoll mit dir. Es geht nicht darum, dich für irgendetwas zu verurteilen. Diese Strategien sind ein wichtiger Teil deiner Psyche und haben dir sicher gute Dienste geleistet, sonst hättest du sie längst über Bord geworfen. Es geht auch nicht darum, sich von jetzt auf gleich von ihnen zu verabschieden. Diese Übung hat zunächst nur das Ziel, sich der unterschiedlichen Strategien bewusst zu werden.

Was diese fünf Strategien gemeinsam haben und weshalb sie alle auf ihre Weise früher oder später zum Scheitern verurteilt sind, ist, dass sie ein Versuch sind, das Emotionspäckchen loszuwerden, statt es zu uns zu nehmen, also es zu fühlen. Dieser Wunsch ist ganz natürlich und gut nachvollziehbar, schließlich ist das Päckchen unangenehm, vielleicht sogar schmerzhaft, auf jeden Fall macht es uns das Leben schwer. Es liegt also auf der Hand, dass wir es so schnell wie möglich weghaben wollen. Und wenn es schon so dreist ist, ungebeten aus unserem Rucksack hervorzuquellen, dann soll es doch bitte so schnell wie möglich wieder in diesem verschwinden – oder sich sonst irgendwie aus dem Staub machen. Hauptsache, wir bleiben verschont.

Doch diese Emotionspäckchen enthalten wichtige Aspekte unserer Persönlichkeit. Sie enthalten Anteile von uns, die auf Erlösung und Vervollständigung warten. Sie wollen nicht abgewimmelt, beschwichtigt oder verstanden werden, sie wollen vor allem und zuvorderst gefühlt werden, und zwar so, dass Heilung geschehen kann. Es geht darum, eine neue Erfahrung zu machen, und Erfahrungen machen wir über das gefühlte Erleben, nicht das rationale Verstehen.

Wie das geschehen kann, wenn alle gängigen Strategien irgendwie nach hinten loszugehen scheinen, ist Thema von Teil II. Es geht um die Entwicklung einer neuen Kulturtechnik. Doch bevor wir uns diesem wichtigen Thema zuwenden, möchte ich im letzten Kapitel dieses ersten Teils die Welt unserer emotionalen Dramen genauer unter die Lupe nehmen, und zwar jene der lauten Dramen genauso wie die der stillen, die eher im Verborgenen stattfinden. Sie alle folgen der gleichen Choreografie, und in dieser verbergen sich wichtige Lektionen darüber, wie unsere emotionalen Ladungen entstanden sind und nach welchen Mechanismen sie funktionieren. Diese Informationen werden uns im Zuge unserer weiteren Erforschung noch nützlich sein. Unabhängig davon, ob du dich selbst als dramatischen, hochemotionalen Menschen betrachtest oder von deinen Mitmenschen als eher unterkühlt beschrieben wirst, die Auseinandersetzung mit der inneren Dynamik eines Dramas kann dir wertvolle neue Perspektiven eröffnen.

# 5

# VON RITTERN, DRACHEN UND PRINZESSINNEN

So funktionieren unsere Märchen, die ganz alten, klassischen, in denen Ritter, Drachen und Prinzessinnen ihr Unwesen treiben, genau wie jene modernen Märchen, die Hollywood und Bollywood in Endlosschleife für uns fabrizieren: durch Drama! Sie fesseln uns mit großer Zuverlässigkeit an unseren Kinosessel, schlagen uns immer wieder mit ihrer unvorhersehbaren Vorhersagbarkeit in ihren Bann. Unvorhersehbar, da niemand sich auch nur im Entferntesten vorstellen kann, wie es dem Helden entgegen aller Wahrscheinlichkeit gelingen soll, die Prinzessin zu retten. Und vorhersagbar, weil wir uns darauf verlassen können, dass am Ende, so sicher wie das Amen in der Kirche, der Drache tot und die Prinzessin gerettet ist.

Diese Geschichten fesseln uns deshalb mit so großer Zuverlässigkeit, weil sie etwas sichtbar machen, das sich in unserem Inneren immer wieder abspielt. Unser Innenleben ist voll von großen und kleinen Dramen. Meistens sind wir uns dieser Tatsache jedoch nicht bewusst. Diese Geschichten sind so eng mit unserer Wahrnehmung der Wirklichkeit verwoben, dass wir sie nicht von dieser unterscheiden können. Unsere Dramen sind unsere Wirklichkeit, unsere Wirklichkeit sind unsere Dramen.

Doch was meine ich eigentlich mit Drama? Geht es hier immer um große Gesten und passionierte Liebeserklärungen, um Rosenkriege und Ehrenmorde? Natürlich nicht. Unsere Alltagsdramen sind zugegeben deutlich unspektakulärer als ihr Hollywoodpendant, doch ihre Grundstruktur ist die gleiche. Viele Dramen, in denen Menschen tagtäglich leben, sind zunächst gar nicht als solche zu erkennen. Vor allem in Kulturkreisen wie Deutschland, in denen heftige emotionale Äußerungen eher unüblich sind, spielen sich die meisten dieser Dramen im Stillen ab. So inszenieren sich viele Menschen selbst als Opfer einer ungerechten Welt und schieben die Täterrolle dem Staat, dem Chef, den Konzernen, dem Nachbarn oder natürlich auch gerne dem eigenen Partner zu.

Doch auch diese stillen Dramen folgen der gleichen Choreografie, haben den gleichen Kern wie ihre pompösen, aufwändig inszenierten Gegenstücke aus der Traumfabrik. Und auch wenn unsere Privatinszenierungen im Vergleich zu den Millionenkosten einer Hollywoodproduktion mit minimalem Budget auszukommen scheinen: Sie verursachen oft ebenso horrende Kosten, wenn auch nicht unbedingt monetärer Art.

## Wie Dramen gestrickt sind

Hier möchte ich die Choreografie und den Kern unserer inneren Inszenierungen genauer in Augenschein nehmen, damit du beginnen kannst, dir der großen und kleinen Dramen deines Lebens bewusst zu werden. Denn unsere Dramen sind eng mit unserem emotionalen Rucksack verknüpft. Wo Rauch, da Feuer. Wo Drama, da emotionale Altlast.

Beginnen wir mit der Rollenverteilung. Im Drama, ob groß oder klein, laut oder leise, gibt es drei Hauptrollen zu vergeben: die des Täters, des Retters und des Opfers. Gemeinsam formen sie das Dramadreieck, ein von Stephen D. Karpman entwickeltes Modell der Transaktionsanalyse. Wir brauchen einen Bösen, der einem Unschuldigen etwas antut, und dann brauchen wir einen Helden, der diesen Unschuldigen errettet. So weit, so gut. Im Film wissen wir nun, wie es weitergeht. Der Böse scheint übermächtig, das Opfer ist komplett hilflos, seinen schlechten Absichten ausgeliefert. Wäre dort nicht der Held, der in der Regel neunzig Minuten Zeit hat, um die Welt wieder in Ordnung zu bringen und das Böse in die Schranken zu weisen.

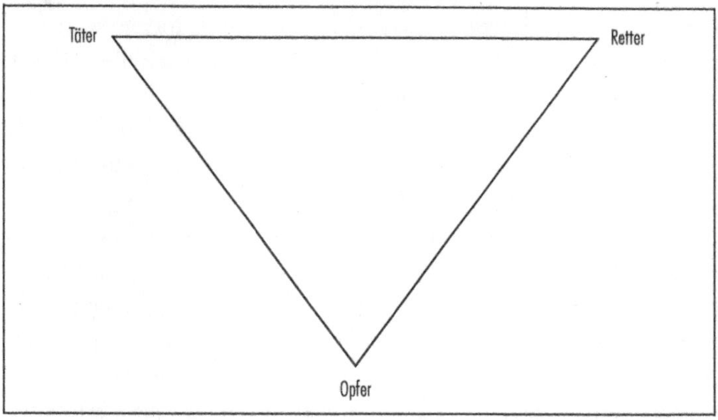


*Das Dramadreieck*

## Jeder nach seinem eigenen Skript

Im wirklichen Leben ist die Sache meistens etwas komplizierter. Das beginnt schon mit der Rollenverteilung. In einem durchschnittlichen Drama verhält es sich nämlich so, dass jeder nach seinem eigenen Skript spielt und die Rollenverteilungen eigentlich nie übereinstimmen. Ich möchte das an unserem inzwischen vertrauten Schwimmbadbeispiel verdeutlichen. In meinem Skript war die Aquagymnastiklehrerin die Böse: Sie wollte meinen armen Sohn (das unschuldige Opfer) aus dem Kinderbecken verjagen. In meiner ursprünglichen Version wäre mir die Rolle der Retterin zugekommen. Als unerschrockene Verfechterin von Kinderrechten hätte ich mich vor meinen Sohn stellen und ihm zu seinem Kinderbecken verhelfen sollen.

Leider kam mir hier meine Aktivierung in die Quere, weshalb ich hoffnungslos versagte. Da ich jedoch weit davon entfernt war, für das ausgelöste emotionale Paket Verantwortung zu übernehmen, begann hier ein neues Skript. Nun war ich das arme Opfer der bösen Aquagymnastiktussi, die mich durch ihre raue Art so aus der Bahn geworfen hatte, dass ich nicht mehr handlungsfähig war. Aber wo waren die Retter?

Auf den ersten Blick könnte man meinen, dass gar keine da waren. Doch wenn ich genau in mein Skript gucke, bemerke ich, dass ich diese ehrenwerte Rolle den Seniorinnen zugeschoben hatte. Es wäre doch an ihnen gewesen, mir zur Seite zu eilen und mich vor der ungerechten Anfeindung durch die Gymnastiklehrerin zu beschützen – findest du nicht? Wenn wir den Dramafaden weiterspinnen, zeichnet sich der nächste Rollenwechsel schon ab: Aus den unschuldigen Seniorinnen werden in meinem Skript schon bald Täterinnen, Repräsentantinnen einer kinderfeindlichen Gesellschaft, die es für normal hält, Kinder aus dem Kinderbecken zu vertreiben.

Doch wie verhält es sich mit dem Skript der Gymnastiklehrerin? Darüber kann ich natürlich nur mutmaßen. Ich vermute, dass sie sich selbst auch als Opfer sah, das immer wieder durch das ungebetene, vielleicht auch wiederholte Eindringen von Müttern und Kindern in ihr Territorium bei der Arbeit gestört wurde. Oder sie sah sich selbst als Retterin, deren Auftrag es war, die armen Seniorinnen (Opfer) vor uns bösen Störenfrieden zu beschützen. Ob so oder so, eines ist sonnenklar: Unsere Skripte stimmten nicht überein. Ihre Rollenverteilung stand in direktem Widerspruch zu meiner.

Anhand dieses einfachen Beispiels können wir erkennen, wie Dramen ablaufen. Blitzschnell und ohne mit der Wimper zu zucken, werden Rollen vergeben und entsprechende Skripte improvisiert, nach denen wir die Realität wahrnehmen und dann auch handeln. Doch anders als im Film stimmen diese Skripte nicht überein, da jeder für sich entweder die Rolle des Opfers oder des Retters beansprucht, während er geschickt versucht, dem anderen die des Täters in die Schuhe zu schieben.

Als wäre das alles nicht schon kompliziert genug, ändern sich die Rollen auch noch ständig. Wenn ein Retter sich weigert, die ihm zugeschriebene Rolle auszufüllen, wird er schneller zum Täter, als er bis drei zählen kann – so wie in meinem Skript die nichtsahnenden Seniorinnen. Und wer sich selbst als Opfer wahrnimmt, leitet daraus oft die berühmte Lizenz zum Töten ab: Er verhält sich unangemessen, wie er es sonst nie tun würde, wodurch er unwillkürlich zum Täter wird.

Du siehst, wir können endlos in diesem Dramadreieck umherirren, es mal hierhin und mal dorthin drehen, die Rollen immer neu verteilen, in unserer Fantasie neue Akteure mit hinzuziehen und das Drama gleich einer allabendlichen Seifenoper ohne Ende fortspinnen. Und genau das tun viele Menschen auch unermüdlich, ohne es mitzubekommen, beruflich wie privat. Doch was steckt hinter dieser Charade? Warum tun wir das? Was haben wir davon? Warum verschwenden wir kostbare Lebenszeit, die wir deutlich erfreulicheren Dingen widmen könnten, mit solchen Spielchen?

## Dramen als Entladungsräume

Einen Grund habe ich im letzten Kapitel bereits erwähnt: Dramen geben uns eine wunderbare Gelegenheit, uns emotional abzureagieren. Die Dramatik, die durch die klare Rollenverteilung entsteht, legitimiert Verhaltensweisen, die wir uns sonst nicht erlauben würden. Ich möchte das an einer typischen Dynamik in Paarbeziehungen illustrieren: Sie geht abends gerne früh zu Bett und hofft, dass er es ihr gleichtut, damit sie noch Zeit miteinander haben – Zeit für Zweisamkeit, Zeit für Intimität, Zeit für wichtige

Gespräche oder auch für Sex. Er hingegen zögert es Abend für Abend deutlich hinaus, ins Bett zu kommen. Die Nachrichten auf dem Handy sind plötzlich furchtbar interessant, genau wie die letzten Facebookposts oder die Magazine, die auf dem WC herumliegen.

In ihr beginnt ein Drama. Das kann wie gesagt auch ganz leise ablaufen und still vor sich hin lavieren, wodurch sie sich immer mehr zurückzieht. Oder es kann sich eruptiv einen Weg an die Oberfläche bahnen. Das zugrundeliegende Skript ist das gleiche. Es läuft eine Weile so, bis ihr eines Abends der Kragen platzt und sie beginnt, ihm bittere Vorwürfe zu machen: In ihrem Skript ist er der Böse, dem seine Frau und die Beziehung herzlich egal sind und der sich für alles andere mehr interessiert als für ihre Zweisamkeit. Sie hingegen ist das arme Opfer, die Ungeliebte, die jeden Abend in der Hoffnung auf Zuwendung früh zu Bett geht und jeden Abend enttäuscht wird.

Wenn sie der eruptive Typ ist, werden ihre Anklagen entsprechend schonungslos und unverblümt sein: Er sei unsensibel, egoistisch und beziehungsunfähig. Sie habe so etwas nicht verdient. Immer würde er sie vernachlässigen und sich nicht für sie interessieren. Wahrscheinlich habe er sowieso eine andere, sonst würde er doch etwas mehr Interesse für sie aufbringen. Und wenn sich nicht ganz schnell etwas ändere, könne er gleich zu der anderen ziehen und so weiter und so fort. Das Ganze wird natürlich in entsprechend dramatischem Ton vorgetragen und mit der passenden Emotionalität untermalt. Das Dramaskript verleitet sie, sich auf eine Art aufzuführen, die ihr sonst sicher nicht passiert wäre, doch im Kontext dieses Skripts erscheint ihr dieses Verhalten legitim. Vielleicht hat sie sich sogar zuvor mit einer Freundin abgestimmt, die sie in ihrem Skript bestätigt und sie darin bekräftigt hat, sich das nicht mehr bieten zu lassen.

Er hingegen fühlt sich völlig zu Unrecht so angegangen. Der Abend ist die einzige Zeit des Tages, wo er mal ein bisschen für sich sein kann und nicht ständig den Anforderungen seines Chefs, seiner Kollegen oder der Kinder ausgesetzt ist. Statt von seiner Frau Wertschätzung zu bekommen für das, was er täglich leistet – im Job, im Haushalt, mit den Kindern –, wird ihm angekreidet, dass er sich mal ein bisschen Zeit für sich nimmt. Womit hat er das verdient? Ganz klar: In seinem Skript ist er selbst das Opfer und sie eindeutig die Täterin. Beide versuchen sie, den anderen in die Retterrolle zu schieben, um das gewünschte Verhalten zu bekommen – sie mehr Zuwendung, er mehr Freiraum.

Bei diesen lauten Dramaformen bekommen beide jede Menge Gelegenheit, emotional zu entladen. Sie können sich alles an den Kopf schmeißen, was sie im Alltag voreinander zurückhalten, da etwas in ihnen weiß, dass es nicht gerechtfertigt ist. Im Drama gelten plötzlich andere Regeln, und diese werden oft benutzt, um sich Erleichterung zu verschaffen. Doch diese Form der unbewussten und unkontrollierten Entladung ist keine Lösung für unseren emotionalen Rucksack, im Gegenteil. Es fehlt uns die Unterstützung, um den alten Emotionen neu zu begegnen, und durch die häufig auftretenden Kettenreaktionen sind unsere Päckchen nachher größer als zuvor. In der Folge ist der Rucksack von beiden trotz wüster Szenen keinen Deut leichter geworden, sondern durch zusätzlichen Ballast erschwert.

Das Ergebnis ist oft, dass sie süchtig nach dieser Dynamik werden. Es entsteht eine Abhängigkeit von dieser ungesunden Form der Entladung. Manche Paare pendeln sich hier ein und zelebrieren über Jahre regelmäßig ihre Dramen, sodass diese fast schon rituellen Charakter annehmen. Andere Paare zerreiben sich in den zermürbenden Grabenkämpfen und lassen irgendwann resigniert voneinander ab. An diesem Punkt trennen sich viele, oder sie verlagern ihre Dramen in ihre Innenwelt, wo sie wie Stummfilme weiterlaufen.

Ob Dramen eher expressiv oder still gelebt werden, hängt von vielen verschiedenen Faktoren ab. Einer ist sicher die kulturelle Prägung: Ein Deutscher oder ein Japaner lebt seine Dramen anders aus als ein Mexikaner oder Italiener. Das führt oft zu der irrigen Annahme, dass weniger expressive Kulturen auch weniger emotional seien. Genauso ist es Frauen in unserem Kulturkreis eher erlaubt, sich emotional auszudrücken als Männern, was jedoch ebenfalls nicht bedeutet, dass sie mehr fühlen oder gar größere Rucksäcke haben. Spannend ist in diesem Zusammenhang eine Studie, die belegen konnte, dass hier auch heute noch bereits im Kleinkindalter entscheidende Prägungen stattfinden. Immer noch werden Mädchen zu deutlich mehr emotionalem Ausdruck ermutigt als Jungen – und zwar auch von Eltern, die felsenfest davon überzeugt sind, in dieser Hinsicht keine Unterschiede zu machen.[4]

Und natürlich spielt die Prägung des eigenen Elternhauses eine entscheidende Rolle. Wie wurde dort mit Emotionen umgegangen, und wie wurde das erlebt? Menschen, die in ihrer Kindheit von den emotionalen Dramen der Eltern gebeutelt wurden, weigern sich oft aus gutem Grund, dieses Muster zu wiederholen. Umgekehrt bestehen Menschen, in deren Elternhaus alles unter der Oberfläche vor sich hin lavierte und nichts je angesprochen wurde, oft aus ebenso nachvollziehbarem Grund darauf, ihren Emotionen freien Lauf zu lassen. Oder Menschen haben in einer sehr dramatischen, expressiven Beziehung starke Wunden erlitten und suchen dann die Lösung darin, das Drama in den Untergrund zu verlegen.

Was auch immer der Grund ist, weshalb Dramen still gelebt werden, es macht die Sache nicht unbedingt einfacher. Die emotionale Energie, die das Drama freisetzen könnte, wird zwar aktiviert, sie stagniert jedoch auf eine ungute Weise und beginnt, den Beziehungsraum zu verstopfen. Das soll kein Plädoyer dafür sein,

Dramen lauthals auszuagieren. Es soll vielmehr deutlich machen, dass beide Arten, Dramen zu leben, problematisch sind. Und vor allem soll es auf den Kern des Dramas hindeuten, der in beiden Fällen der gleiche ist.

## Im Kern des Dramas

Neben der Chance, sich emotional zu entladen, gibt es noch einen zweiten, wesentlich subtileren Grund, der im Inneren des Dramas verborgen liegt. Dieser zweite Grund führt uns mitten ins Herz unseres emotionalen Rucksacks. Es handelt sich um das Thema Absolutheitsansprüche. Sie bilden nicht nur den Kern unserer Dramen, sondern auch unserer Emotionspakete. Absolutheitsansprüche zu verstehen und Schritt für Schritt loszulassen ist daher ein zentraler Punkt für emotionale Heilung.

**Die Funktion von Dramen:**
1. Raum für unbewusste Entladung
2. Verteidigung von Absolutheitsansprüchen

Als Absolutheitsanspruch bezeichne ich eine besondere Form von Glaubenssatz, die besagt, dass ein bestimmter Wunsch, ein Anliegen oder eine Überzeugung nicht unsere persönliche Sache ist, sondern absolut gültig. Wir erheben den Anspruch, dass unser Anliegen oder unsere Sichtweise universelle Gültigkeit hat und eben nicht Ansichtssache oder ein persönliches Bedürfnis ist. Um zu unserem Beispiel mit dem Zu-Bett-geh-Drama zurückzukehren: In diesem Fall begegnet sie ihm mit dem Anspruch, dass er sich Zeit für die Beziehung nehmen soll. Diesen trägt sie nicht als persönliches Anliegen an ihn heran oder mit sich herum, sondern als absoluten Anspruch, dem er gerecht zu werden hat. Man könnte sogar sagen, dass er sich diesem zu unterwerfen hat, da er aus ihrer Sicht Allgemeingültigkeit besitzt.

Es ist dieser Anspruch, der die Rollen des Opfers und des Täters in diesem und in jedem anderen Drama bestimmt: Wer ihn verletzt, ist der Täter, wer das Leid davonträgt, das Opfer. Diese Tatsache gibt dem Opfer eine ganz eigene Form von Macht. Denn es ist das Opfer, das bestimmt, nach welchen Regeln gespielt wird, also welche Absolutheitsansprüche in dieser Szene zur Anwendung kommen – natürlich jeder in seinem eigenen Skript. Sie in ihrem, er in seinem. Und es ist dieser Anspruch, aus dem das Opfer dann das Recht ableitet, sich respektlos zu verhalten.

Wenn er auf das Drama einsteigt, wird er ihr mit seinem eigenen Absolutheitsanspruch begegnen. Dies könnte der Anspruch sein, dass seine Frau ihn nicht grundlos beschuldigen soll oder dass es sein gutes Recht ist, selbst zu entscheiden, wann er zu Bett gehen möchte. Sein Anspruch lässt ihn wiederum in seinem Skript ganz eindeutig die Rollen verteilen – natürlich zu seinen Gunsten. Er ist das arme Opfer einer undankbaren, übergriffigen Frau, die es einfach nicht verdient hat, von ihm liebevoll behandelt zu werden.

In jedem Drama findet sich ein Absolutheitsanspruch. Bei meiner Schwimmbadgeschichte war es mein Anspruch, nicht so unwirsch das Recht auf etwas abgesprochen zu bekommen, zu dem ich mich berechtigt sah. Und im Falle meiner Gegenspielerin vermutlich der Anspruch, bei ihrer Arbeit nicht durch planschende Kinder gestört zu werden. Bei den großen Leinwanddramen sind es dann entsprechend große Ansprüche: Kinder sollten nicht an Krebs sterben, Männer sollten ihre Frauen nicht betrügen, Politiker sollten keine öffentlichen Gelder veruntreuen, und hübsche Frauen sollten sich nicht prostituieren müssen, um nur ein paar beliebte Beispiele zu nennen. Natürlich ließe auch diese Liste sich endlos fortsetzen.

## Der Anspruch ändert nichts

Nun sind diese Absolutheitsansprüche ja an und für sich sehr gut nachzuvollziehen. Vielleicht hast du dich selbst dabei ertappt, deinen eigenen Lieblingsanspruch gleich dazusetzen zu wollen –

es sollte keinen Krieg geben etwa, und Atomkraft schon gleich zweimal nicht – oder zu einer vehementen Verteidigung eines bestimmten Anspruches anzusetzen. Da bist du nicht allein. Wir alle sind stark mit unseren Absolutheitsansprüchen identifiziert. Wir haben keine Absolutheitsansprüche, wir glauben, unsere Absolutheitsansprüche zu sein!

Und es geht auch nicht darum, dass es uns jetzt plötzlich egal sein soll, dass es Krieg, Umweltzerstörung und Kindesmissbrauch gibt – im Gegenteil. Es ist für mich in meinem Leben beispielsweise ein hoher Wert, mich für einen anderen Umgang mit unserem Planeten einzusetzen. Doch ich konnte erst beginnen, diesen Wert konstruktiv zu leben und zu verkörpern, als ich bereit war, die Absolutheitsansprüche, hinter denen er in meinem Inneren verborgen lag, loszulassen. Werte können etwas sehr Schönes sein. Sie sind wichtig, denn sie geben uns Ausrichtung, Halt und Orientierung. Wer seine Werte kennt, weiß, was ihm im Leben wichtig ist und wonach er sich ausrichten kann.

Absolutheitsansprüche unterscheiden sich von Werten darin, dass sie hart, eng, verbissen und rigide sind. Das ist ganz unmittelbar zu spüren, sowohl bei uns selbst als auch bei anderen. Da sie oft mit emotionalen Altlasten verknüpft sind, kommen sie entsprechend wuchtig daher – und Menschen können unter ihrem Einfluss im Namen der schönsten Ideale die schrecklichsten Dinge tun.

Die Verführungsgewalt von Absolutheitsansprüchen liegt darin, dass sie uns eine Macht suggerieren, die wir nicht haben. Und je mehr Menschen einem solchen Anspruch zustimmen, je mehr heilige und weltliche Schriften ihn legitimieren, desto leichter gehen wir ihm auf den Leim und glauben allen Ernstes, dass unser Anspruch universell gültig sei.

Nichts davon vermag jedoch etwas an der Tatsache zu ändern, dass die Realität meinem Anspruch nicht immer entspricht. Manche Kinder sterben an Krebs, Männer begehren zuweilen andere Frauen, Politiker veruntreuen auch mal Gelder, und hübsche Frauen prostituieren sich. Natürlich kann ich all das falsch finden, genauso wie ich es falsch finden kann, wenn mein Partner immer so spät ins Bett kommt, dass mir bereits die Augen zugefallen sind. Doch dadurch ändert es sich noch nicht. Es ändert sich dann, wenn ich bereit bin, damit in Beziehung zu treten und zum Beispiel dazu beizutragen, dass es sich verändert.

Vielleicht wird es dann eines Tages keinen Krieg mehr geben und auch keine Atomkraft. Doch das wird nicht durch den Anspruch geschehen sein, sondern durch reifes, authentisches Engagement für jene Werte, die oft hinter unseren Absolutheitsansprüchen verborgen sind. Solange wir auf diesen Ansprüchen beharren und sie nutzen, um uns der Realität nicht zu stellen, verhindern sie dieses Engagement. Genauso ist es auch bei unserem Beispielpärchen: Die Absolutheitsansprüche verhindern den offenen Dialog, der notwendig wäre, damit sie ihren Weg aus dem Zu-Bett-geh-Schlamassel finden. Mit anderen Worten: Absolutheitsansprüche vermitteln uns die Illusion, Probleme zu lösen, während sie in Wahrheit ganz neue Probleme in die Welt bringen.

## Absolutheitsansprüche sind hartnäckig

Absolutheitsansprüche loszulassen ist jedoch leichter gesagt als getan und mag zunächst auch alles andere als verlockend erscheinen. Erst wenn wir das Ausmaß der Auswirkungen unserer Absolutheitsansprüche begriffen haben, sind wir bereit, uns auf diesen Prozess einzulassen. Dabei genügt es leider nicht, den eigenen Anspruch in eine Ich-Botschaft zu stecken und ihn dadurch möglichst gewaltfrei rüberzubringen, wenn die zugrunde liegende Haltung unverändert ist.

Die meisten Absolutheitsansprüche sitzen tief, ich nenne sie gerne die Bausteine unseres Egos. Wir sind hochgradig mit ihnen identifiziert. Diese Identifikation kann so stark sein, dass wir lieber unsere Beziehung, unsere Familie oder unseren Job opfern, als den Absolutheitsanspruch zu hinterfragen, der uns das Leben in diesen Bereichen so schwer macht. Doch das ist nicht nur pure Sturheit.

## Übung 6: Erkenne deine Dramen

Jeder Mensch hat so seine Dramen – manche etwas lauter und scheinbar dramatischer als andere, doch auch die stillen Dramen sind in ihren Auswirkungen nicht zu unterschätzen.

1. Frag dich: Was sind meine Dramen? Vielleicht ist es so offensichtlich, dass die Frage schon lächerlich erscheint. In dem Fall mach doch gleich mal eine Liste deiner fünf Lieblingsdramen – nicht im Fernsehen, sondern in deinem Leben. Wenn deine Dramen weniger offensichtlich sind, such eine Situation in deinem Leben, in der du leidest oder dich als Opfer fühlst.
2. Knöpf dir nun ein spezifisches Drama aus deiner Liste vor oder eine Leidenssituation aus deinem Leben. Zeichne dazu ein Dramadreieck und finde in deinem inneren Skript heraus, wer in diesem Drama von dir welche Rolle zugeschrieben bekommt. Wer ist Opfer, wer Täter, wer potenzieller Retter? Vielleicht musst du auch verschiedene Phasen des Dramas gesondert betrachten, da die Rollenverteilung sich ja immer wieder verändert. Natürlich können auch unpersönliche Instanzen eine Rolle in deinem Drama bekommen, wie das Leben, eine Krankheit oder der liebe Gott.
3. Schreib dann in die Mitte des Dreiecks die Absolutheitsansprüche, die das Drama am Laufen halten. Das kann einer sein oder auch mehrere.
4. Wenn du magst, kannst du Schritt zwei und drei auch für andere Personen machen, die Akteure in deinem Drama sind – oder du erkennst, dass du dein Drama ganz allein spielst.

Absolutheitsansprüche sind oft stark emotional aufgeladen, was sich in den entsprechenden Dramen bemerkbar macht. Das bedeutet, dass wir sie gar nicht loslassen können, selbst wenn wir wollen, ohne einen Weg zu finden, um mit der dazugehörigen Ladung umzugehen. Sonst bleibt es eine intellektuelle Trockenübung, die uns keinen Schritt weiterbringt.

Zugleich bedeutet es jedoch auch, dass Absolutheitsansprüche im emotionalen Heilungsprozess eine zentrale Rolle spielen, was uns in Teil II noch weiter beschäftigen wird. Dort wird es um die zentrale Frage gehen, wie wir anders mit emotionalen Altlasten umgehen können, sodass durch ihre Aktivierung und ihre Entladung Heilung und Befreiung geschehen statt einer Vergrößerung unserer emotionalen Last.

# TEIL II

# EIN BEWUSSTER UMGANG

Auch wenn es gelegentlich den Anschein erweckt: Die Aufgabe unseres Rucksacks besteht nicht darin, uns das Leben schwer zu machen. Im Gegenteil: Unser Rucksack ist eine geniale Erfindung unserer Psyche! Er ermöglicht es uns, zu herausfordernden Zeiten funktionstüchtig zu bleiben, um dann später, wenn wir wieder genügend innere Ressourcen und äußere Unterstützung haben, an den erlebten Herausforderungen zu wachsen. Er verhindert, dass wir sofort an allem zerbrechen, was uns überfordert, indem er uns die Möglichkeit gibt, es zunächst außer Sichtweite wegzupacken. Und er gibt uns dann die Chance, uns Stück für Stück, in verdaubaren Dosen, dem Erlebten zuzuwenden, um es zu verarbeiten.

In gewisser Weise gleicht er einer Kreditkarte, einer emotionalen Kreditkarte. Sie ermöglicht es uns, mal über die Stränge zu schlagen und auf Pump emotionale Hürden zu nehmen, denen wir ohne sie zu diesem Zeitpunkt nicht gewachsen wären. Und wie bei einer Kreditkarte verdrängen wir gerne, dass es sich hier nur um eine vorübergehende Lösung handelt. Die Rechnung will früher oder später beglichen werden, und je länger wir es hinauszögern, desto ungemütlicher und teurer wird es. Doch wie begleichen wir unsere emotionalen Rechnungen? Genau das ist der Punkt, an dem viele Leute in meinen Augen scheitern und an dem auch ich lange gescheitert bin. Ich wollte ja zahlen, doch ich wusste nicht wie!

Die in Teil I geschilderten Überlebensstrategien gleichen Refinanzierungen, die zwar vorübergehend Ruhe in die Angelegenheit bringen, sie jedoch nicht dauerhaft lösen. In diesem zweiten Teil geht es nun um einen neuen, bewussten Umgang mit unseren emotionalen Altlasten. Ein wichtiger Teil davon ist die Praxis der Bewussten Entladung, die sich für mich im Laufe der Jahre als Dreh- und Angelpunkt emotionaler Heilung herauskristallisiert hat. Sie ist, wie viele grundlegende Dinge, zugleich ganz einfach und gerade deswegen anspruchsvoll.

Da der Begriff Entladung erfahrungsgemäß irrtümliche Assoziationen weckt, möchte ich bereits an dieser Stelle vorwegnehmen, dass es hierbei nicht um emotionale Ausbrüche geht. Der Versuch, emotionale Altlasten durch Abreagieren loszuwerden, sie förmlich aus uns herauszuschmeißen, wurde vielfach erprobt und hat sich als nicht heilsam erwiesen. Wie in Teil I bereits erwähnt, handelt es sich hierbei in meinen Augen um eine weitere Strategie, das Fühlen zu vermeiden. Und genau um dieses Fühlen geht es bei der bewussten Entladung. Die Entladung geschieht von allein, wenn der Raum dafür gegeben ist und wir uns unseren Altlasten bewusst zuwenden. Sie ist nichts, was wir forcieren können, wir können lediglich die Rahmenbedingungen dafür schaffen. Es ist ein zarter Prozess.

Diesen Rahmenbedingungen und dem Zulassen ist dieser zweite Teil gewidmet. Neben den äußeren Rahmenbedingungen, die sich für die Praxis der Bewussten Entladung bewährt haben, konzentriere ich mich vor allem auf die innere Haltung, die Kompetenzen und die Fähigkeiten, durch die emotionale Heilung erst möglich wird. Und ich weise auf gängige Sackgassen hin, in denen wir uns auf dem Weg emotionaler Heilung gerne verlaufen. Wie diese Erkenntnisse und die Praxis der Bewussten Entladung in unserem Alltag ihren Platz finden können, ist dann Thema des dritten Teils.

# 6

# EMOTIONALE AKTIVIERUNG ALS CHANCE

Es gab Zeiten in meinem Leben, da habe ich emotionale Aktivierung gemieden wie der Teufel das Weihwasser. Rückblickend kann ich sehen, dass ich meine Beziehungen in ständiger Anspannung lebte. Nahezu jede Begegnung war überschattet von der Möglichkeit, aktiviert zu werden oder zu aktivieren. Immer und überall lauerte die Gefahr, einen schönen Tag aus dem Nichts in einen emotionalen Albtraum verwandelt zu sehen, aus dem ich keinen Ausweg finden würde.

Es ist aber nicht so, dass das mein Leben lahmgelegt hätte. Natürlich kam ich trotzdem klar. Ich hatte meine Überlebensstrategien, die mal besser und mal schlechter funktionierten. Doch es war ein emotionales Überleben. Zu den Zeiten, wo ich nicht aktiviert war, die es selbstverständlich auch gab, konnte ich leben, atmen, blühen – bis das nächste Emotionspäckchen ungebeten meine Aufmerksamkeit in Anspruch nahm und mir jeden inneren Freiraum für reine Gefühlskräfte raubte.

Heute ist das ganz anders, wenn auch vielleicht nicht so, wie du denkst. Ich werde immer noch aktiviert, ich habe immer noch einen emotionalen Rucksack, daran hat sich nichts geändert. Und trotzdem ist alles anders. Mein Rucksack ist heute deutlich leichter, als er früher war. Das äußert sich zum einen darin, dass ich viel seltener aktiviert werde, zum anderen darin, dass die Aktivierungen, die geschehen, weniger stark sind. Sie überwältigen mich nicht mehr so. Doch der wichtigste Punkt ist, dass ich heute viel besser mit Aktivierungen umgehen kann – meinen eigenen und denen anderer Leute. Mit schöner Regelmäßigkeit gelingt es mir, Aktivierungen als Chance zu begreifen statt als lästige Störung in einem sonst perfekten Leben. Doch Chance für was?

## Wirf deinen Rucksack nicht weg!

Als ich mir das erste Mal der Existenz meines Rucksacks bewusst wurde, hatte ich eine zugegebenermaßen recht simple Vorstellung von unserer gemeinsamen Zukunft. Um es kurz zu machen: Es sollte idealerweise keine geben. Ich wollte ihn loswerden, und zwar so schnell wie möglich. Wie, war mir eigentlich egal. Hauptsache, dieses lästige Bündel auf meinem Rücken würde verschwinden und aufhören, mich auf Schritt und Tritt zu bedrohen, mich herunterzuziehen, mir das Leben schwer zu machen. Eigentlich eine sehr klare, sehr naheliegende und bestechend logische Sache, oder?

Es dauerte eine ganze Weile, bis ich erkannte, dass das Leben anders funktioniert und dass mein Rucksack nicht von mir geschultert wurde, um entsorgt zu werden. Ich habe ihn nicht durch so viele Stunden, Tage, Wochen, Monate, Jahre und Jahrzehnte mit mir herumgeschleppt, um ihn dann achtlos wegzuwerfen. Ich habe mir diese Mühe angetan, weil das, was sich in dem Rucksack befindet, wichtig und wertvoll ist. Und zwar für mich. Ich habe ihn dabei, damit ich ihn eines Tages auspacken kann.

Natürlich nicht alles auf einmal, nein, das wäre eine maßlose Überforderung! Schließlich ist jedes einzelne Päckchen dort gelandet, weil es für sich genommen schon zu viel für mich war. Wie sollte ich es dann verkraften, den ganzen Rucksack auf einmal zu verdauen? Doch Stück für Stück, Päckchen für Päckchen ist es möglich.

## Wie aus Abfall Kompost wird



Der Zweck deines Rucksacks ist es, wertvolle, wenn auch schwierige Erfahrungen, die du noch nicht verarbeitet hast, bis zur späteren Verarbeitung aufzubewahren. Dein Rucksack ist also kein Mülleimer. Idealerweise ist er ein Kompost, wo aus organischem Abfall unter den richtigen Bedingungen wertvoller Humus wird. Doch damit dies geschehen kann, braucht es Licht und Luft. Solange wir den Inhalt unseres Rucksacks einfach wegsperren, vielleicht sogar hermetisch versiegeln, kann dieser Prozess nicht geschehen.

Ich erinnere mich noch sehr eindrücklich daran, wie ich vor Jahren auf recht unangenehme Weise lernen durfte, dass ein Haufen Küchenabfälle noch lange keinen Kompost machen. Ich war erst kurz zuvor mit einer kleinen Gruppe Gleichgesinnter auf einen wunderschönen Einödhof im Bayerischen Wald gezogen. Schon bald wurde unser allmorgendliches Frühstück vor dem Haus jedoch durch lästige Fliegenschwärme gestört, die von Tag zu Tag mehr wurden.

Als kurz darauf ein Permakulturkurs vor Ort stattfand, war die Ursache der Plage bald gefunden: Wir hatten unseren Kompost hinter dem Haus anscheinend genauso verwendet wie viele Leute ihren Rucksack. Was nach dem Kochen oder der Gartenarbeit übrig blieb, wurde dort entsorgt. Niemand hatte sich Gedanken darüber gemacht, was danach damit geschehen würde. Wir glaubten an die magische Fähigkeit der Natur, die organischen Stoffe zu kompostieren und daraus Humus werden zu lassen. Nun, wir hatten uns geirrt.

Als wir uns unter Anleitung des Kursleiters daranmachten, den Kompost aufzuräumen, kamen die unglaublichsten Farben, Konsistenzen und – ich will hier nichts beschönigen – Gerüche zutage, die mir bis heute lebhaft im Gedächtnis geblieben sind. Um es kurz zu machen: Bei dieser Vielfalt handelte es sich nicht um gesunde Verrottung, sondern um Fäulnisprozesse, die alles Mögliche hervorbrachten, nur eben keinen Humus. Neben den Fliegenlarven entdeckten wir zur Begeisterung meines Sohnes sogar ein kleines Nest mit Babyschlangen!

Wir verbrachten einen halben Tag damit, den Kompost abzutragen und mit ausreichend Stöckchen, die für Belüftung sorgen, und Grünzeug, das aus anderen Gründen wichtig für den Verrottungsprozess ist, neu aufzuschichten. Und siehe da: Nicht nur die Fliegenplage fand ein jähes Ende, der Kompost hörte auch auf zu stinken und wurde binnen kürzester Zeit zu genau der kostbaren Erde, die wir in unserem Garten so gut gebrauchen konnten.

Dieses Bild kommt mir oft in den Sinn, wenn ich über den Umgang mit emotionalen Altlasten und Wunden nachdenke. »Die Zeit heilt alle Wunden«, heißt es oft so schön. Nun, ich habe gelernt, dass das vor allem unter den richtigen Bedingungen zutrifft. Wenn wir unsere emotionalen Altlasten einfach wegsperren, treiben sie, wie unser Haufen Küchenabfälle, die unglaublichsten Blüten. Genau wie der Kompost brauchen auch sie Sauerstoff, um zu einem wertvollen Nährboden für unsere Entwicklung zu werden.

## Die Rolle des Bewusstseins

Der Sauerstoff unserer Psyche ist unser Bewusstsein. Und damit meine ich nicht eine intellektuelle Einsicht, dass dieses oder jenes Päckchen in unserem Rucksack schlummert. Mit Bewusstsein meine ich unser inneres Gewahrsein, das durch unsere Aufmerksamkeit gelenkt wird. In diesem Moment, während du das liest, richtet sich deine Aufmerksamkeit auf die Buchstaben des Textes, das ist klar. Dein Bewusstsein ist also auf diesen Text ausgerichtet. Doch was ist noch in deinem Bewusstsein? Sind es deine Gedanken, die versuchen, das Gelesene in das einzusortieren, was du sonst schon über das Thema weißt, oder es mit Erfahrungen in deinem Leben in Verbindung zu bringen? Oder ist es der innere

Fühlraum deines Körpers, der dein Bewusstsein ausfüllt, während du diese Zeilen liest? Oder alles zugleich? Mit anderen Worten: Etwas ist dann in unserem Bewusstsein, wenn es wahrgenommen wird.

Was unsere emotionalen Altlasten betrifft, so wollen auch diese wahrgenommen, also gespürt werden. In dem Moment, wo wir sie spüren, werden sie von unserem Bewusstsein durchdrungen, und sie beginnen sich – genau wie unser neu aufgeschichteter Kompost – zu verändern. Wenn wir diesen Prozess zulassen, geschieht nicht nur eine Vervollständigung des damaligen Erlebens, es geschieht auch eine Vervollständigung unserer Persönlichkeit. Es geschieht genau das, wofür schwierige Erfahrungen gut sind: Wir entwickeln Lebensweisheit, die einhergeht mit einem tiefen Vertrauen in den Lauf der Dinge und der Fähigkeit, sich diesem hinzugeben – ein weiteres Thema, das uns noch ausführlich beschäftigen wird.

So toll sich das anhört: Hier handelt es sich nicht um einen theoretischen Prozess. Wir können uns hier nicht durchdenken, sosehr wir uns das auch wünschen. Wir können uns noch so oft einreden, dass alles seinen Sinn hat oder dass das Ganze doch sowieso Schnee von gestern ist: Solange wir es nicht erlebt haben, bleibt dies Fiktion. Und Erleben geschieht auf der Ebene des Fühlens. Doch ehe du jetzt mitten in deine größten Emotionspäckchen hineinspringst und begeistert versuchst, sie mit Bewusstsein zu durchdringen, möchte ich dich noch um etwas Geduld bitten. Es gibt noch einige Aspekte, auf die ich eingehen möchte, bevor ich auf die Praxis der Bewussten Entladung zu sprechen komme.

## Aktivierung als Chance

Wenn jemand unsere Knöpfe drückt, wie es so schön heißt, ist das immer eine Gelegenheit, mit etwas in unserem Rucksack in Kontakt zu kommen, das einen Teil unseres Potenzials bindet. Passiert dies oft, ist es wie die Fliegenplage, die unser idyllisches Frühstück störte, uns dadurch jedoch auf ein wichtiges Problem hinter dem Haus aufmerksam machte.

Wir können dem anderen also, streng genommen, überaus dankbar für die Aktivierung sein: Ohne ihn wäre es uns kaum gelungen, mit unserem Päckchen in Verbindung zu treten. Wir können sogar noch weitergehen: Wir haben den anderen oft sogar dafür ausgesucht! Wie ich es gerne ausdrücke: Wir haben unbewusst ein permanentes Casting laufen, um Menschen und Situationen zu identifizieren, die uns dabei unterstützen können, an unsere Ladungen dranzukommen. Und je fester unser Schließmuskel geschlossen ist, desto stärker müssen die Auslöser sein, die wir uns suchen. So betrachtet ist es ziemlich absurd, dass wir den anderen oft genau deswegen heftig angreifen und kritisieren, ja manchmal sogar dafür hassen, dass er unsere Knöpfe drückt!

## Übung 7: Identifiziere deine Knöpfedrücker

Für diese Übung brauchst du ein leeres Blatt Papier und einen Stift. Nimm das Blatt quer und unterteile es zunächst in vier Spalten. Beschrifte die Spalten von links nach rechts mit den Begriffen »Person«, »Auslöser«, »Reaktion« und »Päckchen«.

1. **Person**: Beginne mit der ersten Spalte. Wen hast du in deinem Leben gecastet, um dir dabei zu helfen, an deine emotionalen Ladungen heranzukommen? Notiere dir zunächst nur einen Namen in der linken Spalte.
2. **Auslöser**: Notier dir in der zweiten Spalte, wie diese Person dich aktiviert. Was sind die Auslöser? Welches Verhalten, welche Worte, welche Eigenarten aktivieren dich? Fasse dich kurz und sei dennoch so spezifisch wie möglich. Wenn es mehrere Auslöser gibt, liste sie stichpunktartig untereinander.

3. **Reaktion:** Beschreib in der dritten Spalte deine Reaktion. Was passiert in dir, wenn die Person das tut? Wie äußert sich deine Aktivierung? Sei auch hier so spezifisch wie möglich, ohne auszuufern.
4. **Päckchen:** Wenn du weißt oder zu wissen glaubst, welches Päckchen in deinem Rucksack reagiert, notier es dir stichpunktartig. Schreib spontan und aus dem Bauch heraus, ohne zu viel darüber nachzudenken. Welche nur halb oder noch gar nicht verarbeiteten Erfahrungen aus deiner Vergangenheit klingen hier an und möchten gefühlt werden? Wenn du es nicht weißt, lass diese Spalte einfach leer, du kannst jederzeit zu ihr zurückkehren. Das ist sinnvoller, als dir etwas auszudenken oder zu spekulieren.
5. Wiederhole die Schritte eins bis vier für zwei oder drei weitere wichtige Personen in deinem Leben, die dich aktivieren.

Inzwischen ist es bei mir so, dass ich wirklich dankbar bin, wenn ich aktiviert werde. Zwar nicht immer sofort – manchmal erst, nachdem ich Raum für eine Bewusste Entladung hatte –, doch immer öfter. Das hat nichts mit einer philosophischen Haltung zu tun, sondern mit dem direkten Erleben, dass durch Bewusste Entladung diese schwierigen Momente zu echten Geschenken werden. Bei extremen Aktivierungen, wie ich sie auch noch gelegentlich erlebe, ist mir inzwischen klar, wie viele Faktoren zusammenwirken mussten, um mich überhaupt mit diesem Päckchen in Kontakt zu bringen. Und ich erkenne mich zunehmend als Architektin dieser Umstände – als hätte ein Teil von mir viel Mühe darauf verwendet, eine Inszenierung zu finden, die mich mit diesem alten Päckchen in Kontakt bringt.

Ein zentraler Lebensbereich, wo sich dieser Castingprozess bemerkbar macht, ist unsere Partnerwahl. Ist ja auch naheliegend: Wo sonst können wir uns so potente Aktivierer ins Haus holen? Das ist per se kein Problem, sondern genau wie unsere Süchte der

Versuch einer Problemlösung. Ob diese glückt, hängt von der inneren Haltung und der Reife aller Beteiligten ab. Je nachdem, wie es um diese bestellt ist, gestalten wir innerhalb unserer Beziehungen den Umgang mit emotionalen Aktivierungen und Altlasten.

Im Folgenden möchte ich drei Beziehungsformen skizzieren, von denen jede sich durch eine andere Haltung und einen anderen Umgang mit Altlasten definiert. Diese können auch als Entwicklungsstufen von Beziehungen bezeichnet werden. In jeder Stufe gehen Menschen mit dem Potenzial, das in emotionaler Aktivierung steckt, unterschiedlich um. Natürlich sind sowohl Haltung als auch Umgang genauso auf andere Beziehungen übertragbar. Ich beschreibe sie nur deshalb anhand von Paarbeziehungen, da in dieser Konstellation diese Muster am deutlichsten in Erscheinung treten. Menschen, die keine Paarbeziehung führen, erleben diese Dynamiken eher mit Freunden, Kollegen, den eigenen Eltern oder Kindern – sofern sie diese nah genug an sich heranlassen.

## Beziehung 1.0: Der Mann meines Lebens?

Die eigenen Eltern und unsere Kinder einmal ausgenommen: Unsere Partnerwahl ist zweifellos der Bereich mit dem größten Potenzial emotionaler Aktivierung. Und tatsächlich ist es so, dass unser emotionaler Rucksack oft unseren Partner für uns auswählt. Der Rucksack hat sein Casting laufen und sendet ein lautes Bingo-Signal, wenn ein Kandidat mit einem hohen Aktivierungspotenzial auftaucht. Viele Menschen deuten dieses Bingo so, dass sie soeben den Mann oder die Frau ihres Lebens getroffen haben. Die Erfahrung zeigt, dass dies, vorsichtig formuliert, nicht immer ganz zutreffend ist. Es kann die Frau deines Lebens sein. Es kann jedoch genauso jemand sein, der optimal geeignet ist, um dich mit möglichst vielen Ladungspäckchen in Kontakt zu bringen – oder sogar beides.

Leider machen viele Paare sich durch genau diese Kompatibilität, wegen der sie sich unbewusst ausgesucht haben, früher oder später das Leben zur Hölle. Sie sind in dem Beziehungsschema gefangen, das ich Beziehung 1.0 nenne. Sie denken allen Ernstes, dass der andere das Problem sei. Diese Einstellung entbehrt ja auch nicht einer gewissen Logik: Wenn der andere nicht so wäre, dann hätten wir nicht diese unangenehmen Reaktionen. Wenn sie keine Vorliebe für andere Männer hätte, würde es ihm nicht so schlecht gehen. Oder wenn er kein Workaholic wäre, hätte sie nicht diese heftigen emotionalen Reaktionen auf seine Abwesenheit. In einer Beziehung 1.0 glauben wir, dass sich entweder unser Partner ändern müsse, damit es uns besser geht, oder dass wir einen neuen Partner bräuchten, der diese Eigenschaften nicht hat.

Nun ist ja gegen einen Partnerwechsel im Prinzip nichts einzuwenden, wenn es uns in einer Beziehung nicht gut geht. Es kann sehr gut und gesund sein, sich der Tatsache bewusst zu werden, dass die eigenen Bedürfnisse und die des Partners einfach extrem weit auseinanderliegen. Wenn wir einander dann loslassen, machen wir Platz in unserem eigenen Leben und in dem des anderen für einen Partner, dessen Bedürfnisse besser passen. Diese Perspektive eröffnet uns umgekehrt aber auch neue Freiräume, trotz großer Differenzen bei einem Partner zu bleiben. Wir können die bestehenden Unterschiede annehmen und fehlende Kompatibilität durch andere Freundschaften ausgleichen.

Anders verhält es sich, wenn wir durch Trennung von einem Partner versuchen, unsere eigenen Emotionspakete loszuwerden, die der andere ja lediglich auslöst. Um es an einem der Beispiele zu verdeutlichen: Wenn sie sich für andere Männer interessiert und er sich eine monogame Beziehung wünscht, dann passen die beiden vielleicht wirklich nicht zusammen. Es kann für die Beziehung auf Dauer einfach sehr anstrengend sein, ständig mit dieser Differenz umzugehen. Die heftige emotionale Ladung, die ihr Interesse an anderen Männern in ihm auslöst, ist jedoch seine und nicht ihre. Er wird diese Ladung mitnehmen. Sehr oft stellen Frauen oder Männer dann fest, dass sie sich in der nächsten Beziehung wieder zielsicher jemanden ausgesucht haben, der ein lebhaftes Interesse an intimem Kontakt außerhalb der Beziehung hat – trotz jeder Absicht, es diesmal anders zu machen.

Nach einer oder mehreren Runden auf diesem Karussell sind viele dann bereit für den nächsten Schritt, den ich Beziehung 2.0 nenne. Sie beginnen, Verantwortung für den eigenen Rucksack zu übernehmen. Damit hören sie auf, dem Partner die Verantwortung für die eigenen Ladungen in die Schuhe zu schieben. Wenn das gelingt, wird dadurch ein Quantensprung in der Beziehung möglich. Aus einem Aktivierungsraum, der unseren Rucksack ständig mit neuem Material versorgt, wird dann ein Heilungs- und Entwicklungsraum – zumindest für denjenigen, der diesen inneren Schritt für sich vollzogen hat.

## Beziehung 2.0: Der Partner als Knöpfedrücker

In vielen Beziehungen ist es zunächst ein Partner, der erkennt, was sich zwischen den beiden eigentlich abspielt, was hinter den vielleicht endlosen Spiralen starker Emotionen, lauten und leisen Dramen oder plötzlichem Intimitätsverlust steckt. Dieser Partner hat dann die Chance, für den eigenen Rucksack Verantwortung zu übernehmen und ihn nicht mehr dem Partner zuzuschieben. Er begibt sich in die Beziehungsform, die ich Beziehung 2.0 nenne. Hier lässt er die Idee, der andere müsse sich verändern, los und lenkt seinen Blick auf sich selbst. Was ist in mir, das dazu führt, dass ich mir das ausgesucht habe? Was ist in mir, das mich so aus der Haut fahren lässt, wenn mein Partner mir nicht zuhört?

Wenn sich dieser Partner dann noch Unterstützung außerhalb der Beziehung sucht, um mit den ausgelösten Päckchen gut umzugehen, dann kann er den schwierigen Beziehungsraum für sich als Entwicklungskatalysator nutzen. Jede Aktivierung ist dann eine Chance, sich einem weiteren Emotionspäckchen zuzuwenden und somit den eigenen Rucksack auszuräumen. In diesem Prozess wird uns auch bewusst, warum wir uns bestimmte Muster immer wieder ausgesucht haben. So betrachtet können wir wirklich große und berechtigte Wertschätzung für Menschen entwickeln, die uns mit unseren wunden Punkten in Kontakt bringen. Und so schwierig es am Anfang auch ist, komplett die Verantwortung zu übernehmen, so befreiend ist es auch, denn es ermächtigt uns, die Steuerung unseres Gefühlshaushaltes wieder in die Hand zu nehmen.

Bevor du dich jetzt mit Begeisterung in eine problematische Beziehung stürzt oder deinem Ex einen Vorschlag zur Wiederaufnahme eurer Beziehung unterbreitest: Dieser Ansatz hat klare Grenzen. Nur wenn die Aktivierungen ein gewisses Maß nicht überschreiten, kannst du sie wirklich fruchtbar für deine Entwicklung nutzen. Wenn du mehrmals täglich stark aktiviert wirst, werden dir schlicht die Ressourcen fehlen, um diese Aktivierungen für dich zu nutzen und das Ausgelöste auch zu verarbeiten. Wir tun also gut daran, einen ehrlichen Blick darauf zu werfen, wie viel wir von unserem Traummann verkraften können und was dann, bei aller Liebe oder Anziehung, zu viel des Guten ist.

Und noch eines ist wichtig klarzustellen: Wir können mit entsprechender Unterstützung zwar aus dem Drama aussteigen, die Beziehung im Alleingang heilen können wir aber nicht. Der andere Partner wird in den meisten Fällen weiterhin projizieren und uns die Verantwortung für die eigenen Ladungen zuweisen – zumindest solange er im Schema 1.0 lebt. Ob er oder sie jemals an den Punkt kommen wird, Verantwortung für den eigenen Rucksack zu übernehmen, ist ungewiss. Und in einer schwierigen Beziehung ist der eigene Partner leider oft der letzte Mensch, von dem wir eine Anregung in dieser Richtung annehmen können, egal wie diplomatisch sie formuliert oder wie gut sie gemeint ist.

Unser Rucksack spielt nicht nur bei unserer Partnerwahl eine entscheidende Rolle, auch die Art, wie wir unsere nahen Beziehungen leben, ist stark von ihm geprägt. Je nachdem, welche der in Teil I vorgestellten Strategien wir im Umgang mit unserem Rucksack bevorzugen, gestalten wir auch unsere Beziehungen.

Lieben wir es beispielsweise, regelmäßig so richtige Dramen zu zelebrieren, mit fliegenden Tellern und allem, was dazugehört, sind wir bei einem Partner, der die gleiche Strategie fährt, gut aufgehoben. Das bedeutet übrigens nicht, dass wir unter unseren Dramen nicht leiden – das Wort »lieben« ist hier nicht ganz wörtlich zu nehmen. Viele Paare, die dieses Muster haben, würden gerne etwas anderes mit ihrer Zeit anfangen, doch sie brauchen die Dramen, um mit ihrem Rucksack klarzukommen. Mehr noch, Menschen, die an regelmäßige Dramen gewöhnt sind, brauchen diese auch, um sich lebendig zu fühlen. Es kann sich eine richtige Dramasucht entwickeln.

Wenn nun einer der beiden sich aufmacht, einen neuen Umgang mit dem eigenen Rucksack zu entwickeln, dann kann das für die Beziehung zunächst eine echte Herausforderung sein, da die eingefahrenen Spiele nicht mehr greifen. Er lässt den Partner gewissermaßen im Stich. Der andere hat sich ja bislang darauf verlassen, dass er auf diese Weise mit seinen Altlasten umgehen kann und dass der Partner auch mitspielt. Es kann also zu noch heftigeren Reaktionen und Schwierigkeiten kommen.

Ähnlich verhält es sich natürlich mit den anderen Strategien wie der Betäubung, der Ablenkung, der Kompensation oder der Analyse. Wenn einer der Partner plötzlich nicht mehr jeden Abend vor dem Fernseher verbringen möchte oder – bei einem guten Tropfen – nicht mehr jeden Konflikt rein rational analysieren oder Defizite in der Beziehung durch Shopping, Essen, Reisen kompensieren will, dann kann auch das eine echte Herausforderung für die Beziehung sein.

Das gilt übrigens nicht nur für Liebesbeziehungen. Eine Seminarteilnehmerin, die beschlossen hatte, den Dramen in ihrem Leben keine Aufmerksamkeit mehr zu widmen, berichtete ein Jahr später, wie eine wichtige Freundschaft hierdurch auf eine harte Probe gestellt wurde. Ihr war bewusst geworden, dass die Freundschaft zu weiten Teilen darauf basiert hatte, sich gegenseitig in den eigenen Dramen zu bestätigen und unbewusst zu entladen. Als die Teilnehmerin sich Stück für Stück aus dem gewohnten Schema verabschiedete, drohte die Freundschaft zu zerbrechen. Die gemeinsame Basis fehlte. Es dauerte eine ganze Weile, bis sich ganz zart eine neue Ebene im Miteinander bemerkbar machte. Und dazwischen lag eine Durststrecke der Ungewissheit, ob die Freundschaft überhaupt eine neue Basis finden würde.

Das soll nun kein Plädoyer dafür sein, das Buch zur Seite zu legen und lieber alles beim Alten zu lassen. Ungesunde Strategien im Umgang mit unserem Rucksack sind nicht nur für unsere Beziehungen eine enorme Belastung, sondern für unser ganzes Leben. Sie können unfassbar viel Zeit, Energie, Nerven und Geld kosten. Und sie können langfristig krank machen.

Sehr aufschlussreich fand ich in diesem Zusammenhang Gespräche, die ich mit zwei Paaren führen durfte, genau ein Jahr nachdem sie gemeinsam ein Rucksackseminar bei mir besucht hatten. Beide Paare hatten nach dem Seminar begonnen, Bewusste Entladung zu praktizieren und ihre Rucksäcke aufzuräumen. Beim ersten Paar beschrieb er diesen Prozess wie folgt: »Unsere Beziehung wäre nach dem Seminar beinahe auseinandergegangen.« Worauf sie jedoch ergänzte: »Und ich weiß nicht, ob es unsere Beziehung ohne das Seminar noch geben würde.« Das zweite Paar formulierte seine Erfahrung so: »Früher hatten wir eine wirklich gute Beziehung. Heute haben wir eine Beziehung, wie ich sie nie für möglich gehalten hätte. Sie ist zu einem Entwicklungsraum für jeden von uns geworden.« Ich nenne diese Form des Miteinanders Beziehung 3.0, und sie ist für mich eine der schönsten, tiefsten und reichsten Beziehungsformen, die ich bislang kennenlernen durfte.

Unsere nahen Beziehungen sind unser natürlicher Entwicklungsraum. Das liegt nicht nur daran, dass unsere Nächsten uns am meisten mit unseren emotionalen Altlasten in Kontakt bringen. Es liegt auch und vor allem daran, dass wir für die Heilung unserer Altlasten die liebevolle Anteilnahme, die Unterstützung anderer Menschen brauchen. Und wer wäre besser geeignet, uns diese zu schenken, als genau jene Menschen, die uns nahestehen?

Die Sache hat nur einen Haken: Solange wir die Tendenz haben, auf Menschen, die uns aktivieren, zu projizieren und ihnen die Schuld für unsere Ladungen zuzuschieben, können wir von ihnen keinen liebevollen, unterstützenden Raum der Anteilnahme annehmen. Der eigentlich naheliegende Doppelpack aus Knöpfedrücker und liebevoller Unterstützer ist in der Praxis nur für Fortgeschrittene realistisch. Wir müssen daher erst die Grenzen der Beziehung 1.0 erkannt und uns ganz auf 2.0 eingelassen haben, bevor wir zu 3.0 bereit sind. Erst wenn wir uns selbst und unserem Partner unter keinen Umständen mehr glauben, dass irgendjemand anderes für unsere Altlasten zuständig ist, kann eine Beziehung 3.0 entstehen.

Dieser Prozess vollzieht sich jedoch in der Regel nicht von jetzt auf gleich. Zwischen der intellektuellen Einsicht, dass ich einen Rucksack habe – für den ich logischerweise auch verantwortlich bin –, und der konsequenten Umsetzung dieser Erkenntnis liegt ein langer, oft steiniger Weg. Es ist schließlich unfassbar bequem, dem anderen die Schuld für unsere Reaktion in die Schuhe zu schieben. Es scheint so einfach und naheliegend. Und vor allem: Es fühlt sich im Moment der Aktivierung unumstößlich wahr an! Oft sind wir in dem Moment zum Beispiel fest davon überzeugt, mit dem anderen einen Konflikt zu haben, mit ihm etwas klären zu müssen. Erst durch die lange und konsequente Praxis eines bewussten Umgangs, etwa durch Bewusste Entladung, erkennen wir, dass das nicht stimmt. Wir haben mit dem anderen zunächst gar nichts zu klären. Wir haben uns im Moment der Aktivierung einzig und allein unserem Rucksack zuzuwenden und uns um das aktivierte Päckchen zu kümmern. Da will etwas geklärt werden. Erst wenn das geschehen ist, können wir überhaupt abschätzen, ob wir mit dem anderen einen Konflikt haben oder nicht.

## Der Konflikt ist nicht die Ladung

Emotionale Ladungen in Bezug auf Konflikte sind so weit verbreitet, dass die beiden Begriffe oft synonym verwendet werden. Immer wieder habe ich beobachtet, dass Menschen sagen: »Wir haben einen Konflikt«, und eigentlich meinen, dass einer oder beide aktiviert sind. Der Konflikt ist jedoch nicht die Ladung. Diese Verwechslung oder Unklarheit rührt daher, dass die allermeisten Menschen in unserem Kulturkreis mit einer unguten Konfliktkultur aufgewachsen sind. Deshalb assoziieren wir emotionale Ladungen mit Konflikten. Und unsere Unfähigkeit im Umgang mit Konflikten hat viel mit diesen Altlasten zu tun. Sie führen mit schöner Regelmäßigkeit dazu, dass wir uns eben nicht dem Konflikt zuwenden können, sondern binnen kürzester Zeit orientierungslos in einem Sumpf von Emotionen herumirren.

Um zu verstehen, wie Konflikte und Emotionen sich unterscheiden, brauchen wir neben der bereits eingeführten Definition emotionaler Altlasten noch ein ähnlich brauchbares Verständnis von Konflikt. In seiner simpelsten Form definiere ich diesen gerne wie folgt: Du willst etwas anderes als ich. Dieses Phänomen ist uns nicht nur allen vertraut, es ist auch gar nicht schlimm. Es ist, objektiv betrachtet, eine völlig normale Situation, die eigentlich kein Grund ist, sich aufzuregen oder nervös zu werden.

Schwierig wird diese an sich unproblematische Situation erst durch die emotionalen Altlasten, die wir damit verknüpfen, denn meistens ist dieses einfache »Du willst etwas anderes als ich« vor allem in der Kindheit nicht gut ausgegangen. Machtspiele, Absolutheitsansprüche, die emotionalen Altlasten der Eltern, Großeltern und indirekt natürlich auch Urgroßeltern, verschrobene Erziehungskonzepte und vieles mehr vermischen sich zu einem potenten Cocktail, der sich spätestens bis zum Abschluss der Pubertät in den meisten Rucksäcken hartnäckig eingenistet hat.

Gerade zu Beginn eines bewussten Umgangs mit emotionalen Ladungen ist es daher sehr wichtig, Auslöser und Entladung klar voneinander zu trennen. Das bedeutet im Klartext: Wenn unser Partner einen unserer Knöpfe drückt, brauchen wir jemand anderen, der uns dabei unterstützt, damit klarzukommen. Wenn es hingegen unsere Kinder, unsere Eltern oder unser Chef sind, die uns so richtig in Fahrt bringen, kann unser Partner ganz wunderbar seine Herzmuskeln für uns spielen lassen. Wie das genau geht, ist Thema des nächsten Kapitels: die Kraft der Anteilnahme.

# 7
# DIE KRAFT DER ANTEILNAHME

Emotionale Heilung braucht Anteilnahme. Vielleicht ist das für dich eine banale Feststellung – für mich war es eine der wichtigsten Erkenntnisse meines Lebens. Nicht zuletzt weil emotionale Heilung für mich viele Jahre ein so zentrales Thema war. Und als wahres Kind unserer Zeit hatte ich den Anspruch, das möglichst allein hinzubekommen. Das bedeutete nicht, dass ich – wie manch andere Unabhängigkeitsfanatiker – nicht bereit gewesen wäre, auch eine Therapie zu machen. Klar war ich das. Nur erlebte ich das, was dort geschah, nur begrenzt als heilsam für mein emotionales Leid. Manchmal geschah etwas, das ich als lindernd empfand. Sehr oft geschah jedoch erstaunlich wenig, zumindest auf emotionaler Ebene, und dort drückte ja der Schuh.

Die Erkenntnis, dass emotionale Heilung Anteilnahme braucht, war deshalb so zentral, weil sie mir einerseits aufzeigte, wie ich selbst anders mit meinen Emotionen in Kontakt treten konnte, und andererseits die Grenzen dieser Do-it-yourself-Masche verdeutlichte. Und sie zeigte mir auch, dass emotionale Heilung etwas Grundmenschliches ist, ein natürlicher Teil des Lebens und nicht, wie es zuweilen scheint, ein hochkomplexes Spezialgebiet einiger Akademiker.

Mit dieser Aussage möchte ich nicht den Eindruck erwecken, dass ich Therapie ablehne oder für überflüssig halte. Im Gegenteil. Natürlich gibt es Lebenssituationen, wo professionelle Unterstützung mehr als sinnvoll ist. Doch die Idee, dass jeder, der emotionale Heilung braucht, diese nur durch einen Therapeuten erfahren kann, ist in meinen Augen vergleichbar mit der Annahme, dass Bewegungsmangel sich nur durch Engagement eines persönlichen Fitnesstrainers beheben lässt. Und das finde ich dann doch etwas weit hergeholt.

## Die Kraft des Selbstmitgefühls

In Kapitel drei, »Der emotionale Schließmuskel«, habe ich das Modell der Komfort-, Stretch- und Panikzone vorgestellt. Hierbei wurde deutlich, dass ich im Bereich der emotionalen Stretchzone eine interessante Wahlmöglichkeit habe: Ich kann mich meinem inneren Fühlraum zuwenden oder nicht. Ich kann spüren, was gerade in mir los ist, wenn ich mir beim Aufstehen schon so richtig fies den Zeh anhaue, oder mich durch eine der üblichen Strategien abwenden. Dann lasse ich mich selbst im Stich, vielleicht noch begleitet von einem lieblosen »Du Idiot, kannst du nicht besser aufpassen?« oder ähnlich hilfreichen Kommentaren.

Wenn ich mich hingegen dafür entscheide, mich meinem Unwohlsein zuzuwenden, dann kann die innere Bewegung des Fühlens sich vollenden und die Stresssituation auf der Stelle verarbeitet und somit in sich abgeschlossen werden. Ich habe dann für mich selbst die Funktion einer tröstenden Mutter übernommen, die das Kind beruhigt, indem sie ihm Anteilnahme schenkt und ihm versichert, dass der Schmerz bald besser wird. Das funktioniert unter zwei Bedingungen: Erstens, ich befinde mich tatsächlich im Bereich der Stretchzone und noch nicht im Panikbereich, und zweitens, ich schenke mir selbst echte Anteilnahme, statt in Selbstmitleid zu versinken.

Eine der schönsten Erklärungen, was den Unterschied zwischen Selbstmitleid und Selbstmitgefühl betrifft, schenkte mir die Vergebungsexpertin und Autorin Christa Spannbauer während eines Interviews. Sie sagte, Selbstmitgefühl würde mich mit anderen und der Welt verbinden, während Selbstmitleid mich trenne. Diese Unterscheidung leuchtete mir nicht nur intellektuell ein, ich bemerkte auch sofort, dass sie genau mit meiner eigenen Lebenserfahrung übereinstimmte.

Als junge Frau hatte ich tatsächlich die Angewohnheit, mich in Selbstmitleid zu verlieren, wenn es mir schlecht ging. Natürlich brauchte ich nicht lange, um zu merken, dass ich mich damit nur tiefer in mein Leid hineinschraubte. Jeder Gedanke, wie arm ich doch sei, wie schlecht es mir doch gehe und wie unfair es sei, dass es genau mir so schlecht ging, trieb mich tiefer in meinen Schmerz, statt mir Linderung zu schenken. Und ja: Ich fühlte mich in diesen Spiralen mutterseelenallein und zutiefst getrennt vom Rest der Welt. Keine heilsame Erfahrung.

Leider wendete ich mich infolge dieser Erkenntnis tendenziell von mir selbst ab, wenn es mir schlecht ging. Auch ich habe als Kind den Satz »Jetzt reiß dich doch mal zusammen« zu hören bekommen, wenn ich in unpassenden Situationen in Tränen ausbrach. Dieser Satz und die dahinterliegende Haltung prägten dann nach meiner Selbstmitleidsphase im Wesentlichen meine Beziehung – oder besser: Nichtbeziehung – zu meinem fühlenden Selbst. Zwar versank ich nun nicht mehr in Selbstmitleid und suhlte mich in meiner einzigartigen Leidensposition. Doch ich wurde kühl, abgeklärt, kontrolliert, distanziert, während meine Päckchen in meinem Rucksack weiter vor sich hin rumorten und meine innere Castingagentur Überstunden machte, um mir passende Aktivierungssituationen zu präsentieren.

All das veränderte sich erst durch die Entdeckung des Selbstmitgefühls, jener liebevollen, für mich als Frau eindeutig mütterlichen Zuwendung, die ich mir selbst schenken kann. Beim Selbstmitleid schrillen alle Alarmglocken und suggerieren mir, mein Zustand sei nicht nur besonders schlimm, sondern auch nie endend. Selbstmitgefühl hingegen tönt wie ein tiefer, beruhigender Gong, dessen Klang mich liebevoll umhüllt. Er sagt mir: Alles ist in Ordnung, auch wenn es gerade schwierig ist. Und er sagt mir, dass schwierige Gefühle ein normaler Teil des Lebens sind, den alle Menschen kennen. Während Selbstmitleid also meine Beunruhigung verstärkt, wird diese durch Selbstmitgefühl gelindert.

## Die Grenzen des Selbstmitgefühls

Ein zentrales Merkmal des modernen Homo sapiens ist sein beständiges Streben nach Unabhängigkeit. Möglichst allein klarzukommen war wie gesagt lange nicht nur mein Lebensmantra, sondern es ist das unserer gesamten Gesellschaft. Unabhängigkeit wird mit Reife und Erwachsensein gleichgesetzt, verspricht maximalen Handlungsspielraum und bedeutet, das eigene Leben im Griff zu haben. Viele Menschen streben aus diesem Grund nach materiellem Wohlstand, und auch unsere Beziehungen sind zunehmend von diesem Diktat bestimmt.

Nun ist gegen das Streben nach Unabhängigkeit an und für sich nichts einzuwenden. Vieles von dem, was ich aufgelistet habe, trifft ja ganz offensichtlich zu: Ein gut gefülltes Bankkonto gibt uns Freiräume, die uns bei einem spärlich gefüllten nicht offenstehen. Und auch die Abhängigkeit von anderen Menschen kann sehr problematische Auswirkungen haben, vor allem wenn diese es nicht gut mit uns meinen. Vielen Menschen ist allerdings nicht klar, dass uns das einseitige Streben nach Unabhängigkeit auch Begrenzungen auferlegt, da diese weniger offensichtlich sind.

Wer vor allem unabhängig sein möchte, darf nicht auf andere angewiesen sein. Er ist gezwungen, sein Leben und seine Beziehungen so einzurichten, dass er möglichst niemanden braucht. Im Zeitalter der Industrialisierung und Digitalisierung ist dies in einem erschreckenden Ausmaß möglich: Wir können heute unser Leben weitgehend beziehungsfrei gestalten. Jene Abhängigkeiten, die sich früher ganz zwangsläufig in der Familie, in der Dorfgemeinschaft, in der Gesellschaft ergaben, sind heute zunehmend optional. Die Abhängigkeit von Menschen, die wir kennen, wird immer mehr ersetzt durch die Abhängigkeit von Menschen, die wir nie zu Gesicht bekommen werden oder mit denen uns nur eine sehr oberflächliche Beziehung verbindet.

## Übung 8: Schenke dir selbst Anteilnahme

Nimm dir etwas Zeit für dich und ziehe dich an einen ungestörten Ort zurück.

1. Schließ die Augen, und denke an etwas, das jetzt gerade in deinem Leben schwierig ist. Das kann etwas ganz Schlimmes sein oder auch eine Kleinigkeit, die jedoch für dich – aus welchen Gründen auch immer – problematisch ist. Wenn dir nichts einfällt, kannst du auch auf eine Situation aus der Vergangenheit zurückgreifen, die schwierig für dich war.
2. Nimm dir einen Moment Zeit, um deine Gefühle oder Emotionen wahrzunehmen. Wie fühlst du dich, wenn du an diese Schwierigkeit denkst? Nimm es einfach wertungsfrei wahr.
3. Stell dir nun vor, du würdest dich von außen sehen, so wie du da jetzt gerade sitzt oder liegst – einfach aus ein paar Metern Entfernung. Dabei spielt es keine Rolle, ob du dich von der Seite, von oben, von hinten oder von vorne siehst.

4. Betrachte dich, wie du da sitzt oder liegst und dich mit deiner Schwierigkeit befasst. Welche Gefühle löst das in dir aus?
5. Wenn es für dich stimmig ist, würdige deine Situation, zum Beispiel indem du zu dir selbst sagst: »Das ist gerade echt schwierig für mich«, oder wenn es sich auf eine Situation in der Vergangenheit bezieht: »Das war damals richtig schwierig für mich.« Dabei kannst du auch deine Arme vor der Brust überkreuzen und deine Hände um die Schultern legen, sodass du dich selbst sanft umarmst. Wiederhol die Worte oder probier ähnliche aus, die anerkennen, wie es dir gerade geht, und nimm wahr, wie es ist, von dir selbst gesehen zu werden. Achte darauf, nicht in Selbstmitleid abzugleiten.
6. Wenn Gefühle oder Emotionen auftauchen, lass es einfach zu, ohne sie wegzudrücken oder künstlich zu verstärken.
7. Wiederhol diese Übung, sooft du magst, gerne auch in Stresssituationen im Alltag, wenn es dir schwerfällt, präsent zu bleiben. Mit etwas Übung gelingt es sehr schnell, diesen inneren Kontakt herzustellen.

Die Leute in den Versandlagern von Onlineshops ersetzen die lokalen Ladenbesitzer, die Menschen in den Sweatshops der dritten Welt haben schon lange den Dorfschneider ersetzt, die Erzieherinnen ersetzen die Verwandten, und das Homeoffice minimiert den Kontakt zu Arbeitskollegen.

Nun ist das alles keinesfalls schlecht. Die wachsende Unabhängigkeit voneinander eröffnet auch nie dagewesene Freiräume im Umgang miteinander. Wir können unsere Beziehungen viel freier wählen als noch die Generation vor uns. Doch wie ich in meinem Buch *Beziehungsweise – Beziehung kann man lernen* ausführlich darlege: Das ist nur die halbe Wahrheit. Die andere Hälfte der Wahrheit besagt, dass diese Unabhängigkeit ein wachsendes Vakuum in unserem Leben hinterlässt. Wo wir einander nicht brauchen, nimmt auch die Bereitschaft ab, sich durch Schwierigkeiten durchzuarbeiten oder Beziehungen überhaupt erst einzugehen. Entsprechend hat die Zahl naher Beziehungen Untersuchungen zufolge in den reichen Industrienationen seit einigen Jahrzehnten kontinuierlich abgenommen, während die soziale Isolation zunimmt.[5] Und diese wachsende soziale Isolation tut uns nicht gut, um es milde auszudrücken. So konnten Studien zeigen, dass diese sich sogar stärker auf unser Sterblichkeitsrisiko auswirkt als Rauchen, Übergewicht oder Bewegungsmangel – die großen, weithin bekannten Gesundheitsrisiken unseres Lebensstils.[6]

## Wir brauchen einander

Auch wenn wir einander heute immer weniger zu brauchen scheinen – es gibt Lebensbereiche, da brauchen wir einander, vielleicht sogar mehr als je zuvor. Einer davon ist die Aufarbeitung unserer emotionalen Altlasten. Ich weiß, dass das wahrscheinlich nicht das ist, was du hören willst.

Wenn du so bist wie die meisten Menschen unserer Zeit, wirst du dir ein Rezept erhofft haben, wie du allein damit klarkommst. Irgendeinen Trick, mit dem du sie wegzaubern oder dich zumindest ohne die Unterstützung anderer hindurcharbeiten kannst. Dann muss ich dich leider enttäuschen. Einen solchen Trick wirst du von mir nicht bekommen.

Ich habe es wirklich lange versucht und habe alles Mögliche ausprobiert. Und natürlich gibt es Strategien, die uns helfen, besser mit unseren Ladungen zurechtzukommen: Sport, Musik, Meditation, Natur, um nur ein paar Beispiele zu nennen. Und ja, du kannst lernen, dir selbst Anteilnahme zu schenken, wie etwa in Übung 8 angeregt, und das ist ein wichtiger Schritt bei der Entwicklung eines reifen Umgangs mit emotionalem Gepäck. Doch die wirklich schwierigen Päckchen in unserem Rucksack brauchen die Anteilnahme anderer, um heilen zu können und ihr Entwicklungspotenzial zu offenbaren.

Wenn wir uns vergegenwärtigen, dass emotionale Altlasten in Situationen entstanden sind, für die unsere eigene emotionale Kapazität nicht ausreichte, dann ist es naheliegend, dass wir für die Aufarbeitung etwas brauchen, um diese zu erweitern. Das geschieht, wenn wir Verbindung mit einem größeren Raum aufnehmen und zulassen, dass dieser uns unterstützt und trägt. Der natürlichste und menschlichste Weg, wie dies geschehen kann, ist jener der Anteilnahme. In der emotionalen Panikzone reicht unser Selbstmitgefühl bestenfalls aus, um uns vorübergehend zu beruhigen. Um die aufkommenden Päckchen wirklich fühlen und somit verarbeiten zu können, brauchen wir die Anteilnahme eines anderen Menschen.

Mit dieser Feststellung bin ich übrigens nicht allein. Die Emotionsforschung konnte durch unterschiedliche Studien nachweisen, dass wir auf andere Menschen angewiesen sind, um intensive emotionale Erfahrungen zu verarbeiten.[7] Besonders beeindruckend finde ich in diesem Zusammenhang eine Untersuchung aus Schweden, die sich mit dem Zusammenhang zwischen emotional belastenden Erfahrungen und Sterblichkeit befasste. Es wurden 752 Männer aus demselben Jahrgang untersucht. Hierbei wurde eine klare Korrelation zwischen emotional belastenden Erfahrungen innerhalb der letzten drei Jahre und einer deutlich erhöhten Sterblichkeit festgestellt – auch nachdem Faktoren wie Rauchen und Gesundheitszustand herausgerechnet wurden.

Was mich an der Studie beeindruckte, war die Beobachtung, dass diese erhöhte Sterblichkeitsrate infolge von emotional belastenden Erfahrungen nur auf jene Männer zutraf, die ein schwaches emotionales Unterstützungsnetzwerk hatten. Bei jener Gruppe, die zwar schwierige Erfahrungen gemacht hatte, jedoch zugleich ein gutes emotionales Unterstützungsnetzwerk aufwies, wirkte dieses offenbar als Schutz.[8] Die Bereitschaft, uns emotional auf andere einzulassen, ist also keine Lappalie. Sie kann, wenn es hart auf hart kommt, unser Leben retten.

Wenn jemand Anteil nimmt an dem, was wir erlebt haben, und an den Emotionen, die damit verbunden sind, dann stellt er uns für einen begrenzten Zeitraum seine emotionale Kapazität zur Verfügung. Er ist dann nicht mit seinem Kram beschäftigt, sondern wendet sich mit seinem Bewusstsein unseren Lasten zu. Wenn wir diese Anteilnahme annehmen und eine Verbindung mit dem anderen zulassen, ist ganz unmittelbar mehr Raum da, in dem wir dem alten Schmerz begegnen und ihn fühlen können.

Dies ist kein intellektueller Prozess, sondern ein emotionaler, man könnte sogar sagen, ein energetischer. Das hört sich zunächst mystisch an, konnte jedoch inzwischen sogar gemessen werden. Untersuchungen des kalifornischen Heart-Math-Institutes, das es sich zur Aufgabe gemacht hat, die energetische Aufgabe des Herzens wissenschaftlich zu erforschen, haben gezeigt, dass die innere Ausgeglichenheit, Verbundenheit und Anteilnahme einer Person sich direkt auf eine andere Person oder sogar ein Tier übertragen, auch wenn keine Worte gesprochen werden und keine Berührung stattfindet. Die Forscher gehen davon aus, dass diese Synchronisierung über das elektromagnetische Feld des Herzens geschieht.[9]

Zahlreiche therapeutische Ansätze funktionieren nach diesem Prinzip, interessanterweise jedoch oft ohne dies bewusst anzuerkennen. Es ist offenbar attraktiver zu behaupten, man habe eine Methode entwickelt, um emotional belastende Erfahrungen zu klären, als anzuerkennen, dass die emotionale Heilung durch die Anteilnahme des Therapeuten geschieht. Diverse Methoden von Atemtechniken über körperliche Verausgabung und gezielte Fragestellungen können zwar helfen, Zugang zu den Altlasten zu bekommen, Heilung geschieht jedoch dadurch nicht.

Die Wirkung der Anteilnahme geht meiner Erfahrung nach weit über die Genugtuung hinaus, in unserem Leid gesehen oder auch verstanden zu werden. Das ist zwar schön und gut, doch viel zentraler ist das, was sich auf einer nonverbalen Ebene abspielt.

Das ist es, was ich die Magie der Anteilnahme nenne: die Erweiterung der eigenen emotionalen Kapazität durch die Anteilnahme eines anderen Menschen. Unbewusst spüre ich den angebotenen Raum und entscheide, mich darauf einzulassen oder nicht. Und wenn ich es entscheide und dann noch bereit bin, meinen emotionalen Schließmuskel zu entspannen, dann füllt sich der gemeinsame Raum ganz automatisch mit Emotionen – und zwar genau so viel, wie eben Raum da ist. Plötzlich können wir Emotionen fühlen, die wir allein nicht fühlen konnten. Der dumpfe Druck in unserem Kehlkopf wandelt sich wie von Zauberhand, wird zum Beispiel zu Worten, wird zu Schluchzen, wird zu Tränen, und schließlich stellt sich Erleichterung ein.

Wieder und wieder durfte ich die Erfahrung machen, wie dieser Prozess fast von selbst geschieht, wenn ein Raum der Anteilnahme vorhanden ist. Und immer wieder durfte ich auch erleben, wie aussichtslos es ist, mich bestimmten Emotionspäckchen allein zuzuwenden. Da kann ich mich mit noch so viel Selbstmitgefühl und Achtsamkeit mit einem Knoten beschäftigen, er bleibt verschlossen wie eine Tür, für die ich den Schlüssel nicht besitze.

## Mitfühlen oder mitleiden?

Viele Menschen fühlen sich unwohl, wenn andere in ihrer Gegenwart schwierige Gefühle oder Emotionen zeigen. Bei Wut oder Aggression ist das leicht nachzuvollziehen – schließlich könnte diese sich ja auch gegen uns richten und uns schaden. Doch dies gilt auch für andere starke Gefühle oder Emotionen wie Trauer, Angst, Scham oder Verzweiflung. Interessante Erkenntnisse zu diesem Phänomen lieferte in den letzten Jahren ein relativ junger Zweig der Emotionsforschung. Hinter dem Begriff »Compassion-Research« verbirgt sich die wissenschaftliche Erforschung der Anteilnahme oder des Mitgefühls.

Laut bisherigem Kenntnisstand gibt es zwei Grundreaktionen auf das Leiden anderer Menschen. Die erste ist die des Mitgefühls oder der Anteilnahme, die zweite ist die der Verzweiflung oder des Mitleidens. Grund dafür sind unsere Spiegelneuronen, sie lassen uns auf das Leiden anderer emotional reagieren: Entweder wir fühlen mit, oder wir sind gestresst. Wenn unsere Reaktion von Mitgefühl geprägt ist, neigen wir dazu, den Menschen in Not zu helfen, ohne auf unseren eigenen Vorteil zu schauen. Wir reagieren altruistisch. Sind wir hingegen gestresst, tendieren wir zu einer egoistischen Reaktion.[10]

Anteilnahme oder Mitgefühl ist eine »Herzensfähigkeit«. Sie zeichnet sich im Wesentlichen durch das Vermögen und die Bereitschaft aus, den anderen mit dem Herzen zu sehen. Dadurch nehmen Wir Anteil an seinem Leid, seinen Schwierigkeiten, seiner menschlichen Erfahrung. Anders als beim Mitleid fügt es uns jedoch keinen Schmerz zu, mit dem anderen mitzufühlen. Im Gegenteil: Wir erleben Gefühle der Freude, der Verbundenheit und der Liebe. Auch neuronal konnte man feststellen, dass Mitgefühl die gleichen hormonellen Prozesse auslöst wie Liebe, Verbundenheit und Friedfertigkeit[11] – Mitgefühl wärmt unser eigenes Herz mindestens genauso wie das unseres Gegenübers. Es macht uns glücklich! Während wir also beim Mitleid buchstäblich mit dem anderen leiden und ihn somit bekräftigen, sich in sein eigenes Leid hineinzuschrauben, schenkt unser Mitgefühl uns selbst und anderen Trost.

Ähnlich wie beim Selbstmitleid betont auch das Mitleid die Trennung statt die Verbundenheit. Der Ausspruch »Ach, du Arme!« mag zwar gut gemeint sein, stößt mich jedoch auf subtile Weise vom anderen weg und grenzt mich ab. Nicht so beim Mitgefühl. Wenn jemand etwa sagt: »Das ist bestimmt nicht leicht«, oder uns einfach behutsam die Hand auf den Arm legt, drückt dies eher Verbundenheit aus. Dahinter steckt die Botschaft: Ich kenne das, ich fühle mit dir.

Wenn wir mit dem Leiden, den heftigen Gefühlen eines geliebten Menschen konfrontiert sind, reagieren wir oft reflexartig mit dem Versuch, dem anderen zu helfen. Wir wollen, dass es ihm oder ihr wieder besser geht. Viele Menschen fühlen sich dann hilflos, denn sie wissen nicht, was sie für den anderen tun können. Das kann dazu führen, dass beide sich in der Situation ziemlich unwohl fühlen und sich wünschen, dass die emotionale Intensität bitte so schnell wie möglich dorthin verschwinden möge, wo sie hergekommen ist, wenn es sein muss, auch in den Tiefen des Rucksacks. Wir beginnen zu beschwichtigen, abzulenken, eigene Geschichten zu erzählen, zu trösten.

Leider enthalten wir durch solche Standardreaktionen dem anderen das vor, was er gerade am dringendsten braucht: jemanden, der einfach da ist. Jemanden, der bereit ist, diese Gefühle und Emotionen mit ihm zu teilen, also genau dort mit ihm zu sein, wo es gerade schwierig ist. Was der andere nicht braucht, ist das, was er oft bekommt: Beschwichtigung, Bestärkung, Aufmunterung, die Geschichte einer ähnlich schlimmen Erfahrung, die man selbst durchlaufen hat oder gut gemeinte Ratschläge, um nur ein paar Beispiele klassischer fehlgeleiteter Troststrategien zu nennen.

Echter Trost macht die Trauer nicht weg, sondern er befähigt uns vielmehr zu trauern. Durch die Anteilnahme, die liebevolle Präsenz eines anderen, können wir unsere Trauer ganz zulassen, statt sie von uns wegzuschieben. Deshalb sind alle Versuche, die Gefühle des anderen zu besänftigen, kontraproduktiv. Der andere braucht keine Besänftigung, er braucht Unterstützung und Begleitung.

Das mag sich zunächst sehr schwierig anhören und ist für viele Menschen zu Anfang sicher gewöhnungsbedürftig. Denn wer macht das schon: einem anderen einfach nur ungeteilte Aufmerksamkeit schenken? Ohne jeden Versuch, ihm zu helfen, vor allem wenn es ihm auch noch schlecht geht? Es ist normal, hierbei zunächst verunsichert zu sein, sich unwohl zu fühlen, sich zu fragen, was das eigentlich soll, den starken Impuls zu verspüren, doch auf eine der gewohnten Strategien zurückzugreifen. Widerstehen wir dieser Versuchung, machen wir schon bald eine ganz wunderbare Erfahrung: Der andere kann sich, vielleicht zum ersten Mal, ganz in Ruhe und ohne Hast, mit einer Art tastenden Neugier seinem emotionalen Rucksack zuwenden. Und zwar nicht weil ihn jemand dazu drängt oder ungeduldig darauf wartet, dass er sich wieder in den Griff bekommt, sondern allein weil er es möchte und es für ihn wertvoll ist.

Schon bald weicht das eigene Unwohlsein einer Entspannung und Zuversicht. Spätestens wenn man selbst die Erfahrung macht, wie wohltuend es ist, wenn in schwierigen Momenten einfach jemand da ist und diese Momente mit uns teilt. Plötzlich zeigt sich: Es ist viel einfacher, als wir dachten! Wie eine Seminarteilnehmerin es mal formulierte: »Lange wusste ich nicht, wie ich den Menschen, die ich liebe, helfen kann, wenn es ihnen schlecht geht. Jetzt weiß ich endlich, dass ich einfach für sie da sein kann! Das ist ein sehr schönes Gefühl.«

## Die Kunst, einen Raum zu halten

Einfach da sein bedeutet, dass wir einer anderen Person für einen begrenzten Zeitraum unsere ungeteilte, urteilsfreie und zugleich wohlwollende Aufmerksamkeit schenken. Wir bieten ihr dadurch einen Raum, in dem sie sich entspannen und sich selbst besser fühlen kann als allein. Ich nenne das auch gerne die Kunst, »einen Raum zu halten«. Denn mehr noch als lediglich wohlwollend auf die Person zu blicken, stellen wir ihr einen energetischen Raum zur Verfügung, in dem sie sich spüren kann.

Viele Mütter und immer mehr Väter tun dies ganz instinktiv, wenn sie ihr Baby hüten. Sie umhüllen das Kleine mit ihrer Präsenz, wodurch es sich gehalten und geborgen fühlt. Fehlt diese Qualität, werden Babys oft unruhig oder sogar panisch.

Auf die Bewusste Entladung übertragen bedeutet die Kunst des Raumhaltens, dass es hier nicht um eine Begegnung zwischen zwei oder mehr Menschen geht. Es geht letztlich nur um die Begegnung eines Menschen mit sich selbst, die von anderen bezeugt wird. Die Präsenz des oder der Zeugen ist wie ein Gefäß oder ein Kokon, in dem diese Begegnung geschehen kann. Besser als durch die theoretische Erläuterung lässt sich dieses Phänomen in der Praxis erforschen. Übung 9 ist eine Einladung, genau das ohne Worte auszuprobieren.

Wie ein Säugling sich im Kokon eines gehaltenen Raumes beruhigen kann, ist ein Erwachsener dazu in der Lage, sich in einem solchen Raum selbst zu spüren und zu sortieren. Er kann sich auf eine innere Reise entlang seiner emotionalen Zündschnur begeben, wodurch lang angestaute Päckchen in seinem Rucksack sich lösen und integrieren können.

## Übung 9: Das Raumhalten

Für diese Übung benötigst du einen Partner oder eine Partnerin.

1. Setzt euch einander gegenüber, auf Augenhöhe.
2. Vereinbart, wer als Erstes den Raum halten wird und wer als Erstes gehalten wird.
3. Schließt beide die Augen oder senkt euren Blick, und nehmt euch einen Moment Zeit, um ganz präsent zu werden. Spür deinen Körper, nimm deinen Atem wahr.
4. Öffnet eure Augen. Wenn ihr wollt, könnt ihr Blickkontakt haben oder den Blick gesenkt lassen.
5. Wenn du als Erstes hältst, beginne nun, für dein Gegenüber einen Raum zu halten. Dies geschieht über die Absicht, also indem du es entscheidest. Wenn du denkst, du weißt nicht, wie das geht, tu einfach so, als wüsstest du es.

6. Wenn du gehalten wirst, beginne den Raum, der dir angeboten wird, bewusst wahrzunehmen. Wie fühlt er sich an? Kannst und magst du dich darauf einlassen? Wie fühlst du dich in diesem Raum? Entspann dich in den angebotenen Raum hinein, soweit das gerade für dich stimmig ist.
7. Nach ein paar Minuten lässt der Raumhalter behutsam los und jeder kehrt zu sich zurück.
8. Wiederholt nun Schritte drei bis sieben mit getauschten Rollen.
9. Tauscht euch über eure Erfahrung aus.

# 8
# DIE INNERE ZÜNDSCHNUR

Die Auseinandersetzung mit schwierigen Emotionen ist kein Spaziergang und auch keine Wanderung auf einem gut ausgezeichneten Weg – selbst dann nicht, wenn uns jemand einen liebevollen Raum zur Verfügung stellt. Das ist erst der Anfang der eigentlichen Reise. Und die gleicht eher dem Kinderspiel *Das verrückte Labyrinth*, also einem Irrgarten, dessen Wände sich ständig verschieben und in dem wir unseren Weg immer wieder aufs Neue finden müssen.

Zum Glück sind wir in diesem Irrgarten nicht auf uns allein gestellt, sondern haben eine Orientierung. Diese nenne ich unsere innere Zündschnur. Doch wir müssen erst lernen, sie zu erkennen, damit wir ihr folgen können. Diese Zündschnur ist für unsere fünf Sinne und auch für den Intellekt unsichtbar. Sie offenbart sich allein dem Fühlen. Um ihr folgen zu können, gilt es, diese vernachlässigte Fähigkeit neu zu entdecken.

## Was ist Fühlen?

Es mag absurd sein, das zu fragen. Fühlen gehört zu den grundlegenden menschlichen Wahrnehmungsfähigkeiten. Genauso könnte ich fragen, was Sehen ist. Leider ist es notwendig, diese Frage zu stellen, denn das Fühlen ist in unserer Gesellschaft eine verkümmerte Funktion. Sie ist so verkümmert, dass viele Menschen sie weitgehend verlernt haben. Und genau wie der Blinde beginnt, mit den Ohren zu sehen, und der Taube, mit den Augen zu hören, beginnt der Gefühlstaube, mit dem Kopf zu fühlen. Das geht oft so weit, dass er zu fühlen glaubt, wenn er eigentlich denkt. Oder er simuliert die Gefühle, von denen er meint, dass er sie haben müsste oder die er jetzt gerne hätte, in Gedanken. Doch das ist nicht Fühlen, genau wie Lippenlesen nicht Hören ist.

Doch was ist Fühlen dann eigentlich? Fühlen bedeutet, sich den eigenen Empfindungen auf emotionaler Ebene unmittelbar zuzuwenden, ohne den Umweg über den Verstand. Fühlen bedeutet, alle Filter zwischen der Empfindung und der Wahrnehmung wegzulassen und zuzulassen, dass diese sich unmittelbar berühren. Erinnerst du dich an meine Kompostgeschichte, die mit den Babyschlangen? Damals habe ich ganz unmittelbar erfahren, dass Küchenabfälle Sauerstoff brauchen, um zu Humus zu werden. Und dieser Sauerstoff muss den Komposthügel durchdringen können, damit in allen Teilen des Komposts jene Mikroorganismen und Kleinlebewesen leben können, die für aerobe Prozesse offenbar notwendig sind.

Das Gleiche gilt für unseren emotionalen Rucksack, nur dass der Sauerstoff hier eben unser Bewusstsein ist. Dieses Bewusstsein wird durch unsere Wahrnehmung gelenkt. Und genau wie beim Komposthügel genügt es nicht, wenn dieser Sauerstoff in Hülle und Fülle um den Kompost herumschwirrt. Er muss den Komposthügel berühren und durchdringen. Unser Bewusstsein muss unsere Emotionspäckchen berühren und durchdringen. Das ist Fühlen. Es gibt dann keinen Abstand mehr zwischen der Instanz in uns, die wahrnimmt, und dem, was wahrgenommen wird.

Das mag sich beängstigend anhören, und für viele Menschen ist es das auch. Wir sind es gewöhnt, einen sicheren Abstand zwischen uns und unseren Empfindungen zu behalten. Und es ist auch gut, dazu fähig zu sein – ein Thema, das uns später noch genauer beschäftigen wird. Doch genauso ist es wichtig, dass wir diesen Abstand auch mal loslassen können und zulassen, dass unsere eigenen Gefühle und Emotionen uns unmittelbar berühren.

Damit wir uns nicht in ihnen verlieren, von ihnen überflutet werden, in ihnen vielleicht sogar untergehen, braucht es hierfür einen sicheren, gehaltenen Raum. Dieser gibt einen Kontext, in dem diese Berührung von Bewusstsein und Emotion passieren kann. In der Praxis der Bewussten Entladung wird dieser Raum uns von unserem Gegenüber geschenkt. Mit zunehmender Übung werden wir immer besser darin, diesen Raum auch für uns selbst zu halten, während wir diese Durchdringung von Bewusstsein und Emotion zulassen.

Wenn sich das jetzt gerade alles noch ziemlich abstrakt für dich anhört, mach dir bitte keine Gedanken. Dieses Fühlen findet in unserem inneren Fühlraum und nicht im Kopf statt. Die Übungen werden dich Schritt für Schritt bei deiner Erfahrung dieses Phänomens begleiten. Du beginnst einfach da, wo du gerade bist: in diesem Moment.

## Willkommen im Jetzt

Im Moment anzukommen ist bekanntlich leichter gesagt als getan. So sehr sind wir es gewohnt, auf der Schiffschaukel unseres Verstandes beständig zwischen Vergangenheit und Zukunft hin und her zu pendeln. Glücklicherweise gibt es eine Konstante in unserem Leben, die immer in diesem Moment verankert ist, egal wie hoch die Wellen unserer Gedanken und Gefühle mal wieder schlagen: unser Körper. Daher ist der erste Schritt, wenn wir in den Fühlmodus kommen wollen, uns unseres Körpers bewusst zu werden. Nicht weil Fühlen dort geschieht, sondern weil es der zuverlässigste Einstieg ins Jetzt ist.

Wenn wir beginnen, unseren Körper zu spüren, nehmen wir zunächst eine Fülle von Empfindungen wahr, die alle gemischt auftreten. Da sind zunächst die körperlichen Empfindungen, wie unser Körper sitzt, steht oder liegt, wie der Stoff unserer Kleidung unsere Haut berührt und wie das Buch in unseren Händen liegt. Und dann sind da noch andere Empfindungen, die nicht primär körperlich sind, auch wenn es zunächst nicht so einfach ist, sie davon abzugrenzen. Wenn es dir gerade gut geht, dann empfindest du womöglich einfach ein warmes Wohlgefühl, das zu dem Behagen deines Körpers passt, vielleicht sogar nicht wirklich davon zu trennen ist. So ist es bei mir gerade. Ich sitze an einem gemütlichen Wintertag am Kachelofen, während meine Familie im Nebenzimmer das Frühstück zubereitet. In mir ist es genauso wohlig warm und friedlich wie außen. Wenn du hingegen gerade emotional aktiviert bist, dann hast du vermutlich ganz andere Empfindungen – das kann Druck sein, das kann Enge sein, das kann sich in Wut, Trauer, Schmerz, Scham, Angst oder einfach nur diffusem Unwohlsein äußern.

## »Ich fühle nichts«

Viele Menschen, die sich bewusst in den Fühlmodus begeben, stellen zunächst fest, dass sie gar nichts fühlen. Und oft wissen sie nicht recht, was sie davon halten sollen. Ist das jetzt gut, dass ich nichts fühle? Oder sollte ich eigentlich etwas fühlen? Das sind typische Fragen, mit denen ich als »Gefühlsexpertin« dann häufig konfrontiert werde. Um diese Fragen zu beantworten, braucht es, wie so oft, wieder eine brauchbare Unterscheidung. Manchmal fühlen wir nichts, weil es gerade einfach nichts zu fühlen gibt. Und manchmal fühlen wir nichts, weil wir etwas ausblenden. Das eine ist natürlich kein Problem, das andere kann zu einem Problem werden.

Die eigentliche Frage ist also: Fühlst du gerade nichts, weil da gerade nichts ist, oder fühlst du nichts, weil du etwas ausblendest? Und wie erkennst du den Unterschied? Ich beantworte das gerne mit einem Bild. Stell dir vor, du bist in einem Flugzeug.

Wenn es gerade nichts zu fühlen gibt, dann ist dein innerer Fühlraum leer, wie wenn der Himmel unter und über dir frei von Wolken ist. Diese Leere ist keine unangenehme Leere, sie ist einfach ein Freiraum, in dem jederzeit ein Gefühl auftreten und auch wieder verschwinden kann, wenn die Situation das erfordert oder deine Gedanken es produzieren. Sie schwingt, sie lebt, sie atmet, sie ist lebendig, obwohl sie still ist.

Wenn du hingegen nichts fühlst, weil du gerade etwas ausblendest, dann hat dieses Nichtfühlen eine völlig andere Qualität. Um noch einmal das Flugzeugbild aufzugreifen: Hier fliegst du nicht über einem wolkenlosen Himmel, sondern unter dir ist eine dichte Wolkendecke. Solange du nur nach oben guckst, sieht alles in Ordnung aus, der Himmel ist klar, die Sonne scheint. Doch unter dir sind weite Bereiche, die dir nicht zugänglich sind. Dort schwingt es nicht, dort hast du keinen Zugang. Es ist irgendwie verstopft. Die Qualität deines Nichtfühlens ist stagnierend, dumpf und taub. Wenn das der Fall ist, kannst du beginnen, dich auf das Fühlen einzulassen, indem du beginnst, genau diese Wolkendecke zu spüren. Und schon bald wirst du feststellen, dass da sehr wohl etwas ist: Dann hast du Zugang zu deiner Zündschnur gefunden.

## Dem Tiger begegnen

Es wirkt zunächst wie ein Widerspruch: Obwohl wir im Zustand emotionaler Aktivierung oft von starken Empfindungen überflutet werden, fällt es vielen Menschen sehr schwer zu fühlen, wenn sie aktiviert sind. Und zwar nicht nur bei Aktivierungszuständen, die vor allem von emotionaler Taubheit gekennzeichnet sind, sondern auch bei starker Emotionalität. Erst bei genauerem Hinsehen offenbart sich, dass dieser Widerspruch rein oberflächlich ist: Gerade weil die Empfindungen so stark sind, versuchen wir sie nach Möglichkeit auszublenden. Denn sie sind ja nicht nur stark, sie sind auch unangenehm. Unser emotionaler Schließmuskel mag zwar vorübergehend versagt haben und von der Wucht emotionaler Aktivierung aufgedrängt worden sein – unser System sieht das jedoch nicht als Anlass, die Flinte ins Korn zu werfen. Unbewusst oder durchaus auch bewusst versuchen wir alles, um das herausgequollene Schlamassel so schnell wie möglich in den Rucksack zurückzustopfen und unseren Schließmuskel wieder in den Griff zu bekommen.

Sich in diesem Zustand bewusst für das Fühlen zu entscheiden geht zunächst gegen alles, was wir gelernt haben, alles, was wir uns über Jahre und Jahrzehnte antrainiert haben. Wie meine Kollegin Chiara Jana Greber es einmal formulierte: Es ist, als würde man sich dem Tiger, vor dem man seit Jahren davonläuft, absichtlich in den Weg stellen. Es ist ein dramatisches Bild, das sie hier beschwört, doch es beschreibt meine eigene Erfahrung sehr gut. Es ist eine dramatische Situation. Kein Wunder, dass alles in uns sagt: »Das ist falsch, das ist wahnsinnig, das wird kein gutes Ende nehmen, tu es nicht!« Fühlen bedeutet, im Zustand emotionaler Aktivierung genau dorthin zu gehen, wo es unangenehm ist und wo wir eigentlich nicht hinwollen. Es bedeutet, da zu bleiben und uns dem zuzuwenden, was wir so lange ausgeblendet haben. Ohne Druck und ohne Zwang, doch mit einer gewissen Entschlossenheit und Bestimmtheit.

Der inneren Zündschnur folgen:
1. Zugang finden
2. Verbinden
3. Aus dem Weg gehen
4. Die Emotion sprechen lassen
5. Entladung zulassen

## 1. Zugang finden

Um fühlen zu können und dadurch Bewusste Entladung zuzulassen, brauchen wir Zugang zu unserer emotionalen Ebene. Auch das ist oft leichter gesagt als getan. In der Praxis haben sich verschiedene Zugänge als hilfreich erwiesen, von denen ich die wichtigsten hier kurz vorstellen möchte. Diese Liste erhebt keinen Anspruch auf Vollständigkeit, soll jedoch eine Hilfestellung sein, um den Einstieg in die Bewusste Entladung zu erleichtern.

Der offensichtlichste Zugang ist sicher der über eine **akute Aktivierung (a)**, also in dem Moment, wo etwas im Außen ein Emotionspäckchen in uns angestoßen hat und wir in einen emotionalen Ausnahmezustand gelangen.

Wenn wir uns genau dann Zeit nehmen können, um mit der Unterstützung eines unbeteiligten Partners Bewusste Entladung zu praktizieren, ist es vergleichsweise einfach, mit Emotionen in Kontakt zu kommen. Es gilt dann lediglich, den vorhandenen Raum zu nutzen, um sich dem Fühlen zuzuwenden.

Einstiegsmöglichkeiten:

a. Akute Aktivierung
b. Erinnerung an Aktivierung
c. Erinnerung an schwieriges Erlebnis
d. Gefühle/Emotionen, die jetzt gerade in mir lebendig sind
e. Körperliche Empfindung

Da wir ja nicht ständig heftig aktiviert werden und auch nicht zu jedem Zeitpunkt einen unbeteiligten Partner an unserer Seite haben, besteht eine zweite Möglichkeit darin, sich **an einen Aktivierungsmoment** zu **erinnern (b)**. Ich kann mir den Moment einer Aktivierung wie jener damals im Schwimmbad vergegenwärtigen und dadurch Zugang zu dem Emotionspäckchen bekommen, das seinerzeit aktiviert wurde. Hierfür ist es hilfreich, für einen Moment die Augen zu schließen und sich den Aktivierungsmoment so genau wie möglich ins Gedächtnis zu rufen. Wie war die Atmosphäre? Welche Gerüche, Geräusche und Farben prägten den Raum? Und vor allem: Was war der Auslöser, und wie habe ich mich dann gefühlt?

Neben der Möglichkeit, über eine Aktivierung an ein Emotionspaket heranzukommen, können wir uns natürlich auch direkt **an ein schwieriges Erlebnis erinnern (c)**. Hierbei gilt es, behutsam vorzugehen, vor allem wenn es sich um ein sehr schwieriges

Erlebnis handelt. Da es bei der Bewussten Entladung nicht darum geht, etwas zu forcieren, um möglichst schnell möglichst viel zu entladen, ist es nicht zielführend, mitten in die tiefsten Albträume unseres Lebens hineinzuspringen. Ein solcher Versuch führt entweder zu einer emotionalen Überforderung, oder unser Schließmuskel verschließt sich nur noch fester, um uns genau davor zu bewahren. Eine Verarbeitung kann nur geschehen, wenn wir uns dem Päckchen behutsam annähern.

Hierfür kann es hilfreich sein, sich zunächst in der Situation von außen zu sehen: Ich sehe mich und meine Freundin im Gespräch mit meiner Stiefmutter am Rand der Tanzfläche, während sie uns erklärt, dass wir versagt haben. Wenn ich dieses Bild entstehen lasse, beginnt sich in mir eine zarte Trauer auszubreiten. Ich habe Zugang zur emotionalen Ebene bekommen, ohne von dieser überflutet zu werden. Sobald der Zugang zu dieser Ebene da ist, lasse ich die Erinnerung los und folge von nun an der Empfindung.

Statt über Aktivierungen oder Erinnerungen Zugang zur emotionalen Ebene zu bekommen, kann ich auch über das einsteigen, was jetzt gerade in mir lebendig ist. Hierbei kann es sich um **Gefühle oder Emotionen** handeln**, die jetzt gerade da sind (d)**. Wenn ich beginne, mich ihnen zuzuwenden und ihnen Raum zu geben, fangen sie an, sich zu verändern, und es zeigt sich das, was jetzt verarbeitet werden will.

Zuletzt möchte ich noch den Weg über den Körper ansprechen. Viele Menschen nehmen ihre Emotionen eben nicht direkt war, sondern nur über **körperliche Empfindungen (e)**: der berühmte Kloß im Hals, der Druck im Solarplexus, das Ziehen in den Schultern. Indem wir uns auf diese Empfindungen einlassen, ihnen Anteilnahme und Raum geben, können daraus wie eine zweite Ebene die Emotionen hervortreten. Sie sind wie der Schatten der körperlichen Empfindungen.

## 2. Verbinden

Nachdem wir über einen der genannten Wege Zugang zur emotionalen Ebene und damit zu einem Ende unserer inneren Zündschnur gefunden haben, besteht der nächste Schritt darin, sich mit dieser Ebene zu verbinden. Da wir es so gewöhnt sind, uns unangenehme Empfindungen nach Möglichkeit vom Leib zu halten, tun wir dies auch reflexartig, wenn wir Zugang zur emotionalen Ebene finden. Wir nehmen dann zwar wahr, dass da »was ist«, doch das bedeutet noch lange nicht, dass wir uns wirklich darauf einlassen, es zu fühlen. Und zwar nicht indem wir sagen oder denken: Ich habe einen Kloß im Hals, oder ich bin wütend, sondern indem wir die Empfindung innerlich mit unserem Bewusstsein berühren und zulassen, von ihr berührt zu werden. Der Abstand zwischen der Instanz in uns, die wahrnimmt, und der Empfindung verschwindet. In dem Moment, wo dieser Kontakt zugelassen wird und wir uns entspannen und öffnen, verbinden wir uns mit der emotionalen Ebene. Wir haben dann unsere Zündschnur nicht nur aufgespürt, wir haben sie fest in die Hand genommen.

## 3. Aus dem Weg gehen

Wir leben in einer sehr handlungsorientierten Gesellschaft. Wenn es ein Problem gibt, suchen wir eine Lösung, wenn ein Hindernis auftaucht, packen wir es an. Das ist zumindest unser kulturelles Ideal. Die emotionale Ebene verschließt sich diesen Strategien. Sie funktioniert nach ganz anderen Prinzipien. Sie ist weder ein Problem, das gelöst werden will, noch ein Hindernis, das es aus dem Weg zu räumen gilt. Sie gleicht vielmehr einer Bewegung, die aus sich selbst heraus geschehen möchte und die aus unterschiedlichen Gründen aufgehalten wurde. Wie ein Uhrwerk, das aufgezogen wurde, dessen Zahnräder jedoch blockiert werden, sodass die Zeiger stillstehen. Oder wie ein Pendel, das angeschubst wurde und dann mitten im Flug aufgehalten wird. Das Bewegungspotenzial ist immer noch da, auch wenn die Bewegung blockiert wurde.

Mit diesem Bild vor Augen ist es deutlich, dass es weder darum gehen kann, die Uhr neu aufzuziehen, noch darum, das Pendel wieder anzuschubsen. Es gilt vielmehr, das aus dem Weg zu räumen, was die Blockade im Uhrwerk verursacht, oder das Pendel loszulassen, damit das vorhandene Bewegungspotenzial seiner eigentlichen Bestimmung folgen kann. Die Aktivität besteht also darin, die Voraussetzungen für die Bewegung wiederherzustellen, nicht in der Bewegung selbst.

Auf die Bewusste Entladung übertragen bedeutet das: Alles, was wir tun können, ist, aus dem Weg zu gehen. Und das ist paradoxerweise eine bewusste Aktivität. Hierfür müssen wir jene Punkte ausfindig machen, durch die sich die natürliche Bewegung des Fühlens nicht vollziehen kann, also aufgehalten wird. Und es gilt herausfinden, wie wir diese entspannen oder aus dem Weg räumen können. Die eigentliche Bewegung, den Vorgang des Fühlens und der Bewussten Entladung, den müssen wir dann sich selbst überlassen. Er hat seine eigene Weisheit und folgt seinen eigenen Gesetzmäßigkeiten. Statt ihn zu kontrollieren oder gar zu forcieren, gilt es, sich diesem anzuvertrauen, indem wir uns in die Empfindung hinein entspannen.

Daher besteht der nächste Schritt, nachdem wir wie beschrieben Zugang gefunden und uns verbunden haben, tatsächlich darin, aus dem Weg zu gehen und die innere Bewegung zuzulassen. Unsere Aufgabe ist lediglich die, immer wieder zu prüfen, ob wir noch mit der emotionalen Ebene in Kontakt sind, die Verbindung gegeben ist, und uns in diese Verbindung hinein zu entspannen.

Natürlich bedeutet das nicht, dass wir komplett die Kontrolle über uns verlieren, womöglich wild um uns schlagen und uns selbst und anderen dadurch Schaden zufügen, weil es in uns gerade so tobt. Die Steuerung ist dadurch gegeben, dass wir den Zeitpunkt, den Zeitraum und den Rahmen wählen, in dem wir diesen anderen Kräften die Führung überlassen. Und als erwachsene Menschen sind wir jederzeit in der Lage, dieser Bewegung wieder Einhalt zu gebieten, aus welchen Gründen auch immer.

## 4. Die Emotion sprechen lassen

Über schwierige Erfahrungen zu sprechen ist ein ganz natürlicher Weg, um diese zu verarbeiten. Kinder tun dies von selbst, gute Freunde eigentlich auch. Es tut nicht nur gut, es ist auch rational betrachtet sinnvoll: Untersuchungen konnten nachweisen, dass die Intensität unangenehmer Gefühle nachlässt, wenn wir diese benennen.[12] Probier es das nächste Mal aus, wenn du wütend oder traurig bist oder Angst hast. Nimm dir einen Moment Zeit, um das Gefühl wahrzunehmen und zu benennen, etwa indem du sagst: »Ich bin wütend«, oder: »Ich habe Angst.« Die Intensität des Gefühls verändert sich unmittelbar.

Kein Wunder also, dass Worte auch bei der Bewussten Entladung eine zentrale Rolle spielen. Hier werden sie genutzt, um die Emotion sprechen zu lassen. Das ist etwas ganz anderes, als über Emotionen zu sprechen. Wenn ich über meine Emotionen spreche, dann erzähle ich davon als Beobachterin. Ich beschreibe sie, ich interpretiere sie womöglich, doch bei all dem bleibe ich in sicherer Entfernung. Es bleibt wieder dieser Abstand zwischen mir und den Emotionen. Aus dieser Warte kann ich Jahre damit zubringen, über Emotionen und Gefühle zu sprechen, ohne dass eine wirkliche Veränderung geschieht.

Wenn ich hingegen die Emotionen selbst sprechen lasse, dann trete ich aus dem Weg und lasse zu, dass sich unmittelbar ausdrückt, was dort gespeichert ist. Ich leihe sozusagen meinen Emotionen meine Stimme. Das kann bedeuten, dass ich, nüchtern betrachtet, ziemlichen Unfug rede. Schließlich sind die Anteile, denen ich hier meine Stimme überlasse, teilweise wie in der Zeit festgefroren. Sie haben sich womöglich seit Jahrzehnten nicht weiterentwickelt. Kein Wunder, dass sie zuweilen sehr unreif sind! Das ist ein gutes Zeichen und in diesem geschützten Rahmen auch kein Problem. Und es ist normal, dass wir uns zunächst schämen, diese Anteile auszudrücken. Nicht umsonst haben wir sie so lange so gut weggepackt! Doch auch diese Scham ist ein Gefühl, dem wir unsere Stimme leihen können.

Ich habe bei mir selbst beobachtet, dass ich in solchen Situationen gerne die Formulierung benutze: »Da ist ein Teil von mir, der findet es so fies und gemein, was passiert ist. Der würde am liebsten in den Laden gehen und eine Bombe legen.« Dieser Impuls, eine Bombe in einen Laden zu legen, ist natürlich einer, mit dem mein erwachsenes Selbst sich schwer identifizieren kann. Es wäre also schwierig für mich zu sagen: »Ich würde am liebsten in den Laden gehen und eine Bombe legen.« Es wäre auch nicht wahr, und mein innerer Zensor würde zu Recht ein Veto einlegen. Doch wenn ich einem Teil von mir, der so empfindet, auf diese Weise Gehör verleihe, dann kann ich mit diesem Teil tiefer in Kontakt kommen. Und das ist die Grundlage dafür, dass ich dem Schmerz, der Verletztheit, die hinter dieser Aussage stecken, auf die Spur komme. Was tut da so weh? Wann habe ich das schon einmal gefühlt?

Genauso kann es passieren, dass meine Worte wenig Sinn ergeben oder noch nicht einmal grammatikalisch korrekt sind. Manchmal müssen bestimmte Sätze wieder und wieder gesagt werden, um ganz durchdrungen zu werden. Es ist keine gepflegte Konversation, auf die wir uns hier einlassen, es ist ein innerer Reinigungsprozess. Und für diesen begeben wir uns bewusst und für begrenzte Zeit in einen anderen Modus. Ähnlich wie Träume einer ganz eigenen Logik folgen, hat auch dieser Modus eine andere Ordnung als unsere normale Alltagssprache. Je mehr es uns gelingt, das zuzulassen, desto mehr kann unsere emotionale Seite sich hier ausdrücken. Übung 10 ist eine Einladung, das zunächst für dich allein zu erforschen.

## 5. Entladung zulassen

Der inneren Zündschnur zu folgen bedeutet, Entladung geschehen zu lassen. Die Schritte, die ich hier so linear geschildert habe – Zugang finden, sich verbinden, aus dem Weg gehen, die Emotionen sprechen lassen –, spielen sich in der Praxis selten so nacheinander ab. Vielmehr gilt es, immer wieder den Zugang zu der emotionalen Ebene zu finden, da er uns vor allem am Anfang mit schöner Regelmäßigkeit entgleitet. Und es gilt, immer wieder aus dem Weg zu gehen und die Emotionen sprechen zu lassen. So hangeln wir uns Stück für Stück an unserer inneren Fühlspur entlang. Und so einleuchtend das Bild einer Zündschnur auch ist, es ist wie jedes Gleichnis unvollkommen und missverständlich.

### Übung 10: Emotionen sprechen lassen

Diese Übung kannst du probeweise allein machen. Viel kraftvoller ist sie jedoch, wenn du sie in einem gehaltenen Raum der Anteilnahme mit einem unbeteiligten Partner machst. Wenn ihr sie zu zweit macht, verbindet sie am besten mit Übung 9.

1. Beginne mit einem Soundcheck. Während du mit den Emotionen in Kontakt bist, denen du deine Stimme leihen möchtest, atme durch den Mund aus. Lass dabei zu, dass deine Stimmbänder ins Schwingen kommen. Das kann wie ein Seufzer oder ein Stöhnen klingen – oder ganz anders. Forciere nichts, bleib dabei weich und offen. Wiederhol das ein paarmal, bis du wahrnimmst, dass deine Stimme direkt zum Sprachrohr der emotionalen Ebene geworden ist.
2. Lass nun zu, dass Worte sich formen. Achte darauf, dass diese, genau wie der Klang deiner Stimme, direkt aus der emotionalen Ebene aufsteigen. Zensiere sie nicht, versuche nicht, sie zu verstehen, lass sie einfach zu.

3. Beobachte, was geschieht. Wenn du merkst, dass du in den Kopf kommst, kehre zum wortlosen Ausdruck zurück.
4. Nimm dir immer wieder Zeit, um innezuhalten und zu spüren, was in dir geschieht.
5. Bevor du die Übung beendest, nimm dir noch etwas Zeit, um in Stille deinem inneren Fühlraum nachzuspüren und wahrzunehmen, wie es sich dort nun anfühlt.

Eine Zündschnur suggeriert, dass wir ihr folgen, um dann an ihrem Ende eine Bombe zur Detonation zu bringen. Das stimmt so nicht ganz. Zwar vollzieht sich eine Entladung, wenn wir uns auf unsere innere Fühlspur einlassen. Diese geschieht jedoch nicht, anders als das Bild vermuten lässt, am Ende der Zündschnur mit einem großen Knall. Vielmehr passiert sie Stückchen für Stückchen, während wir unserer inneren Spur folgen. Sie ist also nicht das Endziel einer erfolgreichen Spurensuche, sondern vielmehr eine Begleiterscheinung.

Je nach Art des Päckchens hat die Entladung unterschiedliche Qualitäten. So werden Spannungen, die sich primär im Körper festgesetzt haben, auch über den Körper entladen, vor allem durch Zittern und Zucken. Wie in Teil I bereits ausführlich dargelegt ist dies auch die Ebene der Traumata. Inzwischen gibt es eine wachsende Anzahl von therapeutischen Ansätzen und Forschern, die sich mit diesem Phänomen auseinandersetzen. Einer der bekanntesten ist Peter Levine, der ausführlich untersucht hat, warum Tiere in freier Wildbahn existentielle Bedrohungen überleben, ohne traumatisiert zu sein. Er führt dies darauf zurück, dass sie den natürlichen Entladungsprozess ihres Systems ungehindert zulassen. Ein weiterer Forscher ist David Berceli, der mit dem Ansatz des »neurogenen Zitterns« weltweit in Kriegsgebieten mit traumatisierten Menschen arbeitet. Auch er hat beobachtet, dass Menschen in existentiellen Gefahrensituationen von Natur aus zittern, anders als Kinder oder Tiere dieses Zittern jedoch oft unterdrücken.

Wenn wir unserer Zündschnur folgen und Entladung zulassen, lassen sich solche Phänomene auch beobachten: ein leichtes Beben, ein Zittern oder ein Zucken zum Beispiel. Es handelt sich hierbei um ein regulierendes Verhalten unseres Nervensystems, das uns weder beunruhigen noch künstlich von uns verstärkt werden muss. Wir können es einfach geschehen lassen.

Neben den Entladungen auf der körperlichen Ebene gibt es auch jene auf der emotionalen, die sehr unterschiedliche Formen annehmen können. Sehr bekannt sind natürlich Tränen als Begleiterscheinung von Entladung. Ich sage hier bewusst Begleiterscheinung, denn es geht nicht darum, möglichst viel zu weinen oder das Weinen irgendwie anzuschieben. Auch Lachen, Seufzen oder Stöhnen können Zeichen für eine Entladung sein. Und es gibt Entladungen, die geschehen fast unbemerkt, von außen nicht wahrnehmbar. Daher ist der einzig wirklich zuverlässige Indikator für eine Entladung, ob wir uns danach erleichtert fühlen oder nicht. Ob sich unser Blick auf die Welt verändert hat oder nicht.

Ist das nicht der Fall, sind wir höchstwahrscheinlich einer Sackgasse in unserem inneren Labyrinth auf den Leim gegangen. Diese sind nämlich der häufigste Grund dafür, dass wir uns in unserem Gefühlsdschungel verlaufen und trotz bester Absichten keine emotionale Heilung geschieht. Und sie sind so weit verbreitet, dass solche Irrwege gerade zu Anfang eher die Regel als die Ausnahme sind. Doch bevor wir uns diesem wichtigen Thema zuwenden, möchte ich im folgenden Kapitel endlich die Praxis der Bewussten Entladung vorstellen.

# 9

# DIE PRAXIS DER BEWUSSTEN ENTLADUNG

Den Kernkonflikt im Umgang mit unserem emotionalen Rucksack habe ich ja bereits angesprochen: Für unsere Psyche ist es sehr ratsam, emotionale Altlasten zu entladen, für unsere Beziehungen hingegen ist das oft eine Überforderung. Viele Beziehungen zerbrechen irgendwann an dieser Herausforderung oder stagnieren in einem pseudoharmonischen Emotionsstau, wo zwar keine Altlasten mehr aktiviert werden, jedoch auch sonst nicht mehr viel gefühlt wird.

Die Bewusste Entladung ist eine Praxis, die eine Lösung für diesen grundlegenden Widerspruch bietet. Sie schafft Räume, in denen emotionale Altlasten gefühlt, verarbeitet und geheilt werden können. Diese Praxis kann in bestehende Beziehungen integriert werden und dort Begegnungsräume entstehen lassen, in denen emotionale Altlasten keine Bedrohung, sondern sogar eine Bereicherung darstellen. Oder es können gezielt neue Beziehungen aufgebaut werden, deren alleinige Funktion es ist, Räume für eine Bewusste Entladung zu bieten. Beide Optionen haben ihre Vor- und Nachteile, auf die ich später noch zu sprechen kommen werde. In begrenztem Ausmaß kann eine Bewusste Entladung auch allein praktiziert werden, doch wirklich effektiv und erfüllend wird sie mit anderen.

Die Bewusste Entladung braucht zwei Zutaten, denen ich mich im letzten und vorletzten Kapitel bereits ausführlich gewidmet habe: Anteilnahme und die Bereitschaft zu fühlen. Diese beschreiben die innere Dimension der Bewussten Entladung. Die äußere Form, der dieses Kapitel gewidmet ist, kann hingegen stark variieren. In ihrer einfachsten und natürlichsten Form besteht sie in der spontanen Zuwendung, die wir einem geliebten Menschen schenken, wenn wir spüren, dass er oder sie in seelischer Not ist. Und sie besteht in der emotionalen Verarbeitung, die geschieht, wenn der andere bereit ist zu fühlen. Eigentlich ist es ganz einfach: Der eine schenkt Anteilnahme, die es einem anderen ermöglicht, mehr zu fühlen. Dadurch kommt ein Verarbeitungsprozess in Gang, den einer allein nicht hätte auslösen können.

> Bewusste Entladung wird möglich durch:
> 1. Anteilnahme
> 2. Die Bereitschaft zu fühlen

Leider entstehen diese Räume emotionaler Intimität und der heilsamen Verbundenheit heute viel zu selten so spontan, wie ich es eben geschildert habe. Oder wann hast du das letzte Mal wirklich nährenden emotionalen Kontakt gehabt, als emotionale Altlasten im Spiel waren? Dieses Defizit hat zur Folge, dass die allermeisten Menschen nicht annähernd so viel wirkliche Anteilnahme erfahren, wie sie es bräuchten – und zwar von Kindesbeinen an. Aus diesem Grund ist es in meinen Augen dringend notwendig, die Umstände für eine Bewusste Entladung nicht dem Zufall zu überlassen, sondern gezielt dafür zu sorgen, dass sie zustande kommen.

Genau hier kommt die Praxis der Bewussten Entladung ins Spiel. Zwei oder mehr Menschen verabreden sich, um sich gegenseitig Zeit zum Fühlen zu schenken. Ein klarer Zeitrahmen, definierte Rollen und einige einfache Regeln sorgen dafür, dass ein sicherer Raum entsteht, in dem unser emotionaler Schließmuskel sich öffnen kann. Diesen äußeren Rahmen möchte ich hier genauer skizzieren. Es handelt sich bei dem beschriebenen äußeren Rahmen nicht um den einzig richtigen, sondern um einen möglichen. Tatsächlich gibt es eine Vielzahl von therapeutischen Ansätzen, religiösen Riten und anderen Formen sozialer Zusammenkunft, in denen Entladung mehr oder weniger bewusst passiert. Der hier beschriebene Rahmen ist inspiriert durch den Ansatz des Co-Counseling und durch meine eigene therapeutische Arbeit, das Heilen durch Gegenwärtigkeit. Er hat sich durch seine Klarheit, Einfachheit, Skalierbarkeit und die Integrierbarkeit in den Alltag bewährt. Die dort entwickelten Kompetenzen lassen sich auf viele andere Settings übertragen. Mit fortschreitender Praxis beginnen diese ganz organisch, auch unsere Alltagskommunikation und damit auch unsere Beziehungen zu verändern.

## 1. Definierte Rollen

Bewusste Entladung in dieser Form wird meistens von zwei Menschen praktiziert, wobei einer die Aufgabe hat, Anteilnahme zu schenken, und der andere Gelegenheit bekommt zu fühlen. Indem wir eine klare Vereinbarung treffen, wer was übernimmt, ermöglichen wir es beiden, sich ganz auf die jeweilige Rolle einzulassen. Wenn mehr als zwei Personen eine Bewusste Entladung miteinander praktizieren, bekommt meistens einer die Anteilnahme aller anderen Gruppenmitglieder. Die Intensität der Erfahrung steigert sich dadurch deutlich, wodurch eine andere Tiefe des Prozesses möglich wird. Für diese Beschreibung gehen wir der Einfachheit halber von zwei Personen aus.

**Der Rahmen für eine Bewusste Entladung:**

1. Definierte Rollen
2. Klarer Zeitrahmen
3. Besondere Vertraulichkeit
4. Ein ungestörter Raum

Der Zuhörende stellt seine eigenen Themen bewusst beiseite und wird ganz zu einem Raum, in dem der andere sich selbst besser spüren kann. Die Person, die so einen Raum für Bewusste Entladung angeboten bekommt, kann sich dadurch ganz auf die eigene Innenwelt konzentrieren. Sie muss sich keine Gedanken darüber machen, ob der andere vielleicht auch mal etwas sagen möchte oder was die eigene Ladung bei ihm auslöst. Das ist eine wichtige Voraussetzung für eine Bewusste Entladung. Wir brauchen unsere volle Aufmerksamkeit, um den inneren Weg zu unseren Ladungen zu finden. Klare Rollen ermöglichen dies.

Anders als in einem klassischen Therapiesetting ist es bei der Bewussten Entladung üblich, die Rollen immer wieder zu tauschen. Nach Ablauf der vereinbarten Zeit kann die Person, die soeben noch an ihren eigenen Päckchen gearbeitet hat, nun ihrem Gegenüber einen Raum der Anteilnahme anbieten. Das Wertvolle und für viele auch sehr Überraschende an dieser Erfahrung ist, dass wir wirklich zu beidem auch in sehr schnellem Wechsel fähig sind. Wir können in einem Moment einen reinen, unterstützenden Raum der Anteilnahme schenken und uns im nächsten Moment mit unseren unaufgeräumten Emotionen befassen.

## 2. Klarer Zeitrahmen

Um die Bewusste Entladung deutlich von unserer normalen Alltagskommunikation abzugrenzen, geben wir ihr einen klaren zeitlichen Rahmen. Dieser kann je nach Situation und Absicht stark variieren. Es ist jedoch sinnvoll, ihn im Vorfeld zu definieren, also zum Beispiel zu vereinbaren, dass jeder nun fünf, zehn oder fünfzehn Minuten Zeit bekommt. Für die Person, die Anteilnahme schenkt, ist es wesentlich leichter, dies mit ihrer vollen Aufmerksamkeit zu tun, wenn sie weiß, dass der Rahmen zeitlich begrenzt ist. Viele Praktizierende berichten, dass genau dieses Wissen es ihnen erleichtert, ganz präsent zu sein.

Für die entladende Person ist es ebenso hilfreich. Sie lernt, diesen Raum mit voller Konzentration zu nutzen. Und sie lernt, ihren emotionalen Schließmuskel nicht nur zu öffnen, sondern auch wieder bewusst zu schließen. Gerade zu Anfang fällt es vielen Menschen gar nicht leicht, ihren Schließmuskel zu lokalisieren, geschweige denn zu öffnen. Und dann ist auch noch die Zeit abgelaufen, gerade wo wir mit unserer Entladung so richtig in Fahrt gekommen sind!

Die Versuchung, dann einfach weiter in unserem Rucksack zu wühlen, ist verständlicherweise groß. Doch bei der Praxis der Bewussten Entladung geht es eben nicht darum, möglichst viel möglichst schnell zu entladen. Viel wichtiger ist es, einen reifen und souveränen Umgang mit unseren Altlasten zu entwickeln. Und genau das lernen wir, indem wir unser vielleicht erst halb gefühltes Emotionspäckchen wieder in den Rucksack stecken, sobald die Zeit abgelaufen ist. Diesmal tun wir es jedoch in dem Bewusstsein, dass wir es jederzeit wieder hervorholen können, wenn wieder ein geeigneter Raum dafür geschaffen wurde. Ein echter Paradigmenwechsel, der mindestens so wertvoll und wichtig ist, wie der angefangenen Entladung ihren Raum zu geben.

Mit ein bisschen Übung lernt man auch, die Größe der Emotionspäckchen entsprechend der vereinbarten Zeit auszuwählen. Man entwickelt ein Gespür dafür, was in zehn Minuten entladen werden kann – und was nicht. Es entsteht eine Gelassenheit im Umgang mit unseren Altlasten. Wir versuchen nicht, in zehn Minuten unser größtes Kindheitstrauma in Angriff zu nehmen. Und wir wissen, dass Anteilnahme etwas ist, worum wir gezielt bitten können und was uns selbst bereichert, wenn wir es anderen schenken.

Erfahrungsgemäß können wir mit fortschreitender Praxis, wenn sich eine gewisse Routine im Bewussten Entladen etabliert hat, auch auf genaue Zeitmessung verzichten. Wir können ungefähr vereinbaren, wie viel Zeit wir uns nehmen wollen, uns dann ein entsprechendes Päckchen vorknöpfen und wissen, dass der Prozess in seiner Eigendynamik von selbst ein natürliches Ende finden wird. Diese Form der Zeitmessung erfordert natürlich viel Erfahrung, hat jedoch den Vorteil, dass der Entladungsprozess sich organisch vollziehen kann. Voraussetzung hierfür ist nicht nur ein geschultes Zeitgefühl und ein gutes Gespür bei der Auswahl der Päckchen, sondern auch ein sicheres Zurechtfinden im inneren Labyrinth, was sicherstellt, dass wir uns nicht verlaufen. Also wirklich etwas für Profis.

## 3. Besondere Vertraulichkeit

Vertraulichkeit schafft Vertrauen. Vertraulichkeit bedeutet normalerweise, dass ich das, was mir anvertraut wurde, mit niemand anderem teile. Das Prinzip der besonderen Vertraulichkeit, das bei der Bewussten Entladung zur Anwendung kommt, besagt, dass wir nicht nur mit keiner anderen Person über das Geteilte sprechen, sondern auch unser Gegenüber im Nachhinein nicht mehr darauf ansprechen. Dieses erweiterte Verständnis von Vertraulichkeit hat den Vorteil, dass es alles Geteilte in dem Moment belässt, in dem es ausgesprochen wurde. Dadurch ermöglicht es uns, viel unmittelbarer das auszudrücken, was gerade in uns auftaucht; und zwar ohne groß darüber nachzudenken, wie der andere es aufgreifen, was er dazu sagen könnte oder wie wir später dazu vielleicht sogar Stellung beziehen müssen.

Das ist bei der Praxis der Bewussten Entladung von übergeordneter Bedeutung. Sehr oft, wenn wir uns auf unsere innere Zündschnur einlassen, um uns an ihr entlang zu unseren Emotionspäckchen vorzutasten, kommen wir mit Anteilen von uns in Kontakt, die wie in der Zeit stehen geblieben sind. Diese Anteile haben oft einen sehr anderen Blick auf bestimmte Personen oder Situationen – so anders, dass wir uns nüchtern betrachtet nie mit diesem identifizieren würden. Sie können sehr unreif, wertend, emotionsgeladen, aggressiv oder sogar ungerecht sein.

Da kann eine Mutter zum Beispiel durch eine Aktivierung, die ihr Kind bei ihr ausgelöst hat, im Rahmen der Bewussten Entladung mit Aggressionen oder Abneigung gegenüber ihrem Kind in Kontakt kommen, die aus ihrer eigenen Kindheit stammen. Wenn solche Empfindungen auch Raum bekommen können, natürlich nur im geschützten Rahmen der Praxis, dann verändern sie sich erstaunlich schnell, und das dazugehörige Päckchen kann entladen werden. Die Mutter später erneut darauf anzusprechen, dass sie ihr Kind zum Beispiel als Monster beschimpft hat, würde sie an einen Punkt zurückbringen, den sie durch die Entladung gerade hinter sich gelassen hat.

Natürlich kann es in einigen wenigen Situationen sinnvoll erscheinen, eine Ausnahme zu machen. In dem Fall können wir den anderen um Erlaubnis bitten, etwa indem wir sagen: »Ich möchte gerne etwas ansprechen, das du beim Entladen gesagt hast. Ist das für dich in Ordnung?« Und nur wenn der andere uns die Erlaubnis gibt, sprechen wir nochmal darüber. Sonst belassen wir es in dem geschützten Raum der besonderen Vertraulichkeit – so schwer es uns auch fallen mag.

Insbesondere am Anfang kann der Drang, dem Gesagten unseren Senf hinzuzufügen, geradezu überwältigend stark sein. Die gewohnten Mechanismen, nach denen wir vor allem zuhören, um zu antworten, sind noch in vollem Gange. Haben wir erst verstanden, wie Bewusste Entladung funktioniert – und zwar auf einer Erfahrungsebene durch eine längere, kontinuierliche Praxis –, dann begreifen wir zunehmend, dass Antworten meistens kontraproduktiv sind. Oft halten sie den anderen davon ab, sich selbst zu sortieren.

Auf den ersten Blick erscheint diese besondere Vertraulichkeit vielleicht schwer umzusetzen, vor allem wenn ich mit einer mir nahestehenden Person praktiziere, mit der ich mich auch sonst viel austausche. Woher soll ich dann im Nachhinein immer noch genau wissen, unter welchen Umständen was gesagt wurde? In der Praxis haben sich solche Bedenken als unbegründet erwiesen. Die Qualität des Austausches im Rahmen der Bewussten Entladung ist so anders als unsere Alltagskommunikation, dass eine solche Unterscheidung binnen kürzester Zeit ganz automatisch passiert. Voraussetzung dafür ist natürlich, dass dieser Austausch wie besprochen in einem klar definierten Rahmen stattfindet, also einen eindeutigen Anfang und ein ebenso eindeutiges Ende hat.

## 4. Ein ungestörter Raum

Nun haben wir einige Elemente der Bewussten Entladung als Praxis genauer betrachtet, und so langsam dürfte sich zumindest ein schemenhaftes Bild davon entwickeln, wie so eine Entladung ablaufen könnte. Zwei oder mehr Menschen nehmen sich Zeit miteinander – je nach Bedarf zehn Minuten, eine halbe Stunde oder mehr – mit der Absicht, einander bei der Entladung ihrer Altlasten zu unterstützen. Hierbei einigen sie sich zunächst auf klare Rollen – einer ist der Raumhalter, der zuhört und Anteilnahme schenkt, der andere lenkt seine Aufmerksamkeit nach innen und wendet sich seinem emotionalen Rucksack zu. So weit, so gut, zumindest in der Theorie. Doch wie sieht es ganz praktisch aus – wie schenke ich Anteilnahme, wenn mein Gegenüber sich gerade durch seine Emotionspakete wühlt? Muss man nicht ausgebildeter Therapeut sein, um zu wissen, wie man dann richtig reagiert?

So naheliegend solche Fragen sind, sie zeigen auch, wie weit wir uns von unseren grundmenschlichen Fähigkeiten entfernt haben. Wichtigster Ausdruck von Anteilnahme ist unser Zuhören und die innere Hinwendung oder Haltung, mit der wir das tun. So ungewohnt es gerade zu Anfang erscheinen mag: Oft ist das größte Geschenk, das wir einem Menschen machen können, die Stille, der Raum, in dem er sich spüren und sortieren kann. Es ist dies keine angespannte, betretene Stille, sondern eine entspannte, ruhige Stille, die dem anderen Raum gibt, ohne ihn allein zu lassen.

Unsere gewohnten Reaktionsmuster – Ratschläge, Beschwichtigung, Ermutigung, Mitleid – sind leider nicht hilfreich. Sie stören den ganz eigenen Sortierungs- und inneren Aufräumprozess, den unser Gegenüber im Rahmen der Bewussten Entladung zu vollziehen versucht, und bringen ihn von seiner eigenen Erforschung weg. Das bedeutet, dass wir in der Rolle des Zuhörers bei der Bewussten Entladung auf Worte verzichten. Wir hören »nur« zu. Wir drücken unsere Anteilnahme allein durch unsere innere Haltung und Hinwendung aus.

Für die meisten Menschen ist das erst einmal sehr ungewohnt. Es ist für uns so normal, immer auf Reaktion zu kommunizieren, stets darauf bedacht, Bestätigung zu bekommen oder auf Ablehnung zu lauern. Das ist in der Alltagskommunikation normal und hat dort sicher auch seine Berechtigung.

Bei der Bewussten Entladung wollen wir uns jedoch ganz auf die eigene Innenwelt einlassen. Es geht hier nicht darum, dem anderen etwas zu erzählen. Daher ist es auch nicht wichtig, wie der andere das, was wir von uns geben, findet. Wenn unser Gegenüber wirklich einfach nur einen Raum liebevoller Anteilnahme anbietet, uns zwar mit seinem Herzen zuhört, jedoch nichts dazu sagt, so sind wir komplett auf uns selbst zurückgeworfen. Und genau diese Irritation gilt es auszuhalten, denn schon bald wird aus dem anfänglichen Unwohlsein ein wohliges Ankommen in diesem geschützten Raum, wo mir zwar Anteilnahme zuteilwird, ich jedoch in Ruhe mein Innenleben sortieren kann. Es ist dies genau der Raum, den wir brauchen, um behutsam unserer inneren Gefühlsspur zu folgen und unsere emotionalen Altlasten aufzuspüren.

## Übung 11: Bewusste Entladung konkret

1. Sucht euch einen Platz, wo ihr ungestört seid, und nehmt euch zwanzig Minuten Zeit. Natürlich könnt ihr euch auch eine Stunde Zeit nehmen. Wenn ihr erst mit der Übung vertraut seid, reichen manchmal auch zehn Minuten.
2. Verständigt euch darauf, dass alles, was ihr in diesem Rahmen miteinander teilt, auf eine besondere Weise vertraulich ist:
   Es wird nicht nur mit niemand anderem darüber gesprochen, auch ihr werdet einander später nicht mehr auf das ansprechen, was ihr hier geteilt habt. Solltet ihr dennoch das Bedürfnis haben, später noch einmal etwas anzusprechen, bittet den anderen um Erlaubnis, bevor ihr es ansprecht. Respektiert, wenn der andere ablehnt.

3. Teilt euch die vereinbarte Zeit auf. Wenn ihr euch zwanzig Minuten nehmt, bekommt also jeder zehn Minuten.
4. Einigt euch darauf, wer als Erstes zuhört und wer als Erstes spricht.
5. Als Zuhörer konzentrierst du dich nur darauf, einen empathischen, unterstützenden Raum für den anderen zur Verfügung zu stellen. Das funktioniert am besten, indem du einfach nur zuhörst — ohne Kommentare, ohne bestätigendes Nicken, ohne Fragen. Das mag am Anfang sehr ungewohnt sein, unterstützt den anderen aber darin, sich wirklich auf die eigenen Empfindungen zu konzentrieren, statt sich zu sehr damit zu beschäftigen, wie du das findest, was er oder sie erzählt.
6. Als Sprechender konzentrierst du dich ganz auf deine Gefühle, die jetzt in diesem Moment da sind, und erzählst von dem, was in dir vorgeht, was dich beschäftigt, was dich belastet oder aufregt. Lass dir Zeit. Durch den klar vereinbarten Zeitrahmen kannst du ruhig auch mal innehalten, um in dich hineinzuspüren oder zu lauschen. Folge dem Gefühl, auch wenn es dich weit in die Vergangenheit trägt. Sprich nicht so sehr über deine Gedanken, Analysen, Thesen und Ansichten, sondern bleib bei deinen Gefühlen und Emotionen.
7. Entladen ist ein innerer Dreh, den man früher oder später herausbekommt, es ist Übungssache. Entladung geschieht auf vielfältige Weise: Tränen, Kichern, Zittern, Stöhnen und Seufzen. Zwar kann es am Anfang vorkommen, dass sich auch Schreie entladen, früher oder später finden wir jedoch zu anderen Formen der Entladung, da wir in der Wut keinen Frieden schließen können mit dem, was war. Das geschieht jedoch von selbst, wenn wir der Entladung Raum geben und dem Gefühl folgen.
8. Tauscht die Rollen. Bedankt euch beieinander.

Damit dieser Raum auch für den Zuhörenden sicher ist, darf der Sprechende nicht über sein Gegenüber reden. Schließlich geht es nicht darum, dem anderen etwas zu erzählen, sondern sich mit sich selbst auseinanderzusetzen. Und es wäre ausgesprochen unfair, über den anderen etwas zu sagen, wenn dieser keine Möglichkeit hat, sich dazu zu äußern. Dafür ist der Raum der Bewussten Entladung nicht gedacht. In Teil III werde ich noch auf ein ähnliches Gesprächsformat eingehen, wo dies möglich und erwünscht ist, doch das ist ein anderes Thema.

## Partnerwahl

Wenn du überlegst, mit wem du Bewusste Entladung praktizieren könntest, ist es vermutlich naheliegend, zunächst an deine engsten Vertrauten zu denken – deine Lebensgefährtin oder deine beste Freundin zum Beispiel. Das scheint auf den ersten Blick sinnvoll: Ihr kennt euch, ihr vertraut euch, und ihr verbringt ohnehin regelmäßig Zeit miteinander. Alles Umstände, die dafürsprechen, dass ihr miteinander die Bewusste Entladung praktizieren könntet. Und tatsächlich gibt es viele Fälle, wo das gut funktioniert. Für mich ist mein Lebensgefährte mein wichtigster Entladungspartner – und ich für ihn. Unsere Beziehung hat dadurch eine Tiefe, Nähe, Intimität und positive Verletzlichkeit gewonnen, die ich mir zuvor immer gewünscht hatte, jedoch nie erleben durfte. Wir sind es durch diese regelmäßige Praxis gewöhnt, einander ohne Masken zu begegnen und auch unsere wundesten Punkte voreinander offenzulegen.

Es gibt aber auch Konstellationen, wo genau diese Nähe hinderlich ist. In Beziehungen, wo Partner sich gegenseitig viel aktivieren und noch nicht gelernt haben, zu jedem Zeitpunkt Verantwortung für ihre Ladung zu übernehmen, ist es nicht sinnvoll, miteinander Bewusste Entladung zu praktizieren. Die Wahrscheinlichkeit, dass hierbei emotionale Kettenreaktionen in Gang gesetzt werden, ist extrem hoch, und die Versuchung, den Entladungsraum zu missbrauchen, um dem anderen mal gehörig die Meinung zu sagen, ist groß. Doch dadurch verstricken wir uns nur tiefer in unseren Emotionsknoten, und die Möglichkeit echter Heilung rückt in weite Ferne.

Noch viel schlimmer ist es, wenn eine Beziehung schon so zerrüttet ist, dass zu Aktivierungszeiten mit allen Waffen gekämpft wird. Hier könnte genau die Verletzlichkeit, die sich im Rahmen der Bewussten Entladung einstellt, nach hinten losgehen, und unser Partner könnte unsere wundesten Punkte im Eifer des Gefechts gegen uns ausspielen. Keine schöne Situation und mit viel Potenzial für weitere tiefe Verletzungen.

Wenn du hingegen in einer Partnerschaft lebst, in der ihr euch entweder wenig gegenseitig aktiviert und/oder beiden sonnenklar ist, dass eure Ladung eure Verantwortung ist, könnt ihr Bewusste Entladung gut miteinander praktizieren. Das Gleiche gilt natürlich auch für gute Freunde. Selbstverständlich nützt es nichts, wenn die Einsicht, dass jeder für seinen Rucksack verantwortlich ist, rein intellektuell gegeben ist. Auf dieser Ebene ist sie ja recht weit verbreitet. Sie muss eine gefühlte, erlebte Gewissheit sein, damit sie auch in Aktivierungsmomenten trägt. Und das ist, ehrlich gesagt, heute noch ziemlich selten.

| Entladung mit einer nahestehenden Person | |
|---|---|
| 1. Gute Vertrauensbasis ist bereits gegeben.<br>2. Beziehung vertieft sich und wird noch intimer.<br>3. Gemeinsame Zeit ist ohnehin gegeben. | 1. Nicht geeignet, wenn der andere uns akut aktiviert hat.<br>2. Potenzial für emotionale Kettenreaktionen. |

Abgesehen von dieser eher offensichtlichen Variante, Bewusste Entladung mit Menschen zu praktizieren, die uns ohnehin nahestehen, gibt es noch eine ganz andere Möglichkeit: Wir können uns gezielt Partner suchen, mit denen wir keine andere Beziehung haben als jene, dass wir miteinander Bewusste Entladung praktizieren. Diese Lösung bietet, so seltsam sie auf den ersten Blick erscheinen mag, einige unbestreitbare Vorteile. Dadurch, dass der andere für uns ein weitgehend unbeschriebenes Blatt ist, kann er uns einen deutlich neutraleren Raum bieten. Manchmal ist es dadurch sogar einfacher, sich zu öffnen, als bei einem nahestehenden Menschen. Es ist uns vielleicht nicht so wichtig, was der andere von uns denkt, und wir sind deshalb weniger darauf bedacht, einen guten Eindruck zu machen oder ein bestimmtes Bild von uns zu vermitteln – beides Anliegen, die bei der Praxis der Bewussten Entladung hinderlich sind. Und außerdem geht die Wahrscheinlichkeit für emotionale Kettenreaktionen und Verstrickungen in einer reinen Entladungsbeziehung gegen null.

Solche Beziehungen, wie sie zum Beispiel infolge von Seminaren oder durch Onlineforen entstehen, können über Jahre anhalten und zu einer wichtigen Säule in der persönlichen Entwicklung beider Partner werden. Es gibt sogar eine ganze Bewegung – die sogenannte Co-Counseling-Bewegung –, die es als zentralen Grundsatz ihrer Praxis betrachtet, dass Entladung ausschließlich mit einer Person praktiziert wird, mit der keine andere Beziehung gegeben ist.

| Entladung mit einer fremden Person | |
|---|---|
| 1. Gegenüber ist neutral.<br>2. Manchmal ist es einfacher, sich zu öffnen.<br>3. Geringes Potenzial für Verstrickungen/emotionale Kettenreaktionen. | 1. Erfordert einen Vertrauensvorschuss.<br>2. Treffen/Kommunikation muss extra arrangiert werden. |

Ich halte nicht viel von Dogmen und habe beide Ansätze als wertvoll erfahren, weshalb ich sie hier gleichwertig nebeneinanderstellen möchte. Doch unabhängig davon, ob wir mit dem besten Freund, der Partnerin oder einem eigentlich Wildfremden üben:

Es braucht ein großes Maß an Vertrauen und die Bereitschaft, einander wohlwollend zu begegnen und sich zu öffnen. Auf dieser Grundlage können wir uns unseren emotionalen Altlasten nicht nur zuwenden, sondern uns in diesem Prozess auch mal verlaufen. Denn dass das geschieht, ist nahezu garantiert, weshalb das nächste Kapitel sich mit den gängigsten Sackgassen befasst. Sie beziehen sich nicht nur auf die Praxis der Bewussten Entladung, sondern sind auch sonst in unserem Umgang mit emotional belastenden Erfahrungen zu beobachten. Und sie sind einer der Hauptgründe, weshalb oft keine emotionale Heilung geschieht.

# 10

# VORSICHT SACKGASSE!

**Gängige Sackgassen bei der emotionalen Verarbeitung:**

1. Geschichte
2. Analyse
3. Absolutheitsanspruch

Es wäre gelogen zu behaupten, dass wir emotional nicht heilen, weil uns die Bereitschaft fehlt, uns mit unseren emotionalen Altlasten auseinanderzusetzen. Es ist ganz normal und natürlich, dies zu tun. Menschen haben das schon immer getan und werden es sicher auch weiterhin tun, selbst wenn die Arten dieser Auseinandersetzung sich wandeln. Die Frage ist: Wie befassen wir uns so mit ihnen, dass Heilung geschieht?

Die Sackgassen, die in diesem Kapitel aufgeführt werden, erklären, warum in vielen Fällen trotz einer intensiven Auseinandersetzung mit dem Rucksack keine Heilung stattfindet. Sie zeigen quasi, wie Heilung verhindert wird – was durchaus auch im Rahmen der Bewussten Entladung geschehen kann. Die drei wichtigsten Sackgassen habe ich in obenstehendem Kasten aufgelistet und werde sie nacheinander durchgehen, beginnend mit der Geschichte.

## 1. Die Geschichte: Erzählen ist gesund

Wenn wir etwas Schlimmes erlebt haben, erzählen wir davon. Laut Untersuchungen tun wir dies nach 80 bis 95 Prozent aller emotional belastenden Episoden – also fast immer, und zwar mehrfach und verschiedenen Personen. Es ist natürlich, normal und hilft uns offenbar, emotional schwierige Erlebnisse zu verarbeiten. Das konnte auch eine nach den Terroranschlägen von Madrid im März 2004 durchgeführte Studie bestätigen. Darin wurde mittels Fragebögen jeweils eine, drei und acht Wochen nach den Anschlägen untersucht, wie sich das Erzählen von belastenden Erfahrungen auf die emotionale Verarbeitung auswirkt.

In der ersten Phase, unmittelbar nach den Anschlägen, zeigte sich bei den Personen, die mehr über das Erlebte sprachen, eine höhere emotionale Betroffenheit. Auch die Gedanken dieser Personen kreisten vermehrt um das Erlebte – also nicht gerade erstrebenswert. Später wies diese Personengruppe jedoch eine bessere soziale Integration, erhöhtes Wohlbefinden sowie mehr Zuversicht, Solidarität und Vertrauen in das emotionale Klima auf. Laut Selbsteinschätzung zeigte sie auch ein verstärktes posttraumatisches Wachstum – also eine positive Entwicklung ihrer Persönlichkeit durch die Überwindung des Erlebten.[13]

So weit, so gut. Offenbar hilft es uns, über belastende Erfahrungen zu sprechen. Der erhöhte Stress in der Anfangsphase und die darauffolgende Verbesserung sprechen dafür, dass es sich hierbei um einen Verarbeitungsprozess gehandelt hat. Doch so eine Verarbeitung geschieht meiner Erfahrung nach nur, wenn wir nicht in der Geschichte hängenbleiben. Nun mag das bei der Unmittelbarkeit der Terroranschläge kein Thema gewesen sein: Die Emotionen waren frisch und an der Oberfläche, sie waren noch nicht in den Tiefen des Rucksacks vergraben. Bei älteren Ladungen passiert es jedoch immer mal wieder, dass wir die Geschichte selbst mit der Ladung verwechseln. Dann können wir uns zwar vormachen, dass wir durch das Erzählen der Geschichte das Erlebte verarbeiten, doch das ist in Wahrheit nicht der Fall, sondern wir beginnen unmerklich, uns im Kreis zu drehen.

## Die Story ist nicht die Ladung

Eine Geschichte zu erzählen kann eine sehr gute Möglichkeit sein, um die dazugehörigen Emotionen zu verarbeiten. Vorausgesetzt, wir sind mit diesen in Kontakt, wenn wir die Geschichte erzählen. Dann passiert genau das, was offenbar für die meisten Studienteilnehmer in Madrid passiert ist: Das Erlebte wird verdaut, die Emotionen werden entladen, und oft kann sogar ein Mehrwert aus der Erfahrung gezogen werden. Genauso kann es jedoch passieren, dass wir eine Geschichte erzählen, vielleicht sogar dutzende oder hunderte Male und dabei nicht mit den dazugehörigen Emotionen in Kontakt sind. Wir können sehr sachlich oder sehr aufgeregt erzählen, das spielt keine Rolle, so oder so kann es eine Strategie sein, um nicht zu fühlen. Wir können uns in immer neuen Facetten und Sichtweisen, Perspektiven und Details verrennen, ohne mit der emotionalen Essenz der Geschichte in Kontakt zu kommen. Das kann daran liegen, dass wir uns weigern zu fühlen oder weil wir nicht die Anteilnahme bekommen, die wir dafür bräuchten.

Wenn wir noch einmal zu meiner Schwimmbadgeschichte zurückkehren: Hier kann ich mich auf zwei Ebenen verlaufen. Die erste ist die Geschichte des Auslösers. Ich könnte immer wieder erzählen, wie das war im Schwimmbad, wie die junge Dame aussah, was für ein Gesicht sie gemacht hat, als sie sah, dass ich in das Kinderbecken gehe, wer noch im Schwimmbad war, wer von den Senioren extra weggeguckt hat, wer wem zugetuschelt hat und so weiter und so fort. Die Geschichte wäre vermutlich nicht wirklich interessant, und sie würde mir bei der Verarbeitung auch nicht weiterhelfen. Die Geschichte ist hierbei nur insofern wertvoll, als dass sie mir hilft, mit dem Erlebten emotional in Kontakt zu kommen, also es zu fühlen.

Beim Zuhören ist die eigene Berührtheit ein guter Indikator dafür, wie sehr der andere beim Erzählen mit der emotionalen Ebene in Kontakt ist. Wenn ich mich beim Zuhören langweile oder schlecht konzentrieren kann, dann kann das daran liegen, dass der andere auf der Ebene der Geschichte geblieben ist.

Die zweite Ebene, auf der ich mich hier verlaufen kann, ist jene der ursprünglichen Erfahrung, also der verpatzten Tanzeinlage. Auch hier kann ich mich in endlosen Details und Nuancen der Geschichte verlaufen, kann die Meinungen und Perspektiven aller Zuschauer wiedergeben und so weiter und so fort. Auch das hilft mir keinen Deut weiter, wenn es um die emotionale Verarbeitung geht. Auch diese Geschichte ist nur insofern hilfreich, wie sie mich mit der emotionalen Ladung in Kontakt bringt, also ins Fühlen. Und dafür reicht eine winzige Schlüsselsequenz der Geschichte, ein Moment, in dem etwas emotional Wichtiges geschehen ist – in meinem Fall das vernichtende Urteil meiner Stiefmutter. Wenn ich das wirklich fühle, kann ich den Rest der Geschichte vergessen. Oder im Falle des Auslösers im Schwimmbad: der Moment, wo die Gymnastiklehrerin auf mich losging. Mehr braucht es nicht.

Bewegen wir uns rein auf der Ebene der Geschichte, befinden wir uns im Bereich des Denkens, der Worte, vielleicht sogar der Bilder. Diese können Träger emotionaler Inhalte sein, doch es braucht auch hier das bewusste Hinwenden, also das Fühlen, damit sich diese emotionalen Inhalte offenbaren. Sonst kann das Ausharren auf der Ebene der Geschichte sogar eine Vermeidungsstrategie sein, eine Flucht vor den emotionalen Inhalten, um die es eigentlich geht. Ähnlich verhält es sich mit der zweiten Sackgasse, auf die ich eingehen möchte: die der Analyse.

Ich denke, es ist ganz normal, dass wir wissen wollen, warum wir so oder so reagieren, wenn wir uns in einer extremen emotionalen Reaktion wiederfinden. Natürlich habe ich mich das auch gefragt, als ich die unfreundlichen orangefarbenen Kunststoffwände der Schwimmbadtoilette anschluchzte, statt mit meinem Sohn einen schönen Badetag zu erleben. Doch wir dürfen das Verstehen nicht mit der Verarbeitung verwechseln.

Wir können ein Leben damit zubringen, uns selbst zu analysieren, können immer neue Zusammenhänge und Querverbindungen in den Verästelungen unserer Psyche entdecken – bei der emotionalen Verarbeitung unserer Altlasten hilft uns das leider herzlich wenig. Wir können uns durch unsere Altlasten nicht hindurchdenken oder aus ihnen herausdenken oder uns sonst irgendwie durch Denken von ihnen befreien. Das Denken kann uns lediglich helfen, so durch sie hindurchzunavigieren, dass heilsames Fühlen und damit Bewusste Entladung möglich wird.

Um es an einem anderen Beispiel zu verdeutlichen: Nehmen wir einmal an, unser Chef hat eine unangenehme Ähnlichkeit mit unserem Vater, die dazu führt, dass er uns regelmäßig auf die Palme bringt. Zuweilen genügt schon ein Blick oder ein Halbsatz, und wir sind auf hundertachtzig. Die Erkenntnis, dass der Chef wie der eigene Vater ist, nützt uns nur in einer Hinsicht: Es kann uns mit den ursprünglichen Emotionen in Kontakt bringen. Ich kann beispielsweise während einer Bewussten Entladung gezielt die Ebene wechseln und mich der ursprünglichen Ladung zuwenden, die mit meinem Vater und nicht mit meinem Chef zu tun hat. Doch damit dies auch zu Heilung führt, dürfen wir nicht auf der Ebene des Verstehens, der Erkenntnis, der Analyse hängenbleiben, sondern müssen diese wieder und wieder verlassen, um uns dem Fühlen zuzuwenden.

Bei dem Schwimmbadbeispiel bedeutet das, dass sich die eingeschlossene Erinnerung durch Fühlen gezeigt hat. Ich bin meiner emotionalen Zündschnur gefolgt, und dabei ist auch die ältere Situation vor meinem inneren Auge aufgetaucht, die sich genauso angefühlt hat wie die Schwimmbadsituation. Die Erinnerung an diese frühere Szene habe ich genutzt, um den dazugehörigen Emotionen noch mehr Raum zu geben – nicht um die Ebene des Fühlens zu verlassen und triumphierend »Ach jetzt verstehe ich!« zu rufen. Das Verstehen ist der Trostpreis, es ist der Nebeneffekt der Verarbeitung. Es kann die Verarbeitung sogar verhindern, wenn wir uns davon ablenken lassen und vom Fühlen abkommen. Dann haben wir das Verstehen mit der Verarbeitung verwechselt.

Immer wieder verblüffend finde ich, dass unser Verstand sich im Falle einer Aktivierung alle möglichen Gründe ausdenken kann, weshalb das jetzt so ist. Und er kann dabei furchtbar schlau sein, kann die ausgefeiltesten Analysen und Querverbindungen nahezu druckreif auf den Tisch legen, Fußnoten und Nachweise inklusive. Doch so plausibel sich diese auch anhören, sie können auch völlig danebenliegen. Das liegt daran, dass der Verstand eine wunderbar kreative Maschine ist, die sich eben alles Mögliche ausdenken kann. Und wenn sie gut ist, kann sie das so geschickt mit der Wirklichkeit verknüpfen, dass man argumentativ keine Lücke darin findet.

Um bei dem Beispiel zu bleiben: Mein Verstand wäre nicht im Traum auf das Erlebnis mit der Tanzeinlage gekommen. Er hätte sich mit großer Zuverlässigkeit irgendetwas anderes aus meiner Biografie herausgegriffen, vielleicht die Erfahrung, in meiner Kindheit als emotionaler Mülleimer benutzt worden zu sein. Sehr plausibel, geradezu bestechend! Viel einleuchtender als die komische Tanzgeschichte! Doch leider nicht zutreffend. Denn es wird hier die falsche Instanz befragt. Erst wenn ich mich auf die innere Zündschnur einlasse, ihr folge und mich für das öffne, was aus dem Emotionspäckchen auftaucht, komme ich dem Erlebnis auf die Schliche. Und oft bin ich wirklich überrascht, was es war, denn mein Verstand wäre da in tausend Jahren nicht draufgekommen.

## 3. Der Absolutheitsanspruch: Dramen erkennen und loslassen

Es geschieht schnell, dass wir uns in den Gefilden der Geschichte oder der Analyse verlaufen, doch zum Glück ist der Rückweg relativ einfach. Wieder und wieder geht es darum, in den Fühlmodus zurückzukehren und die Gedankenautobahnen hinter uns zu lassen. Dies gelingt uns am einfachsten, indem wir immer wieder innehalten und unsere Wahrnehmung dem inneren Fühlraum zuwenden, gegebenenfalls wie beschrieben über den Körper, der uns ja zuverlässig im Jetzt verankert.

Bei der dritten Sackgasse, dem Drama, sieht die Sache schon etwas komplizierter aus. Hier genügt es nicht, zum Fühlen zurückzukehren, da uns dabei unsere Absolutheitsansprüche einen Strich durch die Rechnung machen. Menschen, die sich in Dramen verwickeln, machen meistens einen sehr emotionalen Eindruck auf ihre Mitmenschen. Sie haben daher den Ruf, gut mit ihren Gefühlen in Kontakt zu sein.

Kein Wunder, schließlich fühlen sie zuweilen in einer halben Stunde mehr als der Durchschnittsbürger in einem ganzen Jahr. Im letzten Kapitel des ersten Teils habe ich gezeigt, wie wir Dramen unbewusst nutzen, um uns Gelegenheiten für emotionale Entladung zu verschaffen. Leider ist diese Form der Entladung nicht heilsam. Sie verschafft uns zwar möglicherweise eine vorübergehende Erleichterung, weil wir einfach mal Dampf ablassen konnten. Der Kern unseres Dramas und unserer Ladung bleibt jedoch erhalten. Und bei schlimmen Dramen ist unser Rucksack danach sogar ein bisschen schwerer als zuvor, da sich eine weitere Schicht um unser aktiviertes Päckchen gebildet hat.

Im Kontext all dessen, was wir bis jetzt in diesem zweiten Teil besprochen haben, können wir bereits ein paar Gründe dafür erkennen, warum die Entladungen im Rahmen von Dramen meistens nicht heilsam sind. Der erste und wichtigste Grund ist jener, dass es oft an authentischer Anteilnahme fehlt. Heilung geschieht eben nicht durch das Mitleid des Retters, auch wenn er bereit ist, die Welt für mich aus den Angeln zu heben. Sie geschieht durch die Bereitschaft bei mir und meinen Emotionen zu sein, ohne sie zu beschwichtigen oder zu reparieren. Doch selbst wenn authentische Anteilnahme gegeben ist, da einer der Beteiligten die ihm zugewiesene Rolle ablehnt und nicht auf das Drama einsteigt: Oft lässt das Opfer keine Verbindung mit dem angebotenen Raum der Anteilnahme zu. Das kann daran liegen, dass dieser von der Person kommt, der es die Täterrolle zugeschrieben hat, oder weil es von der Person, der es die Retterrolle zugeteilt hat, keine Anteilnahme möchte, sondern eben Rettung.

Um es an einem klassischen Beispiel zu verdeutlichen: Eine Frau – nennen wir sie Stephanie – erfährt, dass ihr Mann sich in eine andere Frau verliebt hat. Statt sich den dazugehörigen Gefühlen und Emotionen zuzuwenden, beginnt Stephanie ein Drama. Die Rollenverteilung ist in dem Fall: Er ist der Täter, sie das Opfer. Der Mann erkennt, was läuft, und weigert sich, auf das Drama einzusteigen. Er verteidigt weder, was geschehen ist, noch entschuldigt er sich dafür, sondern er schenkt ihr, so gut er kann, Anteilnahme.

Er sieht, wie schwierig und schmerzhaft die Situation für Stephanie ist, sein Herz geht ihm auf, und er möchte wirklich für sie da sein, damit sie das Ganze emotional verarbeiten kann. Er weiß, dass sie nur auf Basis einer solchen Verarbeitung gemeinsam gucken können, was das für ihre Beziehung bedeutet. Nur wenn sie bereit ist, aus dem Drama auszusteigen und ihre Rollenverteilung aufzugeben, kann sie den angebotenen Raum der Anteilnahme annehmen. Das bedeutet nicht, dass der Schmerz, die Wut, die Scham, die Angst, der ganze Emotionswust dadurch verschwinden, im Gegenteil. Doch sie kann ihm erst dann begegnen, wenn sie bereit ist, das Drama aufzugeben.

Wenn Stephanie dazu nicht bereit ist, wendet sie sich vielleicht einem potenziellen Retter zu. Gemeinsame Freunde sind dafür beliebte Kandidaten. Die erwünschte Reaktion: Verurteilen des Täterverhaltens, idealerweise Berichtigung der Situation. Konkret: Der Mann soll zur Vernunft gebracht werden, seine Verliebtheit gefälligst umgehend abstellen. Weigert sich nun auch der potenzielle Retter, die ihm zugeschriebene Rolle anzunehmen, und bietet stattdessen Anteilnahme, wird ihn vermutlich genau jenes Schicksal ereilen, das jedem Retter zuteilwird, der die ihm zugewiesene Rolle ablehnt: Er wird zum Täter. Der Rest der Geschichte ist bekannt.

Doch so muss es nicht laufen. Das Opfer hat bei jeder Hand, die ihm gereicht wird, die Chance, aus dem Dreieck auszusteigen, wenn es dazu bereit ist. Genau so eine Chance bietet sich uns auch bei der Praxis der Bewussten Entladung und dem dazugehörigen Raum der Anteilnahme. Denn auch dort begegnen wir unseren Dramen. Und auch dort können wir uns in ihnen verlaufen oder uns von ihnen befreien, können unsere Emotionspäckchen bestärken oder loslassen. Ob uns das gelingt oder nicht, liegt an unserem Umgang mit dem Absolutheitsanspruch, der sich im Kern des Dramas und auch unserer Emotionspäckchen befindet. In diesem Kern liegt der Schlüssel zum Ausstieg aus dem Drama. Doch um zu erkennen, wie dieser Ausstieg gelingen kann, müssen wir zunächst genauer betrachten, wie unsere Absolutheitsansprüche entstanden sind und welche Funktion sie erfüllen.

## Der emotionale Schutzschild



Im Laufe dieses Buches habe ich mehrfach erwähnt, dass wir sehr gut darin sind, uns vor emotionaler Überforderung zu schützen. Dabei habe ich zum einen die Rolle des emotionalen Schließmuskels erwähnt, zum anderen die des emotionalen Rucksacks, in dem alles fein säuberlich verwahrt wird. Ein wichtiges Puzzlestück habe ich jedoch bislang bewusst außen vor gelassen, und das ist die Rolle unserer Absolutheitsansprüche bei der Entstehung emotionaler Altlasten.

In emotional überfordernden Situationen fungieren Absolutheitsansprüche als psychologischer Mechanismus, um uns vor dem überwältigenden Erlebnis zu schützen. Sie schieben sich wie ein Schutzschild zwischen uns, die Situation und die dazugehörigen Emotionen. Der Schutz basiert auf einem simplen Trick: Indem der Absolutheitsanspruch behauptet, dass das, was da gerade passiert, eigentlich nicht passieren sollte, schützt er uns vor der Erfahrung. Als wären wir der Held Neo in dem Film *Matrix*, wird das, was gerade geschehen ist, als eine Art Fehler in der Matrix eingestuft: hätte nicht passieren sollen, müsste eigentlich korrigiert werden, musst du dich nicht drum kümmern.

Das Problem ist: Diese Einschätzung stimmt nicht. Es wird nicht korrigiert, nur weil wir darauf beharren, dass es nicht hätte geschehen sollen. Und das bedeutet, dass wir uns irgendwann darum kümmern müssen, real oder zumindest emotional. Solange wir das nicht tun, tragen wir den Absolutheitsanspruch plus emotionaler Ladung, vor der er uns schützt, mit uns herum. Wir können unsere emotionalen Ladungen also nicht loslassen, wenn wir nicht auch bereit sind, den dazugehörigen Absolutheitsanspruch loszulassen. Umgekehrt können wir den Absolutheitsanspruch nicht loslassen, ohne die dahinter verborgenen Ladungen zu entladen. In der Praxis ist das eine Bewegung.

Spinnen wir unser Beispiel der Beziehungskrise von eben spaßeshalber fort und spulen uns ein paar Jahre in die Zukunft. Stephanie hat zum damaligen Zeitpunkt nicht den Ausstieg aus dem Drama gefunden. Sie hat bis zum bitteren Ende auf ihrem Absolutheitsanspruch beharrt, dass Männer sich nicht in andere Frauen verlieben sollten. Die Beziehung ging in die Brüche, und sie hat ihrem Ex-Mann bis heute nicht verziehen. Warum sollte sie auch? Schließlich war das, was er getan hat, unmöglich. Das Emotionspäckchen Scheidung liegt unaufgearbeitet in ihrem emotionalen Rucksack, sicher hinter dem Absolutheitsanspruch verwahrt.

Jahre später findet Stephanie sich in einer ähnlichen Situation wieder. Diesmal ist es vielleicht nicht der eigene Mann, der sich in eine andere Frau verliebt, sondern die beste Freundin, die nach Jahren des frustrierten Singledaseins nur noch rosa Wolken sieht. Stephanie reagiert, um es kurz zu machen, völlig unangemessen. Sie ist eindeutig aktiviert. Zwischenzeitlich hat sie sich mit Bewusster Entladung befasst und sucht sich einen geschützten Rahmen, um den Emotionen Raum zu geben. Sie nutzt die vorhandenen Emotionen als Einstieg, folgt der inneren Zündschnur und landet schon bald in ihrem alten Drama, dass ihr Mann sich nicht in eine andere Frau hätte verlieben sollen. Wieder kann sie Stunden und Tage damit verbringen, sich dieses Drama zu erzählen, zu bestätigen, zu vertiefen. Sie würde sich tiefer und tiefer in ihr Selbstmitleid verstricken, ohne jedoch Linderung ihres emotionalen Leids zu erfahren.

## Die Lösung ist näher, als du denkst

Unsere Dramen werden dann zu einem Irrweg bei der Bewussten Entladung, wenn wir uns in unseren Absolutheitsansprüchen verstricken. Dann können wir viel Zeit darauf verwenden zu argumentieren, dass und warum das, was war, nicht hätte sein dürfen oder anders sein sollte. Wir können dabei auch sehr starke Gefühle und Emotionen empfinden oder sogar produzieren. Entladung geschieht auf diese Weise jedoch nicht, das Karussell von Gedanken und Gefühlen schubst sich nur immer weiter an.

Den Ausweg aus diesem sehr anstrengenden und aufreibenden Kreislauf finden wir, wenn wir unseren Absolutheitsanspruch hinterfragen. Doch damit stechen wir natürlich in ein Wespennest. Zuvor habe ich die Hinwendung zur inneren Zündschnur damit verglichen, sich bewusst dem Tiger zuzuwenden, vor dem wir ein Leben lang weggelaufen sind. Die Aufforderung, einen wichtigen Absolutheitsanspruch zu hinterfragen, gleicht dem Vorschlag, sich dem Tiger zum Fraß vorzuwerfen. Es fühlt sich wie Selbstmord an. Alles in uns will das nicht. Unser Verstand macht unbezahlt Überstunden, um argumentativ zu belegen, warum ausgerechnet dieser eine Anspruch keine persönliche Wertvorstellung, sondern ein universelles Gesetz ist. Oder zumindest sein sollte. Vielleicht hast du selbst Stephanie zugestimmt, als es um ihren Absolutheitsanspruch ging, dass ein verheirateter Mann sich nicht in eine andere Frau verlieben sollte. Vielleicht bist du sogar wütend auf mich, dass ich die universelle Gültigkeit dieses Grundsatzes infrage stelle. Falls dem so ist, hast du einen wunderbaren Startpunkt, um dich mit einem Emotionspaket auseinanderzusetzen, wenn du das möchtest.

All diese Reaktionen sind Abwehrbewegungen unserer Psyche, um uns vor der Ladung dahinter zu schützen. Und das ist ja auch in Ordnung. Sie macht nur ihren Job. Das Ziel ist nicht, den Anspruch gewaltsam als Illusion zu demaskieren. Gerade bei Ansprüchen, die mit großen emotionalen Ladungen verknüpft sind, geht es vielmehr darum, sich ganz langsam und behutsam an die Möglichkeit heranzutasten, dass diese nicht universell gültig sind und dass die Realität daher von ihnen abweichen kann. Im Zuge dieses Herantastens kommen wir auch mit der Ladung dahinter in Kontakt. Je weiter wir den Schutzschild unseres Absolutheitsanspruches beiseiteschieben, desto umfassender ist das möglich.

Einen Absolutheitsanspruch loszulassen gelingt oft nur dann, wenn wir mit dem Bedürfnis, das dahintersteckt, in Kontakt gekommen sind. Denn natürlich steckt hinter den meisten Absolutheitsansprüchen ein Bedürfnis, das gehört werden will. Bei Stephanie ist das vielleicht das Bedürfnis nach Verlässlichkeit, nach Geborgenheit und nach Zugehörigkeit. Dieses ist nur leider unter einem Berg von Emotionen begraben, der wiederum hinter dem Schutzschild des Absolutheitsanspruchs fein säuberlich verborgen ist.

Gelingt es Stephanie, mit dem Bedürfnis hinter ihrem Absolutheitsanspruch in Kontakt zu kommen, so geschieht in dem Moment eine sehr starke Entladung. Der ganze aufgestaute Kummer bricht sich Bahn, die ganze Sehnsucht, die darunter verborgen lag, ebenso. Hier löst sich der Knoten, nach dem wir gesucht haben. Diese Entladung unterscheidet sich qualitativ von den Emotionsschleifen des Dramas darin, dass Letztere sich immer wieder anschubsen, immer wieder neu Schwung holen, während diese echte Form der heilsamen Entladung vergleichsweise schnell ihr natürliches Ende findet. Auch wenn es sich zunächst so anfühlt: Wir weinen nicht für den Rest unseres Lebens. Wir weinen noch nicht einmal für die nächsten fünf Stunden.

Wenn wir wirklich präsent sind, uns immer wieder auf das Fühlen einlassen, Absolutheitsansprüche loslassen und mit den Bedürfnissen in Kontakt treten, dann sind die meisten Entladungen innerhalb von fünf bis zehn Minuten erledigt – ab dem Zeitpunkt, wo wir effektiv angefangen haben zu entladen. Natürlich gibt es auch Ausnahmen, und vor allem bedeutet es nicht, dass manche Themen nicht wiederkommen und erneut Raum beanspruchen – bei sehr großen Päckchen ist das sicher der Fall. Doch eine gesunde Entladung kennzeichnet sich eben dadurch, dass sie in verdaubaren Dosen daherkommt und nicht einem endlosen Tal der Tränen gleicht. Und das ist auch gut so, denn dadurch hat sie in unserem Leben einen Platz.

Das bedeutet jedoch nicht, dass es ein Pappenstiel ist. Einen Absolutheitsanspruch loszulassen kann ein bisschen wie Sterben sein. Stephanie beispielsweise hat jahrelang ihre Identität mit diesem Anspruch verknüpft, sie vielleicht sogar darauf aufgebaut. Diesen Anspruch zu hinterfragen und stattdessen mit den lange vergrabenen Bedürfnissen Kontakt aufzunehmen erfordert Mut. Auf emotionaler Ebene kann das nur gelingen, wenn zeitgleich ein ausreichend stabiler Raum der Anteilnahme gegeben ist, in dem sie die alten Emotionen endlich fühlen kann. Eine rein intellektuelle oder verbale Umformulierung eines Absolutheitsanspruchs in Bedürfnisform bringt uns hier keinen Deut weiter. Es will gefühlt werden. Und auch hier ist die emotionale Ebene wieder der einzig zuverlässige Indikator dafür, ob es gelungen ist. Unabhängig von den Worten, die wir wählen: Sind wir innerlich hart, zusammengezogen, angespannt und rigide oder weich, verletzlich, verbunden und entspannt? Das eine ist ein eindeutiges Zeichen für einen verborgenen Absolutheitsanspruch, das andere für ein authentisches Bedürfnis.

Nun bin ich in diesem zweiten Teil sehr detailliert in die Praxis der bewussten Entladung und damit auch in die Tiefen des Rucksacks eingetaucht. Das war mir wichtig, um aufzuzeigen, wie der innere Weg aussieht, um die bewusste Entladung und damit emotionale Heilung in unserem Leben Wirklichkeit werden zu lassen. Doch mindestens genauso wichtig ist die Frage, wie all das nun in unserem Alltag einen Platz findet. Und genau das ist Thema von Teil III: Emotionale Hygiene.

## Übung 12:
## Vom Absolutheitsanspruch zum Bedürfnis

Diese Übung soll dir helfen, den Schritt vom Absolutheitsanspruch zum Bedürfnis zu üben. Am besten machst du sie im Stehen. Wenn du magst, in einem gehaltenen Raum mit einem Partner.

1. Such dir einen Absolutheitsanspruch aus, mit dem du jetzt arbeiten möchtest.
2. Verlagere dein ganzes Gewicht auf ein Bein. Das andere Bein kann auf dem Boden bleiben, doch ohne Gewicht. Das Bein, auf dem du stehst, ist dein Absolutheitsanspruch, dein Beharren darauf, dass die Welt anders sein sollte, als sie ist.
3. Sprich deinen Absolutheitsanspruch ein paarmal laut aus und spüre dabei, wie fest und beharrlich dieser in dir sitzt. Spüre auch die Stabilität und Sicherheit, die er dir verspricht. Nimm dir genügend Zeit, um das gut zu spüren.
4. Beginne nun, deinen zweiten Fuß wahrzunehmen. Er steht für das Bedürfnis, das hinter dem Absolutheitsanspruch steckt. Was könnte das sein? Kommst du damit in Kontakt? Auch hier geht es nicht um eine intellektuelle Übung. Wenn du mit dem wirklichen Bedürfnis – oder mehreren – in Kontakt kommst, wirst du immer auch stark emotional reagieren.
5. Sowie du mit einem Bedürfnis in Kontakt kommst, beginne, dein Gewicht auf den anderen Fuß zu verlagern, und zwar in dem Maße, wie du das Bedürfnis spüren kannst.
6. Spür selbst, wie weit du dein Gewicht ehrlich verlagern kannst. Fühl auf diesem Weg von einem Fuß auf den anderen alles, was in dir auftaucht, und fass es in Worte.

# TEIL III

# EMOTIONALE HYGIENE

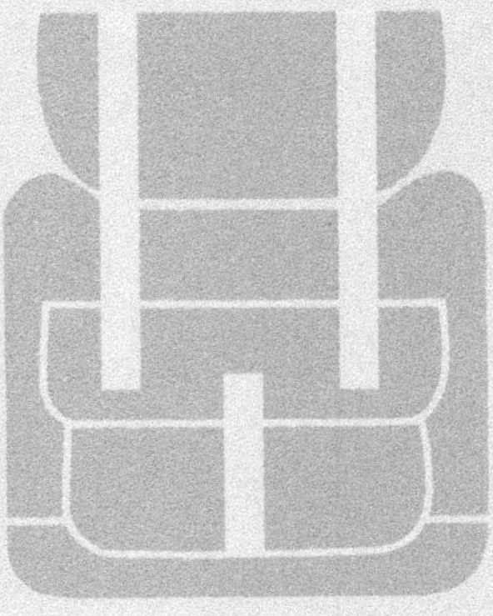

Es ist noch gar nicht lange her, da war es nicht selbstverständlich, sich täglich die Zähne zu putzen, regelmäßig zu duschen oder sich mehrmals täglich die Hände zu waschen. Die Menschen litten zwar an den Konsequenzen der mangelnden Hygiene – sie hatten schlimme Zahnschmerzen, und Infektionen breiteten sich ungehindert aus –, doch sie hatten keine Ahnung, dass sie etwas tun könnten, um dem Einhalt zu gebieten.

Die ersten Ärzte, die mit Desinfektion und Hygiene experimentierten, wurden als verrückt belächelt. Ihren Zeitgenossen erschien es irrwitzig, dass etwas mikroskopisch Kleines, für niemanden sichtbar oder nachweisbar, schlimme Krankheiten verursachen sollte. Praktiken wie sich die Hände zu waschen oder die Sterilisation von chirurgischen Werkzeugen erschienen ähnlich suspekt wie die rituellen Handlungen, mit denen Schamanen irgendwelche Geister gnädig stimmen wollen.

Heute ist ein gewisses Maß an körperlicher Hygiene ein selbstverständlicher Bestandteil unserer Kultur. Wir lernen ihre Grundlagen schon im Kindergarten, und sie sind einfach Teil unseres Alltags geworden. Mit der emotionalen Hygiene sieht es leider noch ganz anders aus. Zwar sind wir nicht mehr da, wo wir zu Zeiten Sigmund Freuds waren, als sein Postulat psychisch bedingter Krankheiten ähnlich belächelt wurde wie die ersten Bemühungen der Hygienepioniere. Doch die meisten Menschen haben keine Ahnung, was emotionale Hygiene ist, geschweige denn, wie sie umzusetzen wäre.

Genau wie die Menschen früherer Zeit leiden auch wir persönlich und gesellschaftlich an den Auswirkungen unserer mangelhaften emotionalen Hygiene. Diese machen sich auf verschiedenen Ebenen bemerkbar, die ich im Laufe des Buches auch immer wieder erwähnt habe. Auf der körperlichen Ebene sticht die Vielzahl der psychosomatischen Erkrankungen ins Auge, bei denen auch die Schulmedizin inzwischen klar psychische Ursachen sieht. Weniger offensichtlich, doch teilweise auch diesem Konto zuzurechnen sind die vielen Infektionen, die sich ausbreiten, weil unser Immunsystem durch mangelnde emotionale Hygiene geschwächt ist.

Aber das ist nur die Spitze des Eisberges. Viel unmittelbarer macht sich mangelnde emotionale Hygiene in unseren Beziehungen und in unserem Wohlbefinden bemerkbar. Auf Beziehungsebene sind sowohl berufliche wie private Beziehungen betroffen oder sogar bedroht. Und wie unser Wohlbefinden von mangelnder emotionaler Hygiene beeinträchtigt ist, muss ich an dieser Stelle wohl kaum weiter ausführen – die Symptome eines schweren Rucksacks, der ein Eigenleben führt, beschäftigen uns schließlich schon das ganze Buch hindurch.

Ich träume von einer Zeit, in der emotionale Hygiene so selbstverständlich sein wird, wie es heute die körperliche Hygiene ist. Damit dies möglich wird, brauchen wir ein klares Verständnis von emotionaler Hygiene: was sie ist, wie sie funktioniert, was die Praktiken sind, die es uns ermöglichen, sie so selbstverständlich in unseren Alltag zu integrieren wie das Zähneputzen oder das Händewaschen. Im Zentrum steht dabei die Kulturtechnik der Bewussten Entladung, deren Grundzüge ich in Teil II beschrieben habe. In diesem dritten und letzten Teil soll deren Umsetzung im Alltag im Mittelpunkt stehen, bevor ich im Ausblick auf die gesellschaftlichen Konsequenzen und unsere kollektiven Ladungen eingehe.

# 11

# WAS IST EMOTIONALE HYGIENE?

Emotionale Hygiene folgt, genau wie die körperliche, einfachen Grundprinzipien. Steht bei der körperlichen Hygiene das Bestreben im Mittelpunkt, die Ausbreitung von Erregern zu begrenzen, geht es bei der emotionalen Hygiene vordergründig darum, emotionale Kettenreaktionen zu verhindern. Das wiederum unterstützt unser emotionales Immunsystem dabei, seine Arbeit zu tun, also Emotionspäckchen aus unserem Rucksack zu verarbeiten.

Dadurch erschließt sich erstens der Wert der gespeicherten Erfahrungen – genau wie unser Körper gestärkt aus einem erfolgreich durchlaufenen Infekt hervorgeht. Und zweitens machen diese uns dann nicht mehr das Leben schwer oder gefährden gar unsere Gesundheit.

In der Praxis betrachte ich vier Fertigkeiten als zentral, wenn es um die Umsetzung emotionaler Hygiene im Alltag geht: 1. Emotionale Aktivierung zu erkennen, 2. die Trennung von Auslöser und Entladung, 3. die Verantwortung für den eigenen Rucksack und 4. die regelmäßige Praxis der Bewussten Entladung, sowohl in akuten Situationen als auch zur Prävention. Im Folgenden möchte ich diese vier Fertigkeiten nachei-

**Grundlagen emotionaler Hygiene:**

1. Emotionale Aktivierung erkennen
2. Trennung von Auslöser und Entladung
3. Verantwortung für den eigenen Rucksack übernehmen
4. Regelmäßige Praxis der Bewussten Entladung

nander durchgehen und präzisieren, was damit gemeint ist und wie wir sie entwickeln können.



## 1. Lerne, emotionale Aktivierung zu erkennen

Es liegt auf der Hand: Um einen anderen Umgang mit emotionaler Aktivierung und den dazugehörigen Ladungen zu finden, müssen wir zunächst lernen zu erkennen, wann wir es damit zu tun haben. Dieser erste Schritt erscheint vielen Menschen gerade am Anfang sehr schwierig. Woher soll ich wissen, ob es sich bei der Wut, die in mir hochkommt, um ein Gefühl oder eine Emotion handelt, wann mein Kummer eine gesunde Trauer ist und wann eine emotionale Altlast? Kein Wunder: Bislang war das alles das Gleiche. Wir sind es nicht gewöhnt, diese Unterscheidung zu treffen. Unangenehme Empfindungen wurden einfach in einen Topf geworfen, und man versuchte vor allem, sie sich vom Leib zu halten. Niemand hat uns je an die Hand genommen und verdeutlicht, wie das eine sich vom anderen unterscheidet, geschweige denn erklärt, warum das wichtig sein könnte.

Gerade zu Anfang ist es hilfreich, sich an folgender Grundregel zu orientieren: Wenn es ein Problem ist, ist es kein reines Gefühl. Gefühle sind ihrem Wesen nach hilfreich, praktisch und konstruktiv, auch sogenannte negative Gefühle wie Wut oder Trauer – ein Thema, das wir uns im nächsten Kapitel noch genauer ansehen werden. Reine Gefühle werden immer in dem Maß produziert, wie die Situation es erfordert, sie übersteuern nicht. Wenn sie übersteuern, dann sind sie mit Emotionen vermischt, oder es handelt sich sogar um reine Emotionen.

Neben dieser Grundregel, die unserem Verstand ein Geländer gibt, an dem er sich entlanghangeln kann, wenn es emotional hoch hergeht, geht es bei diesem Lernschritt vor allem darum, unsere eigenen Symptome emotionaler Aktivierung kennenzulernen. Wie bist du, wenn du angefressen bist, wenn dir eine Laus über die Leber gelaufen ist, wenn du mit dem falschen Fuß aufgestanden bist, wenn bei dir jemand einen Knopf gedrückt hat – egal welche Umschreibung du vorziehst –, wie bist du dann? Und wie bist du, wenn dir etwas nähergegangen ist, als es eigentlich sollte? Wie verhältst du dich und, vor allem, wie fühlst du dich?

Zu Anfang wird es dir vermutlich nur im Nachhinein gelingen, emotionale Aktivierung zu erkennen – Minuten, Stunden, vielleicht auch mal einen Tag später. Das ist normal und kein Grund, frustriert zu sein. Wichtig ist, dass du sie erkannt hast. Herzlichen Glückwunsch! Wenn du jetzt dranbleibst, wird es dir von Mal zu Mal leichterfallen, sie früher zu bemerken, bis du eines Tages just in dem Moment, wo eine Aktivierung einsetzt – ein Paukenschlag oder die sanften Streicher –, merken wirst, was läuft. Vielleicht gelingt es dir dann noch nicht, anders damit umzugehen. Doch wenn du sie in dem Moment bemerkst, wo sie geschieht, ist das der erste Schritt, um überhaupt die Möglichkeit zu haben, einen neuen Weg einzuschlagen.

In Übung 2, die du übrigens ruhig öfter machen kannst, ging es ja bereits darum, dich mit deinen emotionalen Ausnahmezuständen vertraut zu machen. Übung 13 ist eine Weiterentwicklung, die du auch mit einem Partner machen kannst.

## Übung 13: Aktivierte Selbstdarstellung

Indem wir unsere eigenen Aktivierungszustände bewusst spielen, lernen wir sie zum einen schneller zu erkennen und gewinnen zugleich einen inneren Abstand dazu. Außerdem kann das richtig Spaß machen. Diese Übung machst du am besten mit einem Partner als Zeugen. Wenn gerade keiner da ist, tut es auch ein Spiegel oder – für ganz Mutige – eine Videoaufzeichnung mit dem Smartphone.

1. Nimm dir wie in Übung 2 einen Moment Zeit, um die Erinnerung an einen Zustand emotionaler Aktivierung in deinem Körper wachzurufen. Wie hast du dich gefühlt?
2. Erlaube deinem Körper nun auch wieder, diesen inneren Zustand in einer Haltung, einer Geste auszudrücken. Das kann eine ganz kleine oder eine sehr dramatische Geste sein, das ist nicht wichtig. Worauf es ankommt, ist, dass sie mit deinem inneren Fühlen verbunden ist. Lass dir Zeit dafür.
3. Geh nun aus der Geste in die Aktivität. Beginne, dich so zu bewegen und zu sprechen, wie du dich im Zustand der Aktivierung fühlst. Überzeichne hierbei bewusst. Du hast ca. drei bis fünf Minuten Zeit.
4. Dein Partner sieht dir einfach nur zu, hält den Raum und ist Zeuge. Danach tauscht ihr die Rollen.

Variante: Nachdem du deine Aktivierung dargestellt hast, spielt dein Partner dich nach, bevor ihr die Rollen tauscht.

Zu einem guten Umgang mit emotionaler Aktivierung gehört allerdings nicht nur die Auseinandersetzung mit unseren eigenen Ausnahmezuständen, genauso wichtig ist, dass wir lernen, die emotionalen Ausnahmezustände unserer Mitmenschen zu erkennen. Hierfür finde ich als hilfreichstes Merkmal etwas, das ich »Bass« nenne. Wie der Bass in einen fetzigen Song eine gewisse Dramatik reinbringt, etwas, das uns direkt in unseren Eingeweiden erreicht, bringen unsere emotionalen Ladungen, vorsichtig formuliert, eine gewisse Würze in unsere Kommunikation. Es ist eine gewisse Spannung oder Ladung, die sehr deutlich oder fast unmerklich in jedem Wort mitschwingt, manchmal sogar in jeder Geste und jedem Blick. Diese bewusst wahrzunehmen hilft uns, angemessen mit ihnen umzugehen. Es ist dann leichter, bestimmte Aussagen nicht persönlich zu nehmen oder in ein Drama einzusteigen und dadurch emotionalen Kettenreaktionen vorzubeugen.

### Übung 14: Aktivierung bei anderen erkennen

Mach eine Liste der fünf Menschen, mit denen du am meisten Zeit verbringst. Stimm dich kurz auf jeden Einzelnen ein und notiere stichpunktartig, woran du merkst, dass er oder sie emotional aktiviert ist. Die Symptombeschreibung in Kapitel zwei kann dir dabei helfen. Bedenke jedoch, dass emotionale Aktivierung sich auch anders äußern kann. Und beachte, dass jeder Mensch unterschiedliche Aktivierungszustände hat, je nachdem, welches Päckchen gerade die Regie übernommen hat.

## 2. Übernimm Verantwortung für deinen Rucksack

Es ist kein Geheimnis, dass der Schritt von der Theorie in die Praxis gemeinhin in der Praxis schwieriger ist als in der Theorie. Für diesen zweiten Lernschritt gilt das leider in besonderem Maße. Es hört sich so leicht an, es ist so logisch: Klar, es ist mein Rucksack, natürlich bin ich für ihn verantwortlich! Und in der Praxis, wenn es hart auf hart kommt, wenn wir in der Hölle emotionaler Aktivierung schmoren, dann würden wir zuweilen lieber sterben, als uns genau das einzugestehen. Es ist wie verhext. Es ist, als würde unser Leben davon abhängen, die Schuld – und sei es nur für dieses eine Mal – dem anderen in die Schuhe zu schieben, also demjenigen, der uns aktiviert hat.

Doch es gibt auch gute Neuigkeiten: Es wird von Mal zu Mal einfacher. Was sich zum ersten Mal wie eine Überquerung der Arktis anfühlt, gleicht beim zweiten Mal schon eher der Herausforderung, durch einen eisigen Fluss zu waten: Nicht gemütlich, es kostet uns Überwindung, ist aber kein Vergleich mit der Überquerung der Arktis. Und früher als du denkst, ist es ein selbstverständlicher, unumstößlicher, unausweichlicher Teil deines Realitätsverständnisses geworden. Du kannst nur noch darüber lachen, dass du allen Ernstes mal der Meinung warst, der Auslöser wäre für deine Ladung verantwortlich!

Doch dazwischen liegt ein Weg, der gegangen werden will, Schrittchen für Schrittchen. Und jedes Mal wenn es dir gelingt, Verantwortung für deinen Rucksack zu übernehmen und du dadurch erfährst, wie das Heilung ermöglicht, wirst du in dieser Verantwortungsübernahme bestärkt. Du merkst, dass es der richtige Weg ist. Und zwar nicht, weil du an deinem Rucksack schuld bist, sondern weil nur so Heilung möglich ist.

Um es ganz deutlich zu machen: Ich habe keine Ahnung, was dir in deinem Leben alles widerfahren ist. Wahrscheinlich waren, genau wie bei mir, ein paar Leute nicht so nett zu dir. Vielleicht war es sogar deutlich mehr als das, ich möchte nichts verharmlosen. Vielleicht sind sogar sehr schlimme Dinge geschehen, die nun in Form von emotionalen Päckchen in deinem Rucksack auf Aufarbeitung warten. Wie ich im allerersten Kapitel dieses Buches bereits betont habe: Verantwortung für deinen Rucksack zu übernehmen bedeutet nicht, dass du in irgendeiner Weise schuld bist an dem, was geschehen ist. Es ist nicht meine Schuld, dass meine Stiefmutter gerne Salz in meine Wunden rieb. Es ist nicht meine Schuld, dass mein Vater sich für drei Monate nach Brasilien absetzte, als ich acht Jahre alt war.

Doch die Aufarbeitung des dazugehörigen emotionalen Päckchens ist meine Verantwortung. Denn es ist mein Päckchen, es ist mein nicht verarbeitetes Erlebnis, und es ist auch mein Geschenk persönlichen Wachstums, das darauf wartet, von mir ausgepackt zu werden. Es hat zu diesem Zeitpunkt nichts mehr mit meiner Stiefmutter oder meinem Vater oder sonst wem zu tun. Ich brauche sie auch nicht, um es zu verarbeiten, es gibt hier zunächst nichts weiter mit ihnen zu klären.

Wenn das Päckchen erst ausgepackt ist, dann kann es sein, dass noch etwas in der Beziehung mit der Person geklärt werden möchte, sofern diese überhaupt noch besteht. Doch das können wir wirklich erst herausfinden, wenn wir die emotionale Altlast von damals verdaut haben. Erst dann haben die reinen Gefühlskräfte wieder Raum in uns und können miteinander in Beziehung treten. Erst dann können wir kommunizieren, was wir damals gebraucht hätten, ohne uns in Dramen zu verstricken, können vergeben, was längst Geschichte ist, oder ein Bedürfnis äußern, das auch heute noch relevant ist.

## 3. Trennung von Auslöser und Entladung

Die Entladung vom Auslöser zu trennen bedeutet vor allem, nicht bei der Person zu entladen, die uns aktiviert hat. Um es an meinem Schwimmbadbeispiel zu erklären: Es bedeutet, das Emotionspäckchen, das ich noch von meiner Stiefmutter mit mir herumtrage, nicht an der unschuldigen Gymnastiklehrerin auszulassen, indem ich ihr gehörig die Meinung sage oder bei ihrem Vorgesetzten eine gesalzene Beschwerde einreiche. Das ist wichtig, um emotionalen Kettenreaktionen vorzubeugen. Und das ist ungewohnt, da viele Menschen, wenn sie emotional aktiviert sind, der festen Überzeugung sind, mit demjenigen, der sie aktiviert hat, etwas klären zu müssen.

Das Problem ist jedoch folgendes: Solange wir emotional aktiviert sind, können wir nur eines klären, und das ist unser Emotionspäckchen. Dieses mag zwar im Moment der Aktivierung sehr überzeugend so auftreten, als hätte es allein mit dem Auslöser zu tun, wir wissen jedoch inzwischen, dass das nicht stimmt. Es ist unser Päckchen, wie wir ja eben erst unwiderruflich festgestellt haben. Und selbst wenn die Person sich wirklich auf eine Art und Weise verhalten hat, mit der wir nicht einverstanden sind: Eine konstruktive Auseinandersetzung mit dieser Tatsache ist erst dann möglich, wenn wir uns um unsere emotionale Ladung gekümmert haben.

Heute könnte ich der Aquagymnastiklehrerin sagen, dass ich es falsch finde, wenn Kinder nicht ins Schwimmbecken dürfen, während dort die Senioren turnen. Und ich könnte das ohne emotionale Ladung tun. Das bedeutet natürlich nicht automatisch, dass sie mir zustimmen wird – vermutlich eher nicht –, doch es ist in dem Fall unwahrscheinlich, dass es zu einer emotionalen Kettenreaktion kommt. Wir wären also tatsächlich in der Lage, uns über die Sache auseinanderzusetzen, statt uns emotionale Altlasten um die Ohren zu hauen. Ein echter Fortschritt. Damals wäre mir das natürlich nicht gelungen.

In der Alltagspraxis bedeutet dieses Prinzip, dass wir gut daran tun, mehrere Menschen in unserem Leben zu haben, die bereit sind, uns liebevolle Anteilnahme zu schenken, wenn wir aktiviert sind. Haben wir uns beispielsweise einen Partner ausgesucht, dessen Hauptbeitrag zu unserer persönlichen Entwicklung die Fähigkeit zu sein scheint, unsere Knöpfe zu drücken, ist es empfehlenswert, konsequent bei unserer besten Freundin zu entladen, bevor wir versuchen, etwas mit unserem Partner zu regeln. Der Partner wiederum kann jedoch ganz wunderbar für uns da sein, wenn uns der Chef, der Kollege oder der Nachwuchs auf die Palme gebracht hat.

Nun ist es naheliegend, sich zu fragen, was denn bitte schön der Unterschied zwischen dieser angeblich so hehren Praxis der Bewussten Entladung sein soll und dem guten alten Brauch des Lästerns. Die Frage ist berechtigt. Schließlich tun vor allem Frauen seit Jahrtausenden ja genau das: Sie lassen sich bei ihren Freundinnen über die Männer aus. Und tatsächlich gibt es hier Gemeinsamkeiten, denn sicher geschieht beim Lästern auch eine Form von Entladung. Doch es gibt auch entscheidende Unterschiede. Der wichtigste ist, dass wir beim Lästern die Tendenz haben, einander in unseren Dramen zu bestätigen. Wir bekräftigen uns in unseren Absolutheitsansprüchen, in unserem Opferdenken, in der Überzeugung, dass etwas so oder so sein beziehungsweise nicht sein sollte. Dadurch verschaffen wir uns zwar auch eine Art Genugtuung, wir unterstützen uns jedoch nicht bei der Heilung unserer Altlasten. Deshalb verspüren wir durch die

Entladung beim Lästern zwar eine gewisse Erleichterung, wirkliche Entwicklung bleibt jedoch aus.

Ein weiterer wichtiger Unterschied ist jener der besonderen Vertraulichkeit, auf den ich bereits eingegangen bin. Diese verhindert, dass pikante Details zu einer Ware auf dem Markt der Eitelkeiten werden, die auf dem Weg von Ohr zu Ohr zu allem Überfluss auch noch bis zur Unkenntlichkeit ausgeschmückt werden.

Ein dritter Unterschied ist der Fokus auf die Eigenverantwortung des Sprechenden und auf dessen Emotionen. Und ein vierter die wohlwollende, empathische Grundhaltung, mit der zugehört wird, statt des Mitleids, das oft bei Dramen und Opfergeschichten großzügig verteilt wird. Wenn wir so wollen, können wir die Bewusste Entladung auch als reife Form des Lästerns bezeichnen. Während Lästern eine Konfliktvermeidungsstrategie ist, befähigt uns Bewusste Entladung, mit dem eigentlichen Konflikt gut umzugehen, nachdem wir uns um unsere emotionalen Altlasten gekümmert haben.

## 4. Regelmäßige Praxis der Bewussten Entladung

Bislang habe ich mich in diesem Buch vor allem auf die Bewusste Entladung als Strategie konzentriert, um mit emotionaler Aktivierung besser umgehen zu können und wirkliche Heilung zu ermöglichen. Ich habe diese Herangehensweise gewählt, weil wir die Praxis der Bewussten Entladung so mit etwas verknüpfen können, das wir alle kennen. Unsere eigenen Erfahrungen mit emotionaler Aktivierung geben uns einen direkten Zugang zu dem, was gemeinhin ausgeblendet wird: unserem emotionalen Rucksack.

Tatsächlich ist es aber wesentlich vernünftiger, die Bewusste Entladung präventiv zu praktizieren. Für mich ist es wirklich vergleichbar mit dem täglichen Zähneputzen. Ich sage ja auch nicht: »Mal sehen, ob meine Zähne heute Abend schmutzig sind. Wenn sie schmutzig sind, dann kann ich sie ja putzen.« Ich weiß, dass ich meine Zähne jeden Abend putzen muss, wenn ich möchte, dass sie gesund bleiben. Und inzwischen weiß ich auch, dass ich regelmäßig entladen muss, wenn ich emotional ausgeglichen und gesund bleiben möchte. Wenn ich etwas gegessen habe, hat sich der pH-Wert in meinem Mund so verschoben, dass sich dort Kariesbakterien ausbreiten können. Wenn ich intensiven Kontakt mit Menschen hatte, dann hat sich in mir emotionale Spannung aufgebaut. Mit Sicherheit nicht so ausgeprägt wie bei meinem Schwimmbaddrama, Himmel nein! Aber einfach die kleinen Auslöser hier und da, über die wir die meiste Zeit leicht hinweggehen können und es deshalb auch tun. All die kleinen Stressoren, die ich im Alltag nicht gut fühlen kann, weil tausend Sachen im Außen ständig meine Aufmerksamkeit fordern.

Eine regelmäßige Praxis der Bewussten Entladung hat mein Leben und meine Beziehungen so grundlegend verändert, dass ich an dieser Stelle regelrecht ins Schwärmen geraten könnte – und ich kenne einen wachsenden Personenkreis, dem es ebenso geht. Dabei ist die Bewusste Entladung so viel mehr als das Zähneputzen oder Händewaschen, mit dem ich sie eingangs verglichen habe. Es geht schon längst nicht mehr darum, irgendetwas loszuwerden. Sie ist vielmehr ein täglicher Anker, ein Raum, in dem ich mit mir selbst in einen tieferen Kontakt komme und spüre, wie es mir wirklich geht. Ich merke, was sich im Laufe des Tages alles in mir bewegt hat, und indem ich davon erzähle, sortiert es sich. Was leicht und im Fluss war, wird noch einmal bestärkt, indem es bewusst wahrgenommen wird. Und wo es hakt, habe ich die Gelegenheit, loszulassen – Ladungen, Absolutheitsansprüche, Spannungen. Nach fünf, maximal zehn Minuten bin ich innerlich aufgeräumt.

Und das ist nur das eine. Mindestens genauso wertvoll ist der tiefere Kontakt, der dadurch zu meinen Mitmenschen entstanden ist. Am häufigsten praktiziere ich die Bewusste Entladung mit meinem Lebensgefährten. Immer wieder bin ich verblüfft, wie augenblicklich eine tiefere Verbindung zwischen uns entsteht, wie wir uns plötzlich Dinge erzählen, die sonst unter der Oberfläche geblieben wären. Und das nicht etwa, weil wir sonst wenig Kontakt miteinander hätten oder einander Dinge vorenthalten würden, sondern einfach weil das Format der Bewussten Entladung es uns ermöglicht, Themen ans Licht zu holen, die uns selbst gar nicht wirklich bewusst waren. So ist die Praxis der Bewussten Entladung für uns längst zu einem selbstverständlichen Aspekt unserer Beziehungspflege geworden. Wir haben uns durch diese Praxis im Laufe der Jahre so gut kennen und verstehen gelernt, dass viel Geduld füreinander, für unsere Eigenarten, unsere Begrenzungen, aber auch ein Bewusstsein für unsere Stärken und Freuden gewachsen ist.

Doch mein Partner ist nicht die einzige Person, mit der ich die Bewusste Entladung praktiziere. Auch meine Freundschaften haben von dieser Praxis profitiert, sie sind tiefer, unmittelbarer, vertrauensvoller geworden. Es ist ein wunderbares Gefühl zu wissen, dass es eine Handvoll Menschen in meinem Leben gibt, die ich jederzeit anrufen und zu denen ich sagen kann: »Kannst du mir bitte mal fünf Minuten zuhören?«, und die genau wissen, was ich jetzt brauche. Und es ist ein wunderbares Gefühl zu wissen, dass auch meine Freunde so auf mich zukommen können.

Neben all den erwähnten Vorzügen hat die Praxis einer regelmäßigen Bewussten Entladung natürlich auch Auswirkungen auf unseren Umgang mit emotionaler Aktivierung.

**Effekte einer regelmäßigen Bewussten Entladung:**

1. Sensibilisierung für Aktivierung
2. Erhöhte Kapazität, Aktivierung zu halten
3. Höhere Schwelle für Aktivierung
4. Enttabuisierung emotionaler Aktivierung

Erstens hilft uns eine tägliche oder mehrmals wöchentliche Reflexion dabei, Aktivierung frühzeitig zu erkennen. Wir werden achtsamer und bewusster, unsere Verbindung zu unserem inneren Fühlraum wird gestärkt.

Zweitens erhöht sich durch die Praxis des Raumhaltens unsere Kapazität, Aktivierung zu halten, ohne sie auszuagieren. Wir haben mehr Raum in uns, in dem sich auch mal ein emotionales Drama abspielen oder ein Trauerkloß sitzen kann, ohne dass wir irgendetwas damit tun müssen.

Drittens entwickeln wir insgesamt eine höhere Schwelle für Aktivierung. Das liegt auch daran, dass durch unsere erhöhte Fähigkeit, Aktivierung einen Raum zu geben, emotionale Kettenreaktionen in uns, also wo ein Emotionspäckchen das nächste in die Luft gehen lässt, unterbunden werden. Früher jagte bei mir zuweilen eine Aktivierung die nächste. Ich bekam beispielsweise eine schlechte Nachricht, was bei mir sofort ein natürlich völlig irrationales Scham-Angst-Paket aktivierte. Ich bemerkte dies und begann mich für meine irrationale Reaktion zu schämen, und schneller, als ich bis drei zählen konnte, waren da noch diverse andere Emotionspakete am Start: ein Wut-Trauer-Paket, dass mein innerer Haussegen wegen einer Nichtigkeit so schief hing, ein illusionäres Freudepaket, das so tat, als sei alles in Ordnung, um nur ein paar Beispiele zu nennen. Durch die Praxis der Bewussten Entladung steige ich schon in die Geschichte des ersten Päckchens nicht mehr ein. Ich nehme es interessiert zur Kenntnis und kann es so lange parken, bis ich einen Raum habe, wo ich mich darum kümmern kann.

Und viertens werden durch die regelmäßige präventive Praxis eine emotionale Aktivierung und der emotionale Rucksack enttabuisiert. Es wird für uns normal, einen Rucksack zu haben und mit diesem umzugehen. Es ist kein Drama mehr und nichts, dessen wir uns schämen müssen. Genau wie wir uns der Keime an unseren Händen nicht schämen. Wir waschen sie einfach ab. Wir erkennen zunehmend, dass es ein Teil des Lebens ist, mit dem wir umgehen können, und dass der bewusste Umgang damit sogar eine Bereicherung sein kann, für uns selbst und unsere Beziehungen.

Ein wunderbares Beispiel dafür, was durch konsequente emotionale Hygiene in Beziehungen möglich wird, ist für mich das Beziehungsgespräch. Dieses Format entstand zwischen meinem Lebensgefährten und mir im Rahmen einer mehrmonatigen, kontinuierlichen Praxis der Bewussten Entladung. Wir hatten das Bedürfnis nach einem Austausch in dieser Offenheit und Tiefe, bei dem es jedoch sehr wohl auch um die Beziehung gehen sollte. Wir wünschten uns, so miteinander und mit uns selbst in Kontakt zu sein, während wir über unsere Beziehung sprachen. Daher begannen wir zu experimentieren und entwickelten ein Format, das wir Beziehungsgespräch nannten.

Inzwischen ist auch dieses ein ganz normaler Bestandteil unserer Beziehungspflege. Je nach Bedarf findet es einmal im Monat oder alle zwei bis drei Monate statt. Anders als bei der Bewussten Entladung ist es hier sogar erwünscht, über die Beziehung zu sprechen. Ausgangsfrage für ein solches Gespräch ist die Frage: »Wie geht es mir zurzeit in der Beziehung? Was ist schön, was ist schwierig?« Voraussetzung für ein gutes Beziehungsgespräch ist ein aufgeräumter emotionaler Raum. Und beide Beteiligten brauchen ein gutes Gespür für Aktivierung und ein robustes Verantwortungsgefühl für die eigenen Ladungen.

Vom Ablauf her ist es ähnlich wie die Bewusste Entladung: Wenn einer spricht, hört der andere zu, der Raum ist gehalten, ich spüre in mich hinein, während ich spreche. Anders als bei der Bewussten Entladung spreche ich nicht nur explizit über die Beziehung, ich nehme auch genau zur Kenntnis, was die Äußerungen meines Partners in mir auslösen, um auch davon erzählen zu können, wenn ich an der Reihe bin. Ich darf also Bezug nehmen auf das, was der andere gesagt hat, um zu erzählen, was es in mir ausgelöst hat.

Eine weitere Anpassung im Ablauf ist, dass immer mindestens zwei Runden gedreht werden. Wenn ich also beginne, bekomme ich nach meinem Partner noch einmal das Wort und höre zuletzt ihm noch einmal zu. Jede Sprechphase kann zwischen fünf und fünfzehn Minuten lang sein, sodass das ganze Beziehungsgespräch zwischen zwanzig Minuten und einer Stunde dauert.

Sinn des Beziehungsgesprächs ist, wie gesagt, die Beziehungspflege. Oft beginnen wir mit einem Gespräch, ohne dass einem von uns ein bestimmtes Thema unter den Nägeln brennt. Im Laufe des Gesprächs werden uns dann Dynamiken bewusst, die unter der Oberfläche schwelen und die unbeachtet irgendwann zu einem Ungleichgewicht in der Beziehung geführt hätten. Oder wir merken, dass wirklich alles in Ordnung ist, und nutzen die Zeit vor allem, um genau das wertzuschätzen. Wenn wirklich schwierige Themen zu besprechen sind, achten wir sehr auf emotionale Hygiene – wir entladen bei Bedarf zuvor im Rahmen einer Bewussten Entladung und weisen auch im Gespräch darauf hin, wenn wir spüren, dass uns etwas aktiviert hat.

Diese Achtsamkeit ermöglichte es uns im Laufe der Jahre, Themen zu besprechen, an denen andere Beziehungen zerbrochen wären. Ich weiß das, denn meine Beziehungen sind früher an diesen Themen zerbrochen. Und immer wieder durften wir feststellen, dass es nicht die Themen sind, die schwierig sind, sondern die damit verknüpften Ladungen. Mit anderen Worten: Beziehungen zerbrechen nicht an den Themen, sondern an unserem Umgang damit. Ladungen verhindern diesen Umgang. Umgekehrt haben wir festgestellt, dass ein guter Umgang auch die schwierigsten Themen zu einem Geschenk für die Beziehung macht. Wir sind uns danach immer näher als zuvor, haben uns selbst und einander besser kennengelernt, sind durch die Herausforderung zusammengewachsen.

Damit das gelingen kann, braucht es natürlich viel Routine in emotionaler Hygiene. Daher empfehle ich Anfängern, schwierige Themen nicht im Rahmen eines Beziehungsgesprächs aufzugreifen, sondern zunächst die Praxis der Bewussten Entladung zu vertiefen. Der Punkt, wo emotionale Hygiene für euch selbstverständlich ist, kommt dann von ganz allein. Probiert ihr es zu früh, wird das, was als klärender Raum gedacht war, eher dazu führen, dass ihr euch in euren Wunden verhakt. Statt Heilung geschieht dann Reaktivierung – ein leider weit verbreitetes Phänomen, dem das nächste Kapitel gewidmet ist.

## Übung 15: Das Beziehungsgespräch

1. Nimm dir mindestens eine halbe Stunde Zeit mit einem Menschen, mit dem du eine Beziehung lebst, die dir wichtig ist. Das kann natürlich dein Lebensgefährte sein, genauso kannst du jedoch mit einer Freundin, einem Familienmitglied oder einem Kollegen ein Beziehungsgespräch führen. Gerne könnt ihr euch auch eine Stunde nehmen.
2. Achtet darauf, dass ihr ungestört seid und dass es euch gut geht. Keiner von euch sollte mit einer riesigen emotionalen Ladung in das Gespräch gehen (was das ist, wie du es erkennst und was du dann tun kannst, steht in den nächsten beiden Kapiteln).
3. Einer von euch beginnt, der andere hört nur zu, genau wie ich es in Übung 11, Bewusste Entladung konkret, geschildert habe. Der Sprechende konzentriert sich auf die Frage: »Wie geht es mir gerade in der Beziehung mit dir?« Nimm dir fünf bis zehn Minuten Zeit, um davon zu erzählen. Ihr könnt hier wirklich auf die Uhr gucken, um euch einen klaren Zeitrahmen zu geben, oder es etwas lockerer gestalten — beides hat Vor- und Nachteile. Erfahrungsgemäß ist es jedoch gut, sich auf eines von beidem zu einigen und dabei zu bleiben. Sprich von Herzen. Lass dir die letzte Zeit durch den Kopf gehen und erzähle, was dich gefreut hat, was schwierig für dich war, was du dir anders gewünscht hättest, wo du Fragezeichen hast. Wenn du Fragen an deinen Partner hast, kannst du diese natürlich auch stellen, auf die Antwort musst du jedoch warten, bis deine Redezeit vorbei ist.

4. Wenn du merkst, dass dein Redefluss erst mal innehält oder deine Redezeit um ist, ist der andere dran, ihr tauscht also die Rollen, und nun hörst du einfach nur zu. Anders als beim Bewussten Entladen kann dein Partner gerne Bezug auf das nehmen, was du zuvor gesagt hast, wenn er das möchte.
5. Wenn nun dein Partner fertig ist, bist du wieder dran, ihr tauscht also erneut die Rollen, danach ist dann noch einmal dein Partner mit Erzählen dran.

Ihr könnt in dieser Weise zwei, drei oder sogar mehr Runden machen. Es empfiehlt sich jedoch, den klaren Rahmen einzuhalten, um den Raum zwischen euch weit und licht zu halten.

# 12

# HEILUNG ODER REAKTIVIERUNG?

Im Laufe des Buches habe ich immer wieder erwähnt, dass emotionale Aktivierung eine Chance zur Heilung sein kann, oft jedoch dazu führt, dass der Rucksack danach ein bisschen schwerer ist als zuvor. An dieser Stelle möchte ich dieses wichtige Thema erneut aufgreifen und verschiedene Aspekte, die bereits beleuchtet wurden, zusammenführen und vertiefen, um ein vollständigeres Bild davon zu zeichnen, wie sich entweder Heilung vollzieht oder wie sich emotionale Wunden in unserem System verstärken.

## Integration oder Abspaltung

Die emotionalen Altlasten, die wir in unserem Rucksack mit uns herumtragen, sind letztendlich nichts anderes als Erfahrungen, die wir nicht integriert oder verarbeitet haben. Sie sind daher von uns abgespalten. Durch Absolutheitsansprüche, die besagen, dass dies oder jenes nie hätte passieren dürfen, halten wir sie uns vom Leib. Absolutheitsansprüche fungieren als Trennwände zwischen dem, was war, und unserem fühlenden Selbst. Deshalb reagieren wir auch sehr empfindlich, wenn diese infrage gestellt werden.

Heilung oder Verarbeitung bedeutet Integration der Erfahrung. Das schwierige Erlebnis verschwindet dadurch nicht aus unserer Biografie, doch es wird zu einer weiteren Perle auf der langen

Kette von Erfahrungen, die unseren Lebensweg ausmachen. Auf dieser gibt es leuchtend schöne Perlen und andere, die uns weniger gefallen. Doch je mehr wir unsere Lebenserfahrungen integriert haben, desto klarer formen alle Perlen zusammen eine in sich stimmige Kette. Wir erkennen den Faden, der sie zusammenhält, der die strahlenden Juwelen unserer Kette mit den weniger ansehnlichen Perlen verbindet.

## Verdaut oder weggepackt?

Ob ein Mensch eine Erfahrung verarbeitet oder lediglich gut weggepackt hat, lässt sich auch wieder über das Fühlen erkennen. Was sich dort abspielt, wenn der Betreffende an das Ereignis denkt oder darüber spricht, spiegelt zuverlässig den aktuellen Bearbeitungsstand. Sowohl die totale Abwesenheit von Emotion oder Gefühl, also Taubheit, als auch emotionale Ladungen sind Zeichen einer nicht abgeschlossenen Verarbeitung. Das Gleiche gilt für eine angestrengte, leicht künstlich wirkende Heiterkeit oder Tapferkeit. In allen drei Fällen ist der innere Fühlraum irgendwie verstopft oder gedeckelt, er kann nicht frei schwingen.

Genau dieses freie Schwingen ist jedoch das Zeichen einer gelungenen Verarbeitung. Die Person denkt an die Erfahrung, während ihr innerer Fühlraum weit und beweglich bleibt. Die vorherrschende Empfindung ist Frieden, oft auch von einer Trauer begleitet, die jedoch in diesem Fall keine Emotion ist, sondern eine Gefühlskraft. Und die Person ist frei, auch andere Gefühlskräfte in Bezug auf die Situation zu erzeugen. Was damit gemeint ist und wie wir dahin kommen, ist Thema dieses Kapitels.

Diese Integration ist letztendlich immer ein transformatorischer Prozess, also ein Vorgang, der uns verwandelt. Abgespaltene Erfahrungen, die unverdaut in unseren Emotionspäckchen lauern, wurden ja aus gutem Grund in diese Warteschleife befördert. Sie hätten, zum damaligen Zeitpunkt zumindest, unser Selbstverständnis und unser Weltbild gesprengt. Wir konnten sie daher nicht integrieren. Wenn wir uns nun bewusst diesen Päckchen zuwenden und sie sozusagen nachverdauen, dann beinhaltet dieser Prozess immer auch eine Transformation unseres Selbstverständnisses oder unserer Persönlichkeit, genau wie unseres Weltbildes. Nur wenn diese sich erweitern, können wir das Erlebte integrieren. Mit anderen Worten: Wir wachsen. Wir werden zu reiferen, weiseren und liebevolleren Menschen.

Ein solcher Prozess ist immer ein Erfahrungsprozess und kann nicht intellektuell durchlaufen werden. Dennoch hilft es, wenn der Kopf versteht, wohin die Reise geht, damit er sich besser darauf einlassen kann. Die Bereiche, in die wir durch so einen Prozess hineinwachsen, sind oft transrational, also der Ratio nur bedingt zugänglich – was das bedeutet, wird im letzten Kapitel Thema sein. Im Kern geht es immer um die Entwicklung von Lebensweisheit.

## Wegschieben oder zu mir nehmen

Ich habe im Laufe der Jahre bei mir selbst und anderen zwei innere Grundbewegungen beobachtet, mit denen wir auf emotionale Aktivierung reagieren. Welche davon wir wählen, bestimmt letztendlich, ob wir den Weg der Heilung oder der Reaktivierung einschlagen. Die erste Bewegung ist jene, bei der ich versuche, die Aktivierung, das Päckchen, die Ladung und die unangenehmen Empfindungen von mir wegzuschieben. Ich möchte sie loswerden, ich möchte nichts damit zu tun haben. Die zweite Bewegung ist jene, bei der ich all das bewusst zu mir nehme, mich seiner annehme, mich dem zuwende. Diese Erkenntnis kann uns im Alltag ganz konkret helfen, einen neuen Weg einzuschlagen. Sie zeigt, dass die ganze scheinbare Komplexität des Themas emotionale Heilung letztlich auf eine einfache Entscheidung hinausläuft: Nehme ich es zu mir oder schiebe ich es von mir weg?

Da die Empfindungen, die bei emotionalen Aktivierungen ausgelöst werden, sehr unangenehm sind, liegt es auf der Hand, dass die erste Bewegung, also die des Wegschiebens, fast automatisch passiert. Natürlich wollen wir den Schmerz, den Emotionswust und alles, was damit zusammenhängt, nicht haben, geschweige denn fühlen! Es ist daher als erste Reaktion völlig normal und natürlich, dass wir das Päckchen dem anderen in die Schuhe schieben, die aufkeimenden Empfindungen mit Essen, Drogen oder Facebook zudecken oder sonst eine Strategie wählen, um sie loszuwerden.

Die zweite innere Bewegung, die der Hinwendung, erfordert daher Einsicht und Bewusstheit. Sie geschieht in der Regel nicht von allein. Viele Menschen sind zu dieser zweiten Bewegung erst bereit, wenn sie häufig mit der ersten Strategie gescheitert sind. Wenn sie wieder und wieder feststellen mussten, wie klebrig diese Päckchen sind und dass sie die Tendenz haben, umso ungemütlicher zu werden, je fester wir versuchen, sie in den Rucksack zurückzustopfen. Und wenn sie merken, dass die in Teil I beschriebenen Strategien der Ablenkung, der Betäubung oder des Abreagierens immer mit einem Kater bezahlt werden – und zwar nicht nur, wenn wir zum Alkohol gegriffen haben. Auch andere Süchte und Vermeidungsstrategien vergiften unser System, wenn auch auf subtilere Weise.

Der zweite Weg offenbart seinen Reiz erst, wenn er gegangen wird. Erst durch die bewusste Hinwendung zu den schwierigen Empfindungen geschehen Transformation, Heilung und Klärung, die dann auch mit positiven Empfindungen einhergehen. Doch der Prozess der Hinwendung erfordert immer wieder Mut und Beharrlichkeit. Und natürlich die Bereitschaft, auch unangenehme Gefühle und Emotionen zu fühlen. Dadurch intensivieren sich die unangenehmen Empfindungen zuerst, da wir uns ihnen annähern, uns auf sie einlassen. Wenn Bewusste Entladung zugelassen wird, kommt es jedoch schon bald zu einer Veränderung. Die unangenehmen Empfindungen werden abgelöst durch angenehme Empfindungen wie Friede, Liebe oder Mitgefühl. Diese Erfahrung führt zu einer positiven Verstärkung. Das System lernt, dass dieser zweite Weg belohnt wird, wodurch er mit jedem Mal natürlicher wird. Bis er schließlich selbstverständlich ist und der andere, bislang vertraute Weg seinen Reiz verloren hat.

Die Darstellung ist eine Art Landkarte dieser beiden Wege. Sie verknüpft die Inhalte von Teil I und Teil II zu einem Gesamtbild. Das ist wichtig, da in der Praxis alles zu einer inneren Bewegung zusammenfließt. Dies kann sich innerhalb von Minuten abspielen. Im Folgenden gehe ich auf jeden Weg noch einmal gesondert ein und ergänze einen wichtigen Aspekt, den ich bislang bewusst außen vorgelassen habe: die Rolle unserer Gefühle. Je nachdem, welchen Weg wir im Umgang mit unseren emotionalen Altlasten wählen, finden wir uns im Schatten unserer Gefühle oder in deren Kraft wieder.

Wenn du dich am Anfang deiner Forschungsreise befindest, kann es gut sein, dass manches in diesem Kapitel dir auf den ersten Blick sehr komplex erscheint. Das ist normal und in Ordnung. Wenn du dich auf den Weg machst, wirst du an einen Punkt kommen, wo du vermutlich genau diese Informationen brauchst. Es geht hier um Unterscheidungen, die in der Theorie wesentlich abstrakter sind als in der konkreten Erfahrung. Erwarte also nicht, dass du dieses Kapitel einmal durchliest und gleich alles sonnenklar, geschweige denn umsetzbar ist. Es soll dir jedoch eine Ahnung davon vermitteln, dass es hier noch einiges zu entdecken gibt und als Ressource zur Verfügung steht, wenn du tatsächlich an entscheidenden Punkten deiner Reise einen Wegweiser benö-

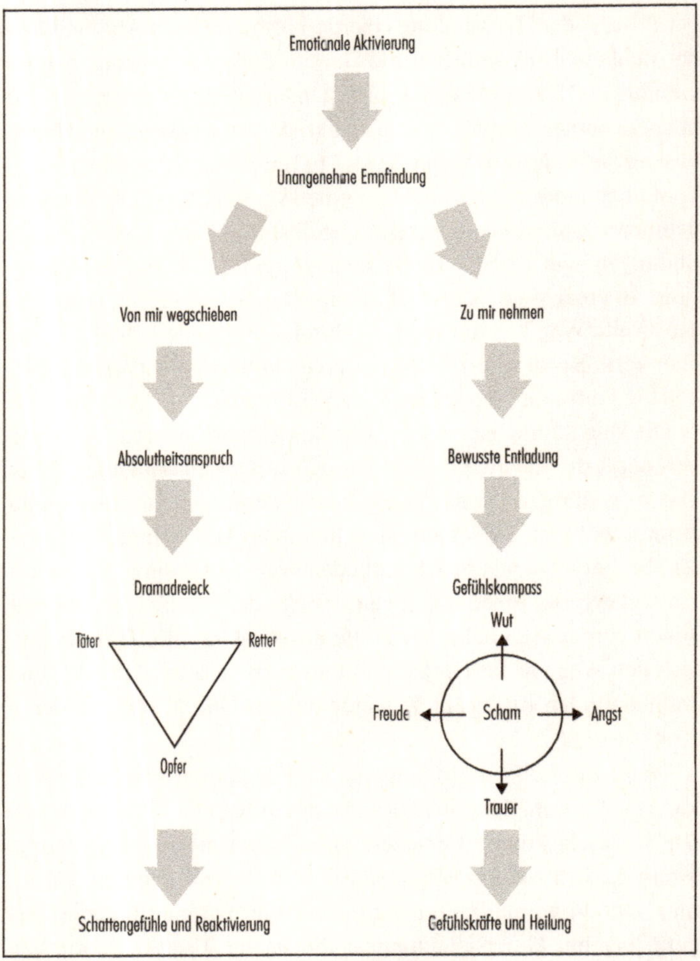


*Zwei Wege emotionaler Aktivierung*

tigst. Als kleiner Hinweis: Versuche es nicht primär mit dem Kopf zu verstehen, sondern eher auf einer Gefühlsebene nachzuvollziehen. Das wird dir den Zugang sicher erleichtern.

## Weg 1: Über den Absolutheitsanspruch ins Dramadreieck

Den ersten Weg, der uns über den Absolutheitsanspruch ins Dramadreieck führt, habe ich bereits in Kapitel zehn, »Vorsicht Sackgasse!«, ausführlich beschrieben. Wir wollen eine unangenehme Empfindung nicht haben, daher versuchen wir sie wegzuschieben oder sonst wie loszuwerden. Wir wenden uns von der Empfindung ab, versuchen sie zu ignorieren oder wie ein lästiges Kind von uns abzuschütteln.

Das Drama, der Absolutheitsanspruch und die fehlende Verantwortungsübernahme verbünden sich, um uns von den unangenehmen Empfindungen zu befreien. Sie sind sich darin einig, dass sich da draußen etwas verändern muss, damit es uns besser geht – mehr noch, dass es da draußen anders sein sollte, als es ist. Und sie sind fest davon überzeugt, dass die Welt sich ändern wird, wenn wir nur lange genug darauf beharren. Leider wird dieser kindliche Wunsch selten Wirklichkeit. Stattdessen finden wir uns in einem unangenehmen Wust von Gefühlen wieder. Bei diesen handelt es sich nicht nur um die Emotionen, die wir versuchen, von uns wegzuschieben. Es entstehen bei diesem Weg auch neue Gefühle, die aus dem Moment heraus produziert werden. Da es sich dabei um Schattengefühle handelt, sind sie jedoch alles andere als konstruktiv.

Wie bereits zu Anfang des Buches erwähnt, sehe ich unsere Gefühle als potenzielle Ressourcen, also auch die oft als negativ bezeichneten Gefühle wie Wut, Angst, Trauer oder Scham. Mit dieser Einstellung bin ich schon deshalb relativ allein, weil die meisten Menschen solche Gefühle nur als Belastung kennen. Sie erleben sie in ihrem Alltag immer wieder als Hindernisse zu Glück und Wohlbefinden, zu einem gelingenden Miteinander. Das liegt daran, dass viele Menschen diese Grundgefühle nur in ihrem Schattenausdruck kennen und nicht in ihrem lichten Kraftaspekt. Hier ist Wut zerstörerisch, Angst lähmend, Trauer passiv resigniert und Scham selbstzerfleischend. Und sogar unser Lieblingsgefühl, die Freude, verliert ihren lichten Charakter und zeigt sich in Form von Illusionen, in die wir uns versteigen, als verzerrter Abklatsch ihrer selbst.

## Der Schatten der Gefühle

Die untenstehende Abbildung zeigt ein Modell, das ich entwickelt habe, um unsere fünf Grundgefühle darzustellen. Ich nenne es den Gefühlskompass. Auch wenn es den Rahmen dieses Buches sprengt, das Thema Gefühle in seiner Gesamtheit zu behandeln, möchte ich doch einen kurzen Einblick geben, da es für unser Verständnis von Emotionen wichtig ist. Alles Weitere ist in meinem Buch *Gefühle & Emotionen – Eine Gebrauchsanweisung* nachzulesen.

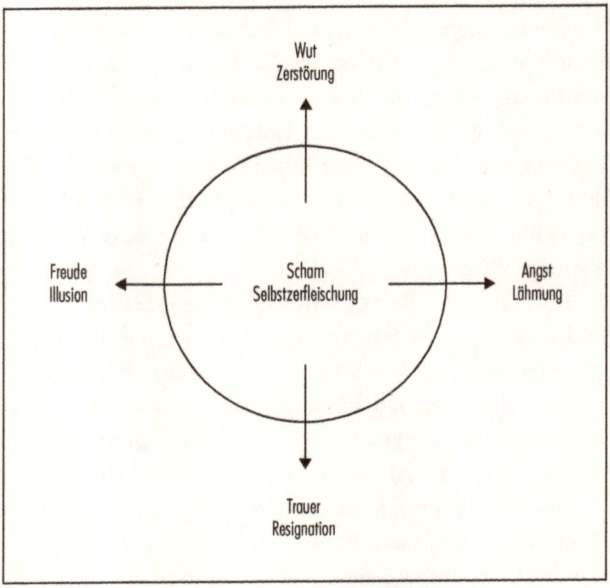


*Der Schattenkompass*

Diese Abbildung zeigt unsere fünf Grundgefühle in ihrem Schattenausdruck. Im Schattenkompass finden wir uns wie bereits erwähnt wieder, wenn wir einem Absolutheitsanspruch aufsitzen. Dieser kann mit einer starken emotionalen Ladung verknüpft sein oder nicht. Wenn er in einer überfordernden Situation entstanden ist, ist er natürlich eng mit einem Emotionspäckchen verknüpft.

Neben Absolutheitsansprüchen, die in schwierigen Situationen als Schutz errichtet wurden, gibt es übrigens auch solche, die wir einfach von unseren Eltern, der Gesellschaft, den Schulkameraden oder Kollegen übernommen haben. Diese können dann erstaunlich frei von emotionaler Ladung sein, was jedoch nicht bedeutet, dass sie keine Schattengefühle erzeugen würden. Übung 16 ist eine Einladung, den Unterschied zwischen beiden auf der Erfahrungsebene zu erforschen.

## Übung 16: Absolutheitsansprüche mit und ohne Ladung erspüren

1. Erstelle eine Liste von fünf Absolutheitsansprüchen, die du bei dir selbst entdeckt hast.
2. Stimm dich nacheinander auf jeden Anspruch ein und prüfe, ob er mit einer Ladung verknüpft ist, und wenn ja, wie groß diese ist. Wenn dir Zahlen liegen, kannst du ihm auch einen Wert auf einer Skala von null bis zehn geben.
3. Stimm dich dann auf einen Anspruch ohne Ladung ein und probier aus, wie es ist, ihn loszulassen. Du kannst ihn entweder restlos gehen lassen oder, wie in Übung 12, durch ein Bedürfnis ersetzen.
4. Stimm dich dann im Vergleich dazu auf einen Anspruch mit mittlerer oder hoher Ladung ein und taste dich an die Möglichkeit heran, diesen loszulassen.
5. Nimm den Unterschied zwischen beidem zur Kenntnis.

Variante: Du kannst Schritt eins und zwei auch mit den Absolutheitsansprüchen eines Menschen machen, der dir nahesteht. Sie sind zu Beginn oft leichter zu erkennen.

Schattengefühle mit oder ohne emotionale Ladung unterscheiden sich von Gefühlskräften darin, dass sie sich gegen das, was ist, richten. Greifen wir zur Illustration noch einmal die Geschichte von Stephanie auf. Als ihre beste Freundin einen neuen Freund hat, wird ihr Emotionspäckchen aktiviert. Zunächst wählt Stephanie den Weg des Wegschiebens. Provoziert durch den Absolutheitsanspruch, der sie ja vor der Ladung schützen soll, entstehen diverse Schattengefühle. Das kann eine kindliche Wut sein, dass die andere keine Zeit mehr für sie hat, die sich in bösem Geläster oder wüsten Beschimpfungen äußert. Oder sie zieht sich zurück und versinkt in einer ungesunden Trauer, die sich dem Leben und ihrer Freundin verweigert. Oder sie verliert sich in einem der anderen Schattengefühle, die natürlich auch im wilden Wechsel auftreten können.

Gemein haben sie alle, dass sie sich gegen das, was ist, richten. Egal ob es unreife, zerstörerische Wut ist oder erstickende Lähmung: Jedes einzelne Schattengefühl verweigert dem, was ist, seine Existenzberechtigung und ist nicht bereit, damit in Beziehung zu treten. Der Mann sollte sich nicht in eine andere Frau verlieben. Die Freundin sollte nicht plötzlich keine Zeit mehr haben. Vor allem nicht, nur weil ihr irgend so ein dahergelaufener Nichtsnutz schöne Augen macht. Am Ende wird er ihr sowieso nur das Herz brechen. Dann wird sie natürlich wieder heulend auf der Matte stehen und erwarten, dass Stephanie sie tröstet. Das kann sie aber sowas von knicken! Und so weiter und so fort.

Schattengefühle unterscheiden sich von Emotionen darin, dass sie auch aus dem Moment heraus erzeugt werden, genau wie die Gefühlskräfte, auf die ich gleich noch eingehen werde. Es ist der aktuelle Gedanke, dass die Freundin sie nicht so im Stich lassen sollte, der Aggressionen gegen die Freundin erzeugt. Wenn dieser Absolutheitsanspruch wie bei Stephanie mit Emotionen verknüpft ist, vermischen sich Emotionen und Schattengefühle zu einem unheilvollen, potenten Cocktail. Daher bekommt ihre Freundin nicht nur die vielleicht der Situation angemessene Reaktion ab, sondern die gesamte Ladung, die von der Scheidung und anderen Erfahrungen noch unaufgeräumt in Stephanies Rucksack liegt.

Konkret sieht das dann so aus, dass ihre emotionale Ladung sich im Moment der Aktivierung wie beschrieben in zerstörerischen Hasstiraden (Schattenwut), lamentierenden Opferdramen (Schattentrauer), lähmender Dumpfheit (Schattenangst), zerfleischenden Selbstanklagen (Schattenscham) oder angestrengter Heiterkeit (Schattenfreude) ihren Weg bahnt. Diese Schattengefühle sind zwar verstärkt durch die emotionale Ladung in Stephanies Rucksack, sie selbst werden jedoch unmittelbar aus dem Moment heraus produziert. Das ist auch der Grund, weshalb Stephanie sich zwar Tage und Wochen bis zur Erschöpfung in diese Schattengefühle hineinsteigern kann, eine Erleichterung ihres Rucksacks hierdurch jedoch ausbleibt.

## Wie der Rucksack immer schwerer wird

Wenn Stephanie diesen Kurs weiterfährt, dann werden die frisch erzeugten Schattengefühle zu einer weiteren Schicht um ihr Emotionspäckchen. Dieses gleicht irgendwann einem Baumkuchen, wo Schicht um Schicht überfordernde Erfahrungen abgelagert werden. Vielleicht ist es Stephanie passiert, dass ihre beste Freundin im Kindergarten plötzlich wegen einer neuen nichts mehr von ihr wissen wollte. Eine Schicht in ihrem Emotionspäckchen entstand, sagen wir im Alter von fünf Jahren. Vermutlich nicht die erste Schicht, doch beginnen wir der Einfachheit halber hier. Dann kam vielleicht die erste große Liebe, die auch gerne anderen schöne Augen machte. Eine weitere Schicht im Alter von siebzehn Jahren. Und natürlich die Scheidung von ihrem Mann, der sich in eine andere verliebte. Noch eine dicke Schicht, sagen wir mit fünfunddreißig.

Jedes dieser Erlebnisse war eine Gelegenheit, vielleicht sogar eine Aufforderung, mit der alten Geschichte ins Reine zu kommen. Doch jedes Mal, wenn Weg eins eingeschlagen wird, entsteht eine weitere Schicht um das Emotionspäckchen, das eigentlich geheilt werden wollte. Genau diese Schichten durchreist und durchfühlt Stephanie, wenn sie sich auf Weg zwei einlässt, dem Weg der Hinwendung zu der unangenehmen Empfindung.

## Weg 2: Über die Empfindung in den Gefühlskompass

Bei Weg zwei entscheiden wir uns, die Ladung zu uns zu nehmen, also Verantwortung dafür zu übernehmen. Dadurch wird eine Bewusste Entladung der Emotionen möglich. Die so gespeicherte Lebensenergie, deren Stagnation uns vielleicht schon lange das Leben schwer gemacht hat, wird befreit. Die dazugehörigen Absolutheitsansprüche können losgelassen werden und die ihnen zugrunde liegenden Bedürfnisse kommen ans Licht. Nun haben wir Zugang zu unserem Gefühlskompass in seiner positiven Gesamtheit. Wut, Angst, Trauer, Freude und Scham stehen uns dann als konstruktive Kräfte zur Verfügung.

Wenn ich davon spreche, eine Empfindung zu mir zu nehmen, meine ich damit, dass ich mich ihr liebevoll zuwende. Es ist, wie wenn mein Kind schreit und ich ihm meine Aufmerksamkeit schenke, da ich merke, dass es sie gerade braucht, statt dass ich wie bei Weg 1 versuche, es abzuwimmeln oder zum Schweigen zu bringen. Zu mir nehmen bedeutet nicht, in den Empfindungen zu versinken, genau wie meinem Kind nicht geholfen ist, wenn ich mich von seinem Schreien aus der Fassung bringen lasse.

Wenn ich eine emotionale Aktivierung zu mir nehme und ihr den Raum gebe, sich zu bewegen, indem ich sie fühle, dann kann Bewusste Entladung geschehen, vor allem wenn mir jemand liebevolle Anteilnahme schenkt. In diesem Prozess kann es gut sein, dass ich über den einen oder anderen Absolutheitsanspruch stolpere. Statt mich in Spiralen zu verfangen, wo ich diesen immer wieder bekräftige, mein Emotionskarussell dadurch erneut anschiebe und zu allem Überfluss auch noch zusätzliche Schattengefühle erzeuge, richte ich meine Aufmerksamkeit auf das dahinterliegende Bedürfnis. Absolutheitsansprüche sind dann wie Knoten in meiner inneren Zündschnur, die ich auf meinem Weg zu lösen habe, damit ich die dazugehörige Ladung loslassen kann. Gründe, an dieser Stelle hängen oder gar stehen zu bleiben, sind sie nicht.

Nachdem die Bewusste Entladung geschehen ist, bekomme ich Zugang zu einer neuen Erfahrungsebene. Mein innerer Fühlraum ist aufgeräumt. Nicht weil mein Rucksack komplett entleert wäre, sondern weil das, was im Moment verarbeitet werden wollte, integriert worden ist. Erst jetzt kann ich mit der Situation, in der ich mich in diesem Moment befinde, in Beziehung treten – ohne die verzerrenden Filter meiner Emotionen und ohne Absolutheitsansprüche. Und erst jetzt kann ich feststellen, wie ich mit dieser Situation überhaupt in Beziehung treten möchte.

## Gefühle als Kraft

In diesem geklärten inneren Raum wird unser Gefühlskompass licht, klar und kraftspendend. Hier zeigt sich jedes Gefühl nicht mehr in seinem hinderlichen Schattenausdruck, sondern als Kraft, die gezielt eingesetzt werden möchte, um mit der Situation klarzukommen. Gefühle sind hier keine Probleme, sondern Problemlösungsstrategien – und zwar auch die schwierigen Gefühle wie Wut, Trauer, Angst oder Scham.

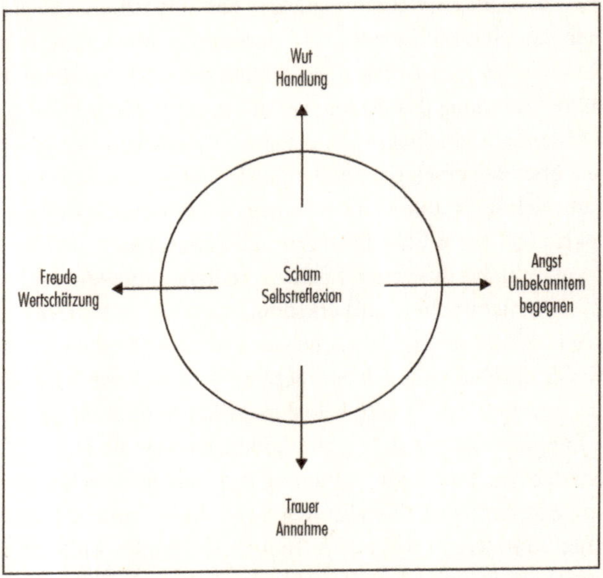


Auch Stephanie hat nach einem Verdauungsprozess wieder Zugriff zu dieser positiven Gefühlspalette. Sie kann, je nachdem, welche Bedürfnisse in ihr hochkommen, unterschiedliche Interpretationen anstellen, die dann die entsprechende Gefühlskraft aus dem Moment heraus entstehen lassen. Vielleicht entdeckt Stephanie, dass es wirklich einen Teil in ihr gibt, der sich für die Freundin freut, dass sie so glücklich ist und es ihr so gut geht. Die **»Freude«** wird durch die Anerkennung, dass es **»schön«** ist, erzeugt und hilft Stephanie, das Glück ihrer Freundin **»wertzuschätzen«**, zu feiern und sogar selbst zu genießen.

Daneben gibt es vielleicht noch einen Teil, der traurig ist, weil sie selbst sich so nach einer erfüllenden Beziehung mit einem

Mann sehnt. Das Glück der Freundin bringt Stephanie mit diesem Bedürfnis in Kontakt. Die Kraft der **Trauer**, die durch die Interpretation »**schade**« erzeugt wird, hilft Stephanie, die Situation **anzunehmen,** wie sie ist, obwohl sie sie sich anders wünschen würde. Das ist ihre Funktion.

Und dann gibt es außerdem vielleicht noch einen Teil, der es trotz aller Freude über das Glück der Freundin immer noch falsch findet, dass diese einfach gar keine Zeit mehr für Stephanie hat. Die Interpretation, dass das »**falsch**« sei, erzeugt **Wutkraft**. Anders als die Schattenwut, die ja darauf besteht, dass es anders sein sollte, tritt diese Wut mit dem, was ist, in Beziehung. Sie erkennt es an und richtet sich dann aber auf das Bedürfnis aus. Und im Gegensatz zur Schattenwut entsteht eine gesunde Wutkraft immer in einer angemessenen Intensität. Es gibt keinen Überschuss. In dem Fall ist es vielleicht gerade genug Wutkraft, um die Freundin anzurufen und ihr zu sagen, dass Stephanie das falsch findet. Nicht mehr und nicht weniger. Sie befähigt sie zu einer angemessenen **Handlung**. Und die Wutkraft lässt die Freundin frei entscheiden, was sie damit macht. Sie kann den Impuls aufgreifen und sagen: »Weißt du was, du hast vollkommen recht. Der Strudel der Verliebtheit hat mich wirklich total mitgerissen, und ich habe gar nicht gemerkt, dass wir uns seit Wochen nicht gesehen haben. Es tut mir leid.« Oder sie kann sagen: »Ich verstehe dich, aber wenn ich ehrlich bin, möchte ich gerade nichts anderes tun, als jede freie Minute bei meinem Liebsten zu sein.« Eine Schattenwut versagt dem anderen diese Freiheit, da sie ihn als absolut falsch aburteilt.

Wenn Stephanie diese Antwort bekommt, dann merkt sie vielleicht, dass die Situation eine weitere Gefühlskraft braucht. Wut hat ihr geholfen, aktiv zu werden, das ist ihre Aufgabe. Trauer hat ihr geholfen, anzunehmen, und Freude, wertzuschätzen. Das sind die Aufgaben dieser drei Gefühlskräfte. Doch nun ist sie mit etwas konfrontiert, das sie weder annehmen noch verändern kann. Wenn die Freundin sie verlässt, hinterlässt das in Stephanies Leben eine große Lücke, auch wenn die dazugehörigen Emotionen integriert wurden. Stephanie ist allein – eine Situation, der sie ihr Leben lang ausgewichen ist. Sie ist ihr komplett unbekannt und daher bedrohlich. Viele Bedürfnisse, die früher durch die Beziehung mit ihrem Mann und später durch die mit der Freundin gestillt wurden, sind auf einmal wie lose Enden in ihrem Leben.

Diese Situation ist für Stephanie **furchtbar**, wodurch sie **Angst** erzeugt. Angst als Kraft befähigt Stephanie dazu, **sich auf dieses Unbekannte einzulassen**. Was dort geschehen wird, ist ungewiss. Vielleicht entdeckt Stephanie die Freuden des Alleinseins, oder es entstehen neue Verbindungen. Die Angst als Kraft macht Stephanie jedenfalls wach und achtsam mit der neuen Situation.

## Übung 17: Vorwürfe loslassen

Absolutheitsansprüche äußern sich in Beziehungen oft in Form von Vorwürfen. Diese sind daher eine gute Möglichkeit, mit emotionalen Ladungen in Kontakt zu kommen. Idealerweise machst du diese Übung in einem gehaltenen Raum der Anteilnahme.

1. Wähle eine Beziehung aus, in der es Spannungen gibt. Das kann auch die Beziehung mit dir selbst sein.
2. Welche Vorwürfe machst du der anderen Person/dir selbst? Notiere dir drei bis fünf, die besonders geladen sind.
3. Wähle dann einen aus, der besonders stark geladen ist, und nimm dir Zeit, die Schmerzen, die damit verbunden sind, zu fühlen.
4. Lass die Emotionen sprechen. Achte darauf, dass du nicht die Vorwürfe wiederholst, sondern die dahinterliegenden Emotionen sprechen lässt. Wenn du dich dabei ertappst, dich wieder in den Vorwürfen zu verrennen, sei liebevoll mit dir und kehre zum Fühlen zurück.

Und vielleicht merkt sie auch, dass es an der Zeit ist, in den Spiegel zu gucken. Ihr Leben lang war sie auf andere fixiert, hat diese mit ihrer vermeintlichen Liebe erdrückt und vereinnahmt. Kein Wunder, dass schon die Freundin im Kindergarten so viel Nähe als erdrückend erlebt hat, vom Ehemann mal ganz zu schweigen! Der Schritt, **sich selbst** zu **hinterfragen**, erzeugt **Scham**, die Stephanie in ihrem lichten Kraftaspekt zu einer gesunden **Selbstreflexion** befähigt. Anders als der selbstzerfleischende Schattenausdruck der Scham lehnt dieser Stephanie jedoch nicht in ihrer Gesamtheit ab. Er betrachtet diese Gesamtheit nur eingehend und prüft, wo Stephanie gerne anders wäre, als sie ist.

Vielleicht beruhigt es dich zu hören, dass dieses Beispiel, so wie ich es hier zu Illustrationszwecken geschildert habe, komplett unrealistisch ist. Und zwar nicht, weil es unmöglich ist, Wut, Trauer, Angst und Scham als positive Kräfte zu erleben. Das ist für mich und für eine wachsende Anzahl von Menschen gelebter Alltag. Es ist deshalb unrealistisch, weil Stephanie Superwoman sein müsste, um alle Schichten ihres Emotionspäckchens, das mit diesem zentralen Lebensthema zu tun hat, auf einmal aufzulösen. Und es ist außerdem unrealistisch, weil Stephanie, selbst wenn ihr das magischerweise gelingen sollte, wohl kaum alle fünf Gefühlskräfte voll ausgebildet parat hat. Die meisten Menschen haben in ihrem Gefühlskompass Lücken, Verzerrungen, Vertauschungen und vieles mehr.

Natürlich können wir auch zentrale Lebensthemen so weit verdauen, dass sie uns nicht mehr ständig im Weg herumstehen. Doch das ist ein Prozess, der kontinuierliches Üben und Hinwendung braucht. Erleichtert wird er durch die Tatsache, dass unser Rucksack sich mit schöner Regelmäßigkeit in Form von Aktivierungen zu Wort meldet. Er gleicht damit in gewisser Weise jener Achtsamkeitsglocke, auf die ich in einer der Übungen hingewiesen habe, die mittels einer App gelegentlich ertönt und uns zum Innehalten auffordert. Damit diese wunderbare Einrichtung unserer Psyche auch wirklich konstruktiv genutzt werden kann, gilt es, die Kunst des Wellenreitens im Alltag zu erlernen. Wie das geht und was sich dabei in der Praxis als nützlich erwiesen hat, ist Thema des nächsten Kapitels.

# 13

# WELLENREITEN IM ALLTAG

Der wahre Prüfstein innerer Arbeit ist ja bekanntlich der Alltag. Vieles hört sich in der Theorie ganz toll an und lässt sich auch im Seminarsetting super praktizieren – doch oft scheitern wir bei dem berühmten Transfer, nicht nur in die Praxis, sondern vor allem in unseren gelebten Alltag. Gerade in diesem Punkt bekomme ich von Lesern und Seminarteilnehmern immer die positivsten Rückmeldungen, was die Praxis der Bewussten Entladung betrifft.

> **Praxistipps für den Alltag**
> 1. Lerne, Emotionen zu parken
> 2. Vereinbare ein Codewort
> 3. Führe eine Parkliste
> 4. Richte ein Rotes Telefon ein
> 5. Plane vorausschauend

Für viele ist diese ein selbstverständlicher Teil ihres Lebens geworden und hat ihre Beziehungen nachhaltig verändert. Um den Transfer in den Alltag zu erleichtern, haben sich einige konkrete Strategien als hilfreich erwiesen, denen dieses Kapitel gewidmet ist.

## 1. Lerne, Emotionen zu parken

So toll die Idee der Bewussten Entladung auch ist – in vielen Situationen haben wir dazu einfach keine Möglichkeit. Aus diesem Grund ist es wichtig, dass wir lernen, Emotionen zu parken. Was ich damit meine, ist, dass wir lernen, emotionale Aktivierungen zur Kenntnis zu nehmen und innerlich bewusst zur Seite zu stellen. Mein Bild dafür ist, dass ich dieses Emotionspäckchen dann unter dem Arm trage und nicht mehr im Rucksack. Das ist natürlich etwas unpraktischer, als wenn ich es im Rucksack trage, hat jedoch den Vorteil, dass ich mich dann eher darum kümmern werde.

Emotionen zu parken geht in vier inneren Schritten vor sich, die jedoch schon bald so schnell hintereinander geschehen, dass sie wie eine Bewegung aussehen.

Der erste Schritt besteht natürlich in der Anerkennung der Tatsache, dass ich aktiviert bin. Der Satz »Ich bin gerade emotional aktiviert« hilft mir persönlich dabei. Je nachdem, mit wem ich es zu tun habe, sage ich diesen vielleicht sogar zu meinem Gegenüber – oder eben nur in Gedanken mir selbst.

**Emotionen parken**

1. Aktivierung anerkennen
2. Innehalten und eventuell zurückziehen
3. Päckchen innerlich Raum geben
4. Das Päckchen innerlich zur Seite stellen

Der zweite besteht darin, einen Moment innezuhalten. Hierfür kann es hilfreich sein, sich aus der Situation zurückzuziehen – je nachdem, mit wem man es zu tun hat und ob das gerade möglich ist. Ein Gang auf die Toilette ist fast immer ein probates Mittel. Oft genügt aber schon ein kurzer Moment des inneren Rückzugs, wo wir unsere Aufmerksamkeit ganz auf unser Innenleben lenken und uns dort sammeln.

Der dritte Schritt besteht darin, dem soeben aktivierten Päckchen innerlich Raum zu geben. Das geschieht, indem du es so fühlst, wie es sich in deinem Körper gerade zeigt. Der Satz »Ich kann das fühlen« hilft mir dabei. Einer der Hauptgründe, warum wir in Aktivierungsmomenten ungut reagieren, ist, dass ein Teil von uns meint, das nicht fühlen zu können. Anders als bei der Praxis der Bewussten Entladung geht es hierbei jedoch nicht darum, das Päckchen in irgendeiner Form auszupacken, sondern eher darum, es in seiner Gestalt wahrzunehmen, also von außen.

Wenn du merkst, dass dir das schwerfällt, kannst du dich kurz fragen, wo im Körper es spürbar ist, wie groß es ist, welche Form es hat und welche Farbe oder Konsistenz. Solche Fragen nach der Beschaffenheit des Päckchens unterstützen uns darin, es von außen wahrzunehmen. Und indem wir das tun, lösen wir die Identifikation damit, ohne es wegzudrücken.

Der vierte und letzte Schritt besteht darin, das Päckchen innerlich zur Seite zu stellen. Es ist dann wie gesagt nicht »weg«, also wieder in den Tiefen unseres Rucksacks verschwunden, sondern ein Teil unserer Aufmerksamkeit hält für dieses Päckchen innerlich Raum, bis es entladen werden kann. Auf diese Weise besetzt dieses Päckchen nicht mehr unseren gesamten inneren Raum, und wir haben dann wieder die Möglichkeit, außerhalb des Päckchens zu agieren. Zwar ist ein Teil unserer Aufmerksamkeit, unserer Energie und unserer emotionalen Kapazität darin gebunden, das Päckchen zu hüten. Doch das ist meines Erachtens ein fairer Preis dafür, dass wir wieder funktionsfähig sind und das Päckchen trotzdem nicht wieder ganz wegpacken müssen.

Wenn es dir schwerfällt, Emotionen zu parken, kann dir eine regelmäßige Achtsamkeitspraxis wie MBSR (*Mindfulness-Based Stress Reduction*) dabei helfen, diese Fähigkeit zu entwickeln. Das ist nicht nur die subjektive Erfahrung vieler hunderttausend Menschen, sondern zahlreiche Studien deuten darauf hin, dass eine regelmäßige meditative Praxis wie etwa MBSR die Funktionsweise des Gehirns verändert, vor allem was den Mandelkern (s. Kapitel zwei) betrifft. Diese Veränderung zeigt sich nicht nur, während die Person meditiert, sondern bei einer regelmäßigen Praxis auch, während sie das nicht tut.[14] Doch Vorsicht: Parken ist nicht das Gleiche wie Heilen. Leider wird dieser Aspekt oft übersehen, weshalb ich zu einem späteren Zeitpunkt noch einmal darauf zurückkommen werde. Wenn du eher Schwierigkeiten hast, mit deinen Gefühlen und Emotionen in Kontakt zu kommen, könnte eine andere Praxis besser für dich geeignet sein.

## 2. Vereinbare ein Codewort



Wenn du es in deiner Partnerschaft oder einer anderen wichtigen Beziehung immer wieder mit emotionalen Ladungen zu tun hast, kann es sinnvoll sein, ein Codewort zu vereinbaren, um emotionale Aktivierung zu signalisieren. Dadurch fällt es leichter, deutlich zu machen, wenn die Hütte brennt. Ich bin immer wieder verblüfft, wie schwierig es bei starken Aktivierungen sein kann, das eigentlich Offensichtliche anzusprechen! Dieses Codewort sollte eines sein, das ihr sonst nicht oft verwendet – zum Beispiel »Erdbeermarmelade« oder »Spitzengardine«. Wenn ihr wollt, könnt ihr auch bewusst etwas Lustiges aussuchen, wie eine Cartoonfigur, mit der ihr in aktiviertem Zustand eine frappierende Ähnlichkeit aufweist.

Verwende dieses Wort, um zu signalisieren, dass du dich selbst als aktiviert wahrnimmst. Zwar kann es gut sein, dass dir zuerst die Aktivierung deines Gegenübers auffällt, doch das ist erst dann wirklich ein Problem, wenn du selbst dadurch aktiviert wirst. Es ist gut möglich, dass das Verhalten deines Gegenübers dich stört, doch das muss nicht zum Problem werden. Für diese Situation gibt es einige gute Strategien. Ihnen ist das nächste Kapitel gewidmet.

Das Codewort ist dazu gedacht, auf deine eigene Aktivierung aufmerksam zu machen. Aus naheliegenden Gründen ist es nicht empfehlenswert, es einzusetzen, um den anderen auf seine Aktivierung hinzuweisen. Maximal könnte es sinnvoll sein zu sagen, dass du euch beide als aktiviert wahrnimmst.

Wenn du auf deine eigene Aktivierung aufmerksam machst, wird es dir leichterfallen, einen verantwortlichen Umgang mit deinem Zustand zu finden. Das kann bedeuten, dass du das Päckchen parkst oder sofort jemanden um einen Raum für Entladung bittest. Und es macht es deinem Gegenüber leichter, entsprechend mit dir umzugehen. Zusätzlich ist es für den anderen eine Einladung, bei sich selbst nachzusehen, wie es um die eigene innere

Balance bestellt ist. Und es kann den Schritt zu sagen: »Weißt du was, ich auch«, enorm erleichtern.

## 3. Führe eine Parkliste

Die Parkliste ist eine Erfindung von einer lieben Freundin, die sich seit vielen Jahren mit der Erforschung ihres Rucksacks beschäftigt. Sie stellte irgendwann fest, dass viele kostbare Aktivierungsmomente im Trubel des Alltags in Vergessenheit geraten und ihr dann, wenn sie Raum für Bewusste Entladung hatte, nicht mehr in den Sinn kamen.

Die Parkliste hat dieses Problem aus der Welt geschafft. Hierbei handelt es sich um eine simple Liste, auf der Aktivierungsmomente stichpunktartig notiert werden. Wenn dann Raum für eine Bewusste Entladung ist, kann diese Liste herangezogen werden. Mit ihrer Hilfe gelingt es leichter, sich die jeweiligen Momente in Erinnerung zu rufen und so Zugang zu der jeweiligen Zündschnur zu bekommen.

## 4. Richte ein Rotes Telefon ein

Wenn du in deinem Alltag oft mit emotionaler Aktivierung umzugehen hast, tust du dir und deinen Mitmenschen einen großen Gefallen, wenn du dir ein Rotes Telefon einrichtest. Damit ist gemeint, dass du dir eine Liste von drei Menschen machst, die du anrufen kannst, wenn du aktiviert bist – und die das auch bei dir tun können.

Drei Personen sind deshalb sinnvoll, weil du so die Wahrscheinlichkeit erhöhst, dass im Akutfall jemand Zeit hat. Und es wird für diese drei Personen dadurch leichter, ehrlich Nein zu sagen, wenn es ihnen gerade ungelegen kommt. Schließlich wissen sie, dass du noch zwei andere Menschen auf deiner Liste hast.

Wenn du jemanden von deiner Liste kontaktierst, kommuniziere ganz direkt, dass du so bald wie möglich einen Raum für eine Bewusste Entladung brauchst und wie viel Zeit diese benötigen wird. Diese Klarheit erleichtert es deinem Gegenüber ehrlich hinzusehen, ob er oder sie das gerade leisten kann und möchte.

Bei mir sind solche Akutanrufe oft sehr kurz – fünf bis zehn Minuten –, außer es handelt sich um ein wirklich großes Paket. Nachdem du deinen Raum für eine Bewusste Entladung hattest, biete deiner Kontaktperson auch einen Entladungsraum in ähnlicher Länge an. Das tut euch beiden gut. Wenn die andere Person gerade keinen Bedarf hat, kann die Rückrunde ja auch offenbleiben. Das erleichtert es deinem Partner, sich bei dir zu melden.

Diese Art von Intervention ist in meinen Augen für Menschen, die viel Zeit mit kleinen Kindern verbringen, besonders wichtig. Noch wichtiger, wenn sie hierbei allein sind, wie es heutzutage leider oft der Fall ist. Da vor allem kleine Kinder sich selbst noch nicht emotional regulieren können, sind sie dabei auf ihre Bezugspersonen angewiesen. Das ist völlig natürlich und in meinen Augen eine der wichtigsten Funktionen von Bezugspersonen.

Wenn diese selbst aktiviert sind, können sie das nicht leisten, wodurch die Kinder emotional im Stich gelassen werden. Oft kommt es dadurch zu unguten Verkettungen, eine Abwärtsspirale entsteht. Je weniger das Kind Regulierung durch den Erwachsenen erfährt, desto emotionaler wird es. Und je emotionaler das Kind wird, desto stärker ist die Aktivierung und Überforderung des Erwachsenen. Ab einem bestimmten Punkt kann der Erwachsene weder sich selbst noch dem Kind Zuwendung schenken, ohne zumindest vorübergehend die Anteilnahme eines Dritten zu spüren.

Allgemein ruft der enge Kontakt mit Kindern starke Emotionen in uns hervor. Das ist nach meiner Erfahrung einer der Hauptgründe, warum viele Menschen zwar gerne mehr Zeit mit ihren Kindern verbringen würden, jedoch im gelebten Alltag dann oft ausweichen. Sie weichen eigentlich nicht den Kindern aus, sondern den emotionalen Paketen, die diese in ihnen hervorrufen. Durch ein Rotes Telefon, ergänzt durch eine regelmäßige Praxis der Bewussten Entladung, kann diese Situation entschärft werden, und es wird immer leichter für uns, die wichtige Zeit mit dem Nachwuchs wirklich zu genießen.

## 5. Plane vorausschauend

Neben regelmäßigen Entladungsräumen, die wir sinnvollerweise in unserem Alltag einplanen können, tun wir zuweilen gut daran, für besondere Ereignisse eigene Entladungsräume einzuplanen. Mit »besonderen Ereignissen« meine ich in diesem Fall Termine, von denen ich schon im Vorfeld weiß, dass sie mich mit hoher Wahrscheinlichkeit emotional aktivieren werden. Das kann die Begegnung mit einem Ex sein, wo noch viel emotionaler Ballast herumsteht. Oder ein Gespräch mit einem Vorgesetzten, einem Kollegen oder Kunden, der immer so richtig unsere Knöpfe drückt. Oder einfach ein Besuch deiner Eltern, eine Weihnachtsfeier im Kreis der Familie – was auch immer die Konstellationen sind, die dich aktivieren oder emotional herausfordern. Natürlich können es auch schöne Ereignisse sein! Nicht umsonst wird auf Hochzeiten traditionell viel geweint – und das nicht erst seit der hohen Scheidungsrate.

Egal, was das emotional aufreibende Ereignis ist, ich kann mich schon vorher gut um mich kümmern. Entweder indem ich bereits vor dem Termin entlade, um innerlich so klar und aufgeräumt wie möglich zu sein, wenn ich mich in die Situation begebe, oder indem ich schon im Vorfeld für danach einen Entladungstermin vereinbare. Das erleichtert mir das Parken möglicher Aktivierungen während der Begegnung und ich kann mich unmittelbar nach dem Termin um das Päckchen kümmern, ohne es lang mit mir herumschleppen zu müssen.

Es kann eine richtige Freude sein, sich in dieser Form im Voraus zu organisieren und dann zu wissen, dass dieses Päckchen schon bald versorgt wird. Es ist eine schöne Art der emotionalen Selbstfürsorge, die solchen potenziell stressigen Terminen die Spitze nimmt, da wir schon in der Situation selbst wissen, dass wir nicht allein damit sind.

## Wie die Alltagskommunikation sich verändert

Nun habe ich fünf konkrete Praxistipps gegeben, die uns helfen, emotionale Hygiene zu einem Bestandteil unseres Alltags werden zu lassen. Darüber hinaus habe ich beobachtet, dass eine regelmäßige Praxis der Bewussten Entladung unsere Alltagskommunikation verändert. Die erste und wichtigste Veränderung konnte ich in der Fähigkeit zuzuhören feststellen. Da wir während der Bewussten Entladung immer wieder üben, nicht nur konzentriert, sondern auch wertungsfrei und von Herzen zuzuhören, fällt es uns im Laufe der Zeit immer leichter, dies auch im Alltag zu tun. Es ist für uns normal geworden. Das bedeutet natürlich nicht, dass wir immer und zu jeder Gelegenheit in dieser Tiefe lauschen. Das wäre in vielen Situationen auch gar nicht angemessen und würde nur irritieren. Doch in vielen Situationen, wo wir es gemeinhin versäumen, wäre es ehrlich gesagt verdammt gut und passend. Das sind natürlich vor allem Situationen, wo Gefühle oder Emotionen im Spiel sind. Und das ist immer dann der Fall, wenn Menschen von Dingen sprechen, die ihnen am Herzen liegen.

Neben der Veränderung in der Art des Zuhörens macht sich die Praxis der Bewussten Entladung über kurz oder lang auch im Sprechen bemerkbar. Wir lernen, emotional mit uns selbst in Kontakt zu sein, während wir sprechen. Dadurch spüren wir viel früher und ganz unmittelbar, wenn Emotionspakete berührt werden. Inzwischen ist es normal für mich, im Rahmen eines Gesprächs in so einem Moment kurz innezuhalten, um zu fühlen – natürlich nur, wenn ich ein Gegenüber habe, das davon nicht über die Maßen irritiert ist. Wenn ich merke, dass das Päckchen, das bei dem

Thema berührt wird, groß genug ist, um relevant zu sein, parke ich es entweder, noch bevor es aktiviert wurde, oder ich bitte unmittelbar um einen Entladungsraum.

So ergeben sich mit den Menschen, die regelmäßig die Bewusste Entladung mit mir praktizieren, manchmal fliegende Wechsel. Mitten in einem Gespräch sagt einer von uns: »Ich merke, für dieses Thema brauche ich jetzt kurz einen gehaltenen Raum, passt das?«, und wenn ein Ja kommt, wird entladen, der gehaltene Raum bewusst geschlossen und der Gesprächsfaden in einem geklärten Raum wieder aufgegriffen. Das passiert nicht ständig, ist jedoch immer eine Bereicherung für den Kontakt und ermöglicht uns einen hygienischen Umgang mit Ladungen im Alltag.

## Die Bewusste Entladung für Fortgeschrittene

Im Laufe des Buches habe ich immer wieder betont, wie wichtig es ist, Auslöser und Entladung zu trennen, also nicht bei der Person zu entladen, die mich aktiviert hat. Das trifft vor allem auf die erste Phase der Praxis zu. Wenn erst mal ein bis zwei Jahre regelmäßig geübt wurde, kann diese Regel entfallen. Wir können lernen, bei der Person zu entladen, die uns aktiviert hat, und zugleich volle Verantwortung für unsere Ladung zu übernehmen. Umgekehrt können wir lernen, einen Entladungsraum für jemanden zu halten, den wir aktiviert haben, diese Ladung ganz beim anderen zu lassen und zugleich fühlend empathisch verbunden zu bleiben.

Der Grund, weshalb ich das erst nach einer langen, kontinuierlichen Praxis empfehle, liegt auf der Hand: Das Risiko emotionaler Kettenreaktionen ist enorm. Erst wenn beide ganz unmissverständlich, in der Tiefe ihres Wesens und mit jeder Zelle, begriffen haben, dass der Auslöser nichts mit ihrer Ladung zu tun hat, kann das funktionieren. Auch das ist klarerweise kein intellektueller Prozess. Wir müssen dafür gefühlt ein paar hundert Mal zuverlässig erlebt haben, wie sich durch die Aufarbeitung emotionaler Ladungen der Beziehungsraum mit einer anderen Person klärt, ohne dass wir ein Wort mit ihr gesprochen haben. Dann können wir der Person, die uns aktiviert hat, gegenübersitzen und auch im starken Aktivierungszustand zu einhundert Prozent Klarheit über die Tatsache haben, dass wir mit ihr nichts zu klären haben und dass der angebotene Raum einzig und allein dafür da ist, die eigenen Emotionspakete zu entladen, also etwas mit sich selbst zu klären.

Wenn zwei Personen diese Klarheit haben, kommt es nicht mehr zu emotionalen Kettenreaktionen, auch wenn sie miteinander die Bewusste Entladung praktizieren. Einen solchen Schritt zu früh zu wagen, birgt das Risiko, den Beziehungsraum unnötig zu vergiften. Deshalb rate ich dazu, im Zweifelsfall noch etwas länger mit einem neutralen Gegenüber zu praktizieren. Wenn ihr es miteinander probiert und feststellt, dass einer von euch im Rahmen der Praxis aktiviert wurde, war es eindeutig zu früh. In dem Fall würde ich mindestens drei Monate konsequenter getrennter Praxis einschieben, bevor ihr es erneut miteinander versucht.

## Andere Räume der Bewussten Entladung

Nachdem ich gefühlt das halbe Buch damit verbracht habe, dich davon zu überzeugen, wie wichtig es ist, sich auf andere einzulassen, sie Anteil nehmen zu lassen an unseren Emotionspäckchen, möchte ich nun noch ein paar Ausnahmen nennen, die ja bekanntlich die Regel bestätigen. In einem begrenzten Rahmen können wir durchaus lernen, uns ohne andere Menschen mit einem größeren Raum zu verbinden. Ich sage das mit großer Vorsicht, denn meine Beobachtung ist, dass es vergleichsweise viele Menschen gibt, die glauben, das zu können, und wenige, bei denen es auch zutrifft. Das hat sicher auch mit den zahlreichen Methoden zu tun, die uns das versprechen und uns in diesem Irrglauben bestätigen. Übersehen wird hierbei, dass oft nur neue Strategien im Umgang mit dem Rucksack erlernt wurden, eine wirkliche Heilung jedoch nach wie vor vermieden wurde. Als Faustregel hat sich Folgendes bewährt: Jede Methode zur Heilung emotionaler Themen, die ohne Fühlen auskommt, ist mit an Sicherheit grenzender Wahrscheinlichkeit eine Mogelpackung. Das bedeutet nicht, dass sie wertlos ist oder keinen Nutzen hat. Oft handelt es sich dabei um eine bessere Strategie, uns emotional zu regulieren, als die üblichen Verdächtigen. Doch sie alle bleiben Strategien der emotionalen Regulierung und nicht der Heilung.

Trotzdem möchte ich an dieser Stelle drei Wege näher beleuchten, durch die eine solche Verbindung mit einem größeren Raum möglich sein kann: die Musik, die Natur und die Meditation. Natürlich erhebt auch diese Liste keinen Anspruch auf Vollständigkeit.

## Musik

Hattest du schon mal so richtig Liebeskummer? Und hast du dich dann auch mit schnulziger Musik in dein Bett verkrochen, um dir den Kummer von der Seele zu schluchzen? Falls ja, dann weißt du, dass Musik die Macht hat, den emotionalen Schließmuskel zu öffnen. Falls nein, mach dir nichts draus. Es kann zwar schön sein, ist aber auch furchtbar anstrengend. Und eine Bewusste Entladung ist dann doch etwas anderes, wie inzwischen hoffentlich klar sein dürfte.

Mir geht es hier um Musik als Bindeglied zu einem größeren Raum, in dem unsere emotionale Kapazität eine vorübergehende Erweiterung erfährt. Es ist eines der ältesten Mittel der Menschheit und sicher eines der schönsten. Um die Musik für die Bewusste Entladung zu nutzen, ist es wichtig, dass wir welche auswählen, die eine Seele hat. Wenn der Musiker präsent und verbunden ist, während er Musik macht, dann kann seine Musik eine solche Brücke zu einem größeren Raum sein, in dem auch Entladung möglich ist.

## Übung 18: Musik als Raum für Bewusste Entladung

1. Wähle ein Musikstück aus, das dir gefällt, und stell es an. Wähle eine Lautstärke, die intensiv genug ist, damit die Musik den Raum dominiert, ohne dass sie unangenehm oder zu laut ist.
2. Spür mit geschlossenen Augen im Stehen deinen Körper und entspann dich ganz bewusst.
3. Stimme dich dann auf die Musik ein. Nimm den Raum um dich herum wahr und nimm wahr, wo die Musik dich berührt. Wo seid ihr in Kontakt?
4. Entspann dich mit einem tiefen Ausatmen in die Musik hinein, und zwar so, dass sie beginnt, dich zu durchdringen. Wenn es dir gelingt und du immer weiter entspannst, wirst du schon jetzt leichte Entladungen im Körper wahrnehmen.
5. Wenn du spürst, dass du mit der Musik verbunden bist und sie dich hält, kannst du beginnen, dich wie gewohnt auf deine innere Zündschnur einzustimmen, um ihr zu folgen.
6. Wenn du möchtest, kannst du dich dabei bewegen. Achte jedoch darauf, dass deine Bewegungen dich immer tiefer mit der Zündschnur in Kontakt bringen, statt davon weg.

Viel häufiger wird Musik leider benutzt, um Schattengefühle zu erzeugen, und zwar genrespezifisch: Bei Schlagern die illusionäre Freude, bei Heavy Metal oder Punk zerstörerische Wut, bei Schnulzen die rührige Sentimentalität einer Schattentrauer und so weiter. Das wird oft mit Bewusster Entladung verwechselt, ist jedoch mit dem Erzeugen von Schattengefühlen in Dramaspiralen vergleichbar. Wir können hierdurch sehr intensive Gefühle generieren, emotional heilsam ist es nicht. Im Gegenteil, wir studieren bestimmte neuronale Muster ein, die Schattengefühle hervorbringen. Anstrengend ist es außerdem.

Emotionale Heilung wird durch Musik möglich, wenn wir uns wirklich auf sie einlassen und uns mit ihr verbinden. Sie kann dann kapazitätserweiternd wirken und uns dadurch unterstützen, die Entladung zuzulassen. Wenn du das ausprobieren möchtest, ist Übung 18 eine Einladung dazu. Es ist jedoch ratsam, vorher schon einiges an Erfahrung mit Bewusster Entladung mit einem Gegenüber gesammelt zu haben.

So schön es ist, sich auf diese Weise mit Musik zu verbinden und in sie einzutauchen, ein Ersatz für die Praxis mit einem Menschen ist es meiner Erfahrung nach nicht. Denn auch wenn wir optimale Musik auswählen und wirklich gut darin sind, uns einzulassen, ist die Art der Entladung eine andere, als die Anteilnahme eines Menschen sie möglich macht. In meiner eigenen Praxis der Bewussten Entladung sehe ich die Musik daher als gute Ergänzung, nicht als Ersatz für einen Entladungspartner. Natürlich kann das eine auch mit dem anderen kombiniert werden. Ich erinnere mich an sehr kraftvolle Entladungsprozesse, wo mein Partner mir liebevoll Anteilnahme geschenkt hat, während ich mich auf die in Übung 18 beschriebene Weise von Musik habe berühren lassen. Das waren wunderbare Erfahrungen, die ich als sehr heilsam erlebt habe.

## Natur

Eine weitere Möglichkeit, sich mit einem größeren Raum zu verbinden, bietet die Natur. Auch sie ist jedoch kein Ersatz für die Anteilnahme eines Menschen, da die Entladungen, die hier geschehen, wieder eine eigene Qualität haben. Meiner Erfahrung nach sind sie weniger emotional. Doch es ist eine wunderbare Art, um sich mit der Natur zu verbinden und sich dadurch zu regenerieren. Übung 19 ist ein Vorschlag, wie du das ausprobieren kannst.

### Übung 19: Bewusste Entladung in der Natur

1. Such einen Ort in der Natur auf, der möglichst wenig von Menschen geformt wurde, an dem du dich wohl fühlst und wo du weitgehend ungestört bist.
2. Wenn Ort und Witterung es zulassen, empfehle ich dir gerade zu Anfang, dich mit dem Bauch auf den Boden zu legen. Am besten ohne Unterlage, sodass du direkt in Kontakt mit der Erde bist. Natürlich ist es wichtig, dass dir das angenehm ist.
3. Geh nun ähnlich vor wie in Übung 18 mit der Musik. Schließ die Augen, spür zunächst deinen Körper und entspanne ihn.
4. Nimm auch hier wieder wahr, wo die Natur und du sich berühren. Wo seid ihr in Kontakt?
4. Entspann dich mit einem tiefen Ausatmen in die Natur hinein, und zwar so, dass sie beginnt, dich zu durchdringen. Wenn es dir gelingt und du immer weiter entspannst, wirst du schon jetzt leichte Entladungen im Körper wahrnehmen.
5. Wenn du spürst, dass du mit der Natur verbunden bist und sie dich hält, kannst du beginnen, dich wie gewohnt auf deine innere Zündschnur einzustimmen, um ihr zu folgen.

## Meditation und Bewusste Entladung

Vielleicht gehörst du auch zu den Menschen, die mit Meditation emotionale Ausgeglichenheit und inneren Frieden assoziieren. Der Gedanke liegt ja auch nah, schließlich avancierte der meditierende Buddha in den letzten Jahren auch in unseren Breitengraden zum Popsymbol innerer Ausgeglichenheit. Und ein bisschen Meditation oder Achtsamkeitspraxis gehören heute in gewissen Kreisen schon zum guten Ton. Dagegen ist sicher nichts einzuwenden. Es besteht nur leider ein grundlegendes Missverständnis, was die Wirkung von Meditation betrifft. Auf dieses möchte ich hier eingehen, um dann aufzuzeigen, welchen Nutzen Meditation für unseren Emotionshaushalt hat – und welchen eben leider nicht.

## Was ist Meditation?

Lange mit räucherstäbchenschwangerem Dämmerlicht und Mantragesängen assoziiert, geriet die Meditation dank einiger Wissenschaftler an renommierten US-amerikanischen Universitäten in den letzten Jahrzehnten zunehmend in den Fokus der seriösen Wissenschaft. Man machte es sich zur Aufgabe, die Wirkungsweise jahrtausenderalter meditativer Praktiken wissenschaftlich zu untersuchen. Von kulturspezifischen oder religiösen Komponenten befreit, wurden diese Praktiken dadurch Menschen der westlichen Hemisphäre zugänglich. Und siehe da: Es funktioniert auch ohne Räucherstäbchen.

Der am besten erforschte Ansatz nennt sich MBSR. Er geht auf den Biologen Jon Kabat-Zinn zurück, den Gründer des Center for Mindfulness an der Universität von Massachusetts und wichtigen Vorreiter des genannten Programms. Hinter dem Kürzel MBSR verbirgt sich der Begriff *Mindfulness-Based Stress Reduction*, was im Deutschen mit »achtsamkeitsbasierte Stressreduktion« übersetzt wird, oft auch kurz Achtsamkeitspraxis genannt. Beim MBSR geht es vor allem darum, sich des gegenwärtigen Moments bewusst zu werden und ein urteilsfreies Gewahrsein zu kultivieren. Im Laufe der Praxis bildet sich eine innere Instanz aus, die wertungsfrei von einer Metaebene aus betrachtet, was in uns und um uns herum geschieht, ohne zu intervenieren. Dadurch entsteht ein größerer innerer Raum, in dem mit Emotionen und Themen umgegangen werden kann, weshalb diese Form der Praxis auch hilfreich ist, um unsere Fähigkeit im Emotionenparken zu verbessern. Zahlreiche Studien legen außerdem nahe, dass MBSR im Umgang mit Stress, Süchten, Depressionen und zahlreichen Erkrankungen hilft.[15]

Relativ neu ist die Auseinandersetzung mit der Frage, wie unterschiedliche Meditationsarten wirken. Eine Achtsamkeitspraxis des urteilsfreien Gewahrseins wie MBSR erweitert den inneren Handlungsspielraum und führt nachweislich dazu, dass der Mandelkern in Reaktion auf beunruhigende Bilder weniger aktiv wird.[16] Zugleich beobachte ich in der Praxis, dass dieser vergrößerte innere Handlungsspielraum oft genutzt wird, um einen möglichst großen Abstand zu den eigenen Emotionen zu gewinnen. Daran ist grundsätzlich nichts auszusetzen, und es gibt viele Situationen, wo das mehr als hilfreich ist. Wir verwechseln jedoch wieder Wegpacken mit Aufarbeiten, wenn wir uns einreden, dass dadurch Heilung geschieht.

Es kann ein wichtiger Schritt auf unserem Heilungsweg sein, zum Beispiel durch MBSR unsere emotionale Steuerung zu verbessern und dadurch im Zustand der Aktivierung handlungsfähig zu bleiben. Um emotional zu heilen, braucht es aber die bewusste Hinwendung zum Gefühl. Versuchen wir uns um diesen Schritt herumzudrücken, melden sich die weggepackten Päckchen oft nur noch heftiger zu Wort, um den großen inneren Abstand zu überbrücken. Wer das vermeiden will, tut gut daran, nicht nur das Damitsein zu üben, sondern auch die bewusste Hinwendung. Hierfür scheint eine andere meditative Praxis wertvoll zu sein, die in Fachkreisen unter dem ähnlich hübschen Kürzel LKM firmiert.

## Mitgefühl kann man lernen

LKM steht für »Loving Kindness Meditation«, zu Deutsch: Liebende-Güte-Meditation. Sie wird auch als Metta- oder als Mitgefühlsmeditation bezeichnet. Die LKM ist wie die Achtsamkeitsmeditation eine jahrtausendealte Meditationspraxis. Hier wird allerdings, anders als bei MBSR, nicht ein urteilsfreies Gewahrsein trainiert, sondern die liebevolle Anteilnahme. Übung 20 ist ein Beispiel für eine LKM, die du gleich ausprobieren kannst.

Wenn du dich tiefer mit dem Thema Mitgefühl befassen möchtest, findest du unter www.compassion-training.org ein kostenloses E-Book, das ich dir empfehlen möchte. Es wurde von Tania Singer herausgegeben, sie ist Direktorin der Abteilung Soziale Neurowissenschaft am Max-Planck-Institut für Kognitions- und Neurowissenschaften in Leipzig. Das Buch entstand in Zusammenarbeit mit internationalen Mitgefühlsexperten aus ganz unterschiedlichen Bereichen. Neben zahlreichen wissenschaftlichen Erkenntnissen enthält es viele wertvolle Praxistipps, konkrete Übungen und sogar ganze Trainingsprogramme.

## Übung 20: Mitgefühl üben

Diese Anleitung stammt aus der zuvor zitierten wissenschaftlichen Untersuchung über die Auswirkungen von LKM auf die Gehirnaktivität:

1. Schließ deine Augen und erinnere dich an einen Moment in deinem Leben, als du jemandem von Herzen alles Gute gewünscht hast.
2. Vergegenwärtige dir das Gefühl, das dabei in dir entstanden ist, und nutze dieses Gefühl als Anker. Formuliere dann einige einfache Sätze im Geiste, die allen Wesen Gutes wünschen, und wiederhole diese mehrmals. Zum Beispiel: »Mögen alle Wesen glücklich sein, mögen alle Wesen gesund sein, mögen alle Wesen geborgen sein.«
3. Lass dir dafür ausreichend Zeit, um die Bedeutung der Worte und deren Effekt in dir auch zu spüren.

Variante: Du kannst die gleiche Übung auch machen, indem du an einen geliebten Menschen denkst und ihm oder ihr im Geiste alles Gute wünschst.

Die LKM reduziert interessanterweise nicht wie MBSR die Aktivität des Mandelkerns in Reaktion auf beunruhigende Bilder, sondern erhöht sie sogar. Und zwar auch dann, wenn wir gerade nicht meditieren. Bedeutet das, dass wir durch die LKM gestresster oder unglücklicher werden als ohne? Wohl kaum, sonst würde sie nicht bei Depressionen und anderen Leiden helfen. Und schließlich haben wir Mitgefühl und nicht Mitleid trainiert. Die erhöhte Reaktion des Mandelkerns bildet hier vermutlich unsere erhöhte emotionale Schwingungsfähigkeit ab, die durch die Praxis ausgebildet wird. Zumindest erlebe ich den Effekt so in mir und anderen. Und da Mitgefühl ja nicht nur glücklich macht, sondern uns außerdem zu altruistischem Handeln veranlasst, ist daran gewiss nichts auszusetzen.

Die Praxis der Bewussten Entladung beinhaltet für mich übrigens beides: Wir üben in der Rolle des Zuhörers sowohl das urteilsfreie Gewahrsein der Achtsamkeitspraxis als auch die Haltung der wohlwollenden Anteilnahme, die durch die Liebende-Güte-Meditation ausgebildet wird. Wir üben sowohl die Nichtidentifikation, die es uns ermöglicht, unsere Ladungen besser zu navigieren, als auch das Mitfühlen, das uns dabei hilft, uns den eigenen Ladungen zuzuwenden. Das hilft nicht nur dem anderen, der von uns im Rahmen der Praxis gehalten wird. Es hilft offenbar auch uns selbst, da wir wichtige Kompetenzen im Umgang mit unseren eigenen Emotionen entwickeln.

So können wir den größeren inneren Raum, der im MBSR-Programm ausgebildet wird, auch nutzen, um uns größeren Päckchen bewusst zuzuwenden. Wir können uns in begrenztem Rahmen selbst einen Raum halten, während wir unserer Zündschnur folgen. Doch dieser Effekt stellt sich erst nach langer, kontinuierlicher Praxis ein – ein MBSR-Kurs dauert acht Wochen, in denen fünfundvierzig Minuten täglich geübt wird, mindestens sechs Tage die Woche. Und zweitens ist die Entladung mit einem Gegenüber wirklich tausendmal effektiver, als wenn du versuchst, es allein hinzubekommen. Ich kann manchmal trotz jahrelanger Praxis Stunden allein an einem Emotionspäckchen herumfühlen, das sich, wenn jemand anderes einen Raum der Anteilnahme für mich hält, innerhalb von fünf Minuten auflöst. Was ich damit sagen will: Ich kann verstehen, dass du es unpraktisch findest, einen anderen Menschen zu brauchen. Es allein zu machen kann aber noch viel unpraktischer, schwieriger und mühsamer sein.

Die durch Bewusste Entladung ausgebildeten Kompetenzen helfen uns übrigens auch, wenn die anderen mal wieder so richtig am Rad drehen und zu allem Überfluss keine Ahnung von ihrem Rucksack, geschweige denn Bewusster Entladung haben. Da ich weiß, dass dieses Thema dich bestimmt schon das halbe Buch beschäftigt, habe ich ihm ein ganzes Kapitel gewidmet.

# 14

# WENN DIE ANDEREN SPINNEN

Bislang habe ich mich in diesem Buch vor allem auf die Frage konzentriert, wie wir gut mit unserem eigenen Rucksack umgehen können. Ich habe diesen Fokus gewählt, weil unsere eigenen Altlasten immer eine größere Herausforderung sind als die der anderen – auch wenn uns das nicht immer so klar ist. Immer wieder begegnen mir bei Vorträgen oder in Seminaren Menschen, die das Konzept des Rucksacks sehr schnell verstehen und auch das Phänomen der emotionalen Aktivierung sofort wiedererkennen – jedoch weniger, was sie selbst angeht, als vielmehr, was ihre Mitmenschen betrifft.

Vielleicht hast auch du dich im Laufe der Lektüre dieses Buches das eine oder andere Mal dabei ertappt zu denken: »Das müsste mal mein Partner lesen!«, oder: »Wenn meine Vorgesetzte doch nur endlich begreifen würde, dass es hier um ihren Rucksack geht!« Tja, du bist mit diesen Stoßgebeten sicher nicht allein. Fakt ist jedoch, dass wir uns nur um unseren eigenen Rucksack kümmern können. Wir können andere lediglich dabei unterstützen, sich um den ihren zu kümmern, wenn sie das möchten. Andere dazu zu bringen, sich mit ihrem eigenen Rucksack zu beschäftigen oder gar Verantwortung dafür zu übernehmen, liegt nicht in unserer Macht. Da können wir noch so überzeugend argumentieren, dass die Welt ein besserer Ort wäre, wenn jeder Mensch Verantwortung für seinen Rucksack übernehmen würde und dass deshalb jeder das tun sollte. Wir haben damit nur einen weiteren Absolutheitsanspruch formuliert, der genauso zerstörerisch wirkt wie jeder andere Absolutheitsanspruch. In diesem Fall führt er dazu, dass wir andere verurteilen, wenn sie nicht tun, was wir für richtig halten, und ihnen genau das vorenthalten, was sie in dem Moment am dringendsten brauchen: Mitgefühl.

Viel zielführender ist in meinen Augen die Haltung, dass jeder einen Rucksack hat, dass es normal ist, aktiviert zu werden, und dass es auf dem heutigen Entwicklungsstand der meisten Menschen ebenso normal ist, dafür nicht die Verantwortung zu übernehmen. Das ist das, was wir gelernt haben. Diese Einstellung gibt mir die nötige Gelassenheit im Umgang mit Aktivierung und Unreife – bei mir selbst und bei anderen Menschen. Sie erleichtert es mir erheblich, die Hand zu heben und zu sagen: »Ich bin gerade aktiviert.« Und sie erleichtert es mir, mit den Aktivierungen anderer auf eine Art umzugehen, die konstruktiv und mitfühlend ist. Ich erwarte von meinen Mitmenschen nicht, dass sie keinen Rucksack haben, nie aktiviert sind oder konsequent Verantwortung für ihre Aktivierungen übernehmen, geschweige denn, dass sie immer bewusst entladen. Und ich erkenne an, dass der Umgang mit emotionaler Aktivierung heute für die meisten Menschen eine echte Herausforderung ist.

Neben dieser grundsätzlich menschlichen, wohlwollenden und nachsichtigen Haltung gibt es einige Grundprinzipien, die sich im konkreten Umgang mit Aktivierung bei anderen als sehr hilfreich erwiesen haben.

Der Umgang mit Aktivierung bei anderen:

1. Raum halten
2. Anteilnahme schenken
3. Abgrenzen
4. Mit dem Bedürfnis in Kontakt bringen
5. Das Bedürfnis würdigen

Diese Prinzipien gelten für Beziehungen jeder Art. Sie greifen, wenn es um den Kontakt mit Kindern geht, genauso, wie wenn der eigene Partner einen schlechten Tag hat. Sie helfen im Job, wenn Kollegen, Mitarbeiter oder Vorgesetzte nicht mehr ganz bei sich sind, genauso, wie wenn die beste Freundin völlig aufgelöst vor der Tür steht, weil es bei ihr mal wieder so richtig gekracht hat.

Einige der aufgelisteten Elemente werden dir bekannt vorkommen, denn sie wurden an anderen Stellen in diesem Buch bereits ausführlich behandelt. Der Unterschied ist hier, dass sie nicht nur im Rahmen der klar definierten Praxis der Bewussten Entladung angewendet werden, sondern sozusagen Freestyle in den Alltag einfließen dürfen. Was damit gemeint ist, wird sicher deutlicher, wenn ich die einzelnen Aspekte hier aus dieser Perspektive erneut beschreibe.

## 1. Raum halten

Die Fähigkeit, einen Raum zu halten, wird in der Praxis der Bewussten Entladung ausgebildet. Je mehr Zeit wir damit verbringen, Raum zu halten, desto besser können wir es. Diese Fähigkeit kommt uns dann auch in anderen Situationen zugute – zum Beispiel, wenn wir es mit jemandem in einem akuten Aktivierungszustand zu tun haben, der vielleicht noch nie von Bewusster Entladung gehört hat. Und eines ist hoffentlich klar: Der Zustand akuter Aktivierung ist in der Regel nicht der richtige Zeitpunkt, jemandem von den Segnungen der Bewussten Entladung zu erzählen. Doch natürlich gibt es auch hier, wie überall, Ausnahmen, die die Regel bestätigen.

Was wir allerdings tun können, ist, innerlich den Modus zu wechseln, sobald wir merken, dass wir es mit emotionaler Aktivierung zu tun haben. Indem wir beginnen, Raum zu halten und diesen dem anderen nonverbal anzubieten, verändert sich automatisch unsere innere Haltung. Die Wahrscheinlichkeit, dass wir selbst durch die Ladung des anderen aktiviert werden, verringert sich. Und wenn wir doch aktiviert werden, sind wir eher in einem Zustand, wo wir dem, was in uns ist, ebenso Raum geben können, also nicht daraus reagieren müssen. Anders ausgedrückt: Wir können es, noch während wir den Raum halten, parken.

Vor allem Kinder zeigen ganz unmittelbar eine Reaktion auf das nonverbale Angebot eines gehaltenen Raumes. Das kann sich darin äußern, dass ihre Entladung sich vorübergehend verstärkt, sie also noch heftiger weinen oder schimpfen. Auch wenn das vielleicht auf den ersten Blick nicht der gewünschte Effekt ist, ist dies ein gutes Zeichen. Es signalisiert, dass das Kind sich sicher fühlt und spürt, dass diese Emotionen jetzt da sein dürfen, dass sie Raum haben, im wahrsten Sinne des Wortes. Diese Erstverschlimmerung wird schon bald von einem natürlichen Abflauen der Entladung gefolgt, wenn der Raum auch von Anteilnahme erfüllt ist.

## 2. Anteilnahme schenken

Auch der zweite Schritt entspricht stark der Praxis der Bewussten Entladung, die hier im Alltag Anwendung findet. Wenn wir viel geübt haben, geschieht das Raumhalten und das Anteilnahmeschenken fast automatisch in einer inneren Bewegung. Doch gerade weil Menschen, wenn sie entladen und vielleicht dazu auch noch keine Verantwortung dafür übernehmen, sehr unangenehm sein können, tun wir gut daran, uns bewusst daran zu erinnern, ihnen Anteilnahme zu schenken. Das ist zunächst wieder nur eine innere Haltungsveränderung, die keiner Worte Bedarf. Wir betrachten den anderen wohlwollend und erkennen an, dass seine Aktivierung in diesem Moment für ihn vermutlich sogar eine größere Herausforderung ist als für uns.

Außerhalb der Praxis der Bewussten Entladung kann es sinnvoll sein, die Anteilnahme auch in Worten zum Ausdruck zu bringen. Dazu bedarf es jedoch viel Feingefühl, damit es keine leeren Floskeln sind oder irgendwie unauthentisch rüberkommt. Nur das, was im Inneren wirklich gefühlt und durchdrungen ist, kann auch im verbalen Ausdruck beim anderen ankommen. Mitfühlende Floskeln bewirken eher, dass der andere sich auf den Arm genommen oder im Stich gelassen fühlt.

Eine gute Möglichkeit, um Anteilnahme auszudrücken, ist das sogenannte aktive Zuhören. Beim aktiven Zuhören wiederholen wir, was der andere gesagt hat, entweder wortwörtlich oder in unseren eigenen Worten. Dadurch zeigen wir, dass es bei uns angekommen ist, und wir spiegeln es zugleich. Wenn jemand also sagt: »Das ist so ein Saftladen hier! Keine einzige Besprechung beginnt pünktlich!«, dann können wir sagen: »Du hast den Eindruck, dass deine Kollegen unprofessionell sind, und das frustriert dich.« Wenn dies bestätigt wird, können wir Anteilnahme ausdrücken, indem wir Verständnis für diese Frustration zeigen. Wir können das auch tun, wenn unsere eigene Wahrnehmung eine ganz andere ist. Vielleicht nehmen wir das Unternehmen sogar als überdurchschnittlich pünktlich war. Oder wir sind selbst der Meinung, dass es wirklich Wichtigeres gibt, als Besprechungen pünktlich zu beginnen. All das spielt in dem Fall keine Rolle. Wir können uns in den anderen hineinversetzen und etwa feststellen: »Ja, mich würde das auch frustrieren, wenn ich den Eindruck hätte, dass ich als Einziger in der Firma Termine einhalte.« Ob diese Wahrnehmung den Tatsachen entspricht, ist hierbei zunächst nicht wichtig, denn im Zustand emotionaler Aktivierung geht es nicht um Rationalität und Fakten, sondern um gefühlte Wirklichkeiten. Bei Anteilnahme geht es darum, an diesen gefühlten Wirklichkeiten Anteil zu nehmen – und nicht, gegen sie zu argumentieren oder sie auf ihren Wahrheitsgehalt zu überprüfen.

## 3. Abgrenzen

Da Menschen in akuten Aktivierungszuständen sehr unangenehme Zeitgenossen sein können, ist es wichtig, dass wir uns auch gut abgrenzen können. Sätze wie: »Ich kann verstehen, dass du wütend oder schlecht gelaunt bist, und ich mag nicht, wenn du so mit mir sprichst« signalisieren Respekt für die Gefühle des anderen und zugleich Respekt vor uns selbst. Besonders Kinder müssen oft noch lernen, wie sie Wut, Schmerz, Frustration oder andere emotionale Ladungen ausdrücken können, ohne respektlos zu werden.

Auch die eigene Wahrnehmung neben die des anderen zu stellen kann ein wichtiger Teil gesunder Abgrenzung sein. Zum Beispiel: »Mein Eindruck ist, dass sich beim Thema Pünktlichkeit in letzter Zeit einiges getan hat. Und ich höre, dass du das anders siehst.« Diese eigene, abweichende Wahrnehmung gleichwertig neben die unseres Gegenübers zu stellen ist sehr anders, als gegen diese anzureden. Sie eröffnet dem anderen einfach eine andere Perspektive, ohne zu sagen, dass seine falsch sei. Denn selbst wenn sie aus unserer Warte betrachtet eindeutig durch die emotionale Ladung verzerrt ist – für unser Gegenüber ist sie zunächst einfach nur seine Realität. Sind wir an wirklichem Kontakt interessiert, gilt es, diese zu würdigen.

## 4. Mit dem Bedürfnis in Kontakt bringen

Da in Aktivierungszuständen Absolutheitsansprüche eine zentrale und oft unheilvolle Rolle spielen, ist es wichtig, diesen ihre Wucht zu nehmen. Das gelingt jedoch nicht, wie es oft versucht wird, indem wir gegen sie argumentieren. Denk daran: Für den anderen sind sie ein Schutzschild vor dem ganzen emotionalen Schlamassel, das sich dahinter verbirgt. Wenn du versuchst, ihm das zu nehmen, dann ist es, als würdest du einem Ertrinkenden den Rettungsring entziehen wollen. Damit machst du dich bestimmt nicht beliebt. Auch hier kann das, was wir in der Praxis der Bewussten Entladung gelernt haben, eine große Hilfe sein. Wir können dem anderen helfen, innerlich den Schritt zu vollziehen, der auch uns in solchen Situationen befreit: vom Absolutheitsanspruch zum Bedürfnis.

In der Praxis sieht das so aus, dass wir dem Absolutheitsanspruch zunächst wenig Aufmerksamkeit schenken. Wir lassen dem anderen seinen Rettungsring. Er ist nicht wirklich von Bedeutung, und es ist auch nicht wichtig, ihm diesen zu nehmen. Viel interessanter ist, welches Bedürfnis sich dahinter verbirgt. Um bei dem Beispiel von vorhin zu bleiben, wo ein Kollege sich über den Saftladen aufregt. Der Absolutheitsanspruch könnte lauten: »Alle sollten pünktlich kommen.« Das Bedürfnis dahinter könnte hingegen heißen: »Ich wünsche mir, dass wertschätzend mit meiner Zeit umgegangen wird.« Oder: »Ich möchte informiert werden, wenn sich der Beginn einer Besprechung verzögert.« Oder: »Ich wünsche mir, dass Vereinbarungen eingehalten werden.« Oder: »Ich will, dass Besprechungen pünktlich beginnen«.

Im Wust der Emotionen weiß unser Gegenüber oft selbst nicht genau, welches Bedürfnis sich hinter dem Absolutheitsanspruch verbirgt. Wenn er wirklich aktiviert ist, dann purzelt in ihm vieles durcheinander. Dazu kommt noch, dass viele Menschen nie gelernt haben, ihre Bedürfnisse wahrzunehmen und als solche zu äußern. Meiner Erfahrung nach gibt es zwei effektive Möglichkeiten, andere dabei zu unterstützen, mit ihrem Bedürfnis in Kontakt zu kommen.

Die erste ist denkbar naheliegend: indem wir danach fragen. Zum Beispiel: »Und was würdest du dir wünschen?« So seltsam es nüchtern betrachtet ist: Ich habe immer wieder erlebt, wie diese einfache Frage Menschen mit sich selbst in Kontakt gebracht hat, und zwar Kinder wie Erwachsene, im beruflichen wie im privaten Kontext. Sie lenkt außerdem die Aufmerksamkeit auf die Tatsache, dass ihr Absolutheitsanspruch eben nicht universell gültig und sowieso sonnenklar ist, sondern ihr persönliches Anliegen.

Die zweite Möglichkeit ist nicht ganz so einfach, funktioniert aber auch gut: Wir versuchen, das Bedürfnis des anderen zu erspüren, formulieren es für ihn und bieten ihm diese Formulierung in Form einer Frage an. Also zum Beispiel: »Du würdest dir wünschen, dass Besprechungen pünktlich beginnen – ist es das?«

Auch wenn wir nicht ins Schwarze treffen, der Effekt ist der gleiche – der andere gleicht unsere Formulierung mit seinem Innenleben ab und kommt dadurch mit sich selbst in Kontakt. Außerdem steckt auch in dieser Formulierung die Feststellung, dass es eben nicht ein universelles Gesetz ist, dass Besprechungen pünktlich beginnen sollten, sondern ein persönliches Anliegen – auch wenn es in unserem Kulturkreis womöglich von vielen Menschen geteilt wird.

## 5. Das Bedürfnis würdigen

Dieser fünfte und letzte Schritt ist meiner Erfahrung nach ein echter Knackpunkt – und ein wichtiger Schlüssel zugleich. Die meisten Menschen sind, bewusst oder unbewusst, der Überzeugung, dass Bedürfnisse vor allem erfüllt werden wollen. Solange wir das glauben, führen Bedürfnisse, die gerade nicht erfüllt werden, unweigerlich zu Stress. Das wiederum ist einer der Hauptgründe, weshalb es uns so schwerfällt, unsere eigenen Bedürfnisse zu spüren oder die eines anderen zu hören, wenn sie nicht zusammenpassen.

Eine für mich persönlich bahnbrechende Erkenntnis war die, dass Bedürfnisse vor allem gewürdigt werden wollen. Das ist noch wichtiger, als dass sie erfüllt werden. Jeder von uns hat, zumindest wenn wir nicht aktiviert sind, die Reife und das Einsichtsvermögen zu erkennen, dass wir nicht immer bekommen können, was wir wollen. Das lernen wir schließlich schon im Kindergarten. Wenn Bedürfnisse jedoch weder gehört noch gewürdigt, geschweige denn erfüllt werden, dann ist das für die meisten Menschen mit Emotionspäckchen verknüpft. Schließlich haben viele genau das in der Kindheit erlebt: Ihre Bedürfnisse wurden von den Erwachsenen entweder übergangen, bekämpft oder erfüllt – jedoch so gut wie nie einfach gewürdigt.

Doch was bedeutet es, ein Bedürfnis zu würdigen? Es bedeutet zunächst einmal, seine Existenz anzuerkennen und deutlich zu machen, dass es gehört wurde. Zum Beispiel, indem wir sagen: »Ich höre, dass dir das wichtig ist« oder »Ich höre, dass dir das ein großes Anliegen ist«.

Außerdem bedeutet es, die Schönheit des Bedürfnisses anzuerkennen und ihm damit eine Existenzberechtigung zu geben. Das kann durch einen einfachen Satz geschehen, zum Beispiel: »Ich kann das total verstehen. Klar wäre es toll, wenn alle immer pünktlich kommen würden.« Indem wir das Bedürfnis auf diese oder andere Weise würdigen, machen wir auch die Lücke zwischen dem Bedürfnis und dem, was ist, aufmerksam. Wir legen dadurch gewissermaßen den Finger in die Wunde, denn genau diese Lücke möchte der Absolutheitsanspruch schließlich um jeden Preis leugnen.

Durch die Anteilnahme und den gehaltenen Raum, in dem wir das tun, ist dies jedoch eine Einladung, den Schmerz zu fühlen, wodurch eine Befriedung der Aktivierung möglich wird. Wir können das auch noch in einem weiteren Schritt verdeutlichen, etwa indem wir hinzufügen: »… und Fakt ist, dass das im Moment nicht der Fall ist.« Oder es einfach so stehen lassen.

Die eben beschriebenen Schritte sind wie gesagt kein Patentrezept. Sie sollen dich vielmehr darin unterstützen, mit der Aktivierung deiner Mitmenschen neue Wege einzuschlagen. Vieles von dem, was hier geschildert wird, ergibt sich intuitiv aus dem Moment heraus, wenn es uns erst gelungen ist, eine entsprechend offene und entspannte Haltung der Aktivierung gegenüber einzunehmen. Klar, das ist, wie so vieles im zwischenmenschlichen Bereich, leichter gesagt als getan. Doch es lohnt sich, es zu probieren.

Eine wichtige Voraussetzung hierfür ist, dass wir zuerst vor unserer eigenen Türe kehren. Egal, wie gut wir es versuchen zu verbergen – der andere merkt, ob wir gerade aktiviert sind. Das ist so, als würde es irgendwo brennen und wir hoffen, dass der andere den Rauch nicht riecht. Meiner Beobachtung nach können auch angeblich unsensible Zeitgenossen eine Aktivierung bei anderen hundert Meter gegen den Wind riechen, und sei es nur unbewusst. Es ist, als hätten wir dafür ein eigenes Sensorium eingebaut. In der Praxis bedeutet das, dass du dir erst einen eigenen Entladungsraum suchen oder deine eigene Ladung sauber parken musst, bevor du versuchst, einen anderen durch so einen Prozess zu begleiten.

# 15

# DEIN RUCKSACK IST EIN GESCHENK

Nun neigt sich unsere gemeinsame Reise durch die Tiefen des Rucksacks dem Ende zu. Inzwischen dürfte deutlich sein, wie viel Unheil unser emotionales Gepäck in unserem Leben und auf der Welt anrichtet. Und es dürfte auch klar geworden sein, dass es anspruchsvoll ist, damit einen guten Umgang zu entwickeln. Was vermutlich noch nicht so deutlich wurde, ist die Tatsache, dass unser emotionales Gepäck ein kostbares Geschenk ist, ein Schatz, den wir nicht umsonst seit Jahrzehnten mit uns herumtragen.

Zwar habe ich diese Behauptung im Laufe des Buches immer mal wieder fallen gelassen – ich bezweifle jedoch, dass ich damit wirklich gelandet bin. Und genau das möchte ich in diesem letzten Kapitel versuchen. Denn erst durch die volle Würdigung und Anerkennung unseres Gepäcks können wir uns wirklich freudig auf die Erforschung unseres Rucksacks einlassen. Solange wir noch primär darauf bedacht sind, ihn loszuwerden, wird unsere Reise beschwerlich, unangenehm und nicht von Erfolg gekrönt sein.

## Ein frischer Blick auf schwierige Erfahrungen

Um genauer zu verstehen, was der Wert von etwas so Unangenehmem und offenkundig Unpraktischem sein soll, müssen wir ein paar Schritte zurücktreten. Es gilt, aus der Vogelperspektive auf unser Dasein als Menschen zu blicken. Aus dieser Warte erkennen wir, dass auf unserem Lebensweg, genau wie auf dem Lebensweg jedes anderen Menschen, Schwierigkeiten, Herausforderungen und schmerzhafte Erfahrungen liegen. Oft vergessen wir, dass dies ein grundmenschliches Phänomen ist. Dann verlieren wir uns leicht in Selbstmitleid, glauben allen Ernstes, dass wir die Einzigen sind, die es so schwer getroffen hat, während alle anderen fröhlich ihren Lebensweg entlanggehen, als wäre es ein Sonntagsspaziergang. Zwar trifft das auf unterschiedliche Menschen in unterschiedlichem Ausmaß zu, doch bei genauerem Hinsehen zeigt sich, dass jeder auf seinem Weg mit seinen eigenen Herausforderungen zu tun hat.

Unser Rucksack ist, wie mehrfach betont, der Speicher all jener schwierigen Erfahrungen, die wir nicht verarbeitet haben. Kein Wunder also, dass er so unbeliebt ist. Doch unsere schwierigen Erfahrungen bergen zugleich das Potenzial, unsere wichtigsten Lehrmeister zu sein. An ihnen entwickeln wir jene Qualitäten, die uns Menschen bestenfalls ausmachen, etwa: Liebesfähigkeit, Weisheit, Mitgefühl, Demut, Hingabe, Dankbarkeit, Achtsamkeit, Klarheit und Vertrauen.

Wenn wir diese Lehrmeister in den Tiefen unseres Rucksacks vergraben und sie, sobald sie daraus auftauchen, mittels irgendeiner Strategie möglichst schnell wieder dorthin zurückdrücken, betrügen wir uns selbst um die kostbare Möglichkeit, die diese uns bieten. Wäre das Leben eine Universität, wir würden Kurs um Kurs belegen, ohne je die Hausaufgaben zu machen, geschweige denn eine Prüfung zu bestehen.

## Fähigkeiten und Bewusstseinszustände

Leser meiner anderen Bücher werden die oben genannten Qualitäten wiedererkennen. Es handelt sich dabei um jene Fähigkeiten und Bewusstseinszustände, die ich als »den nächsten Evolutionsschritt unserer Gefühle« bezeichne. Nach meinem Verständnis hat jeder Mensch das Potenzial zu diesem Schritt in sich angelegt, er geschieht jedoch nicht von allein. Damit diese Qualitäten sich in uns entfalten, braucht es Arbeit, und zwar genau jene Arbeit, zu der unser Rucksack uns beständig auffordert. Indem wir zulassen, dass schwierige Lebenserfahrungen uns berühren, manchmal sogar zerreiben, lassen wir zugleich zu, dass sie uns transformieren. Wenn dies ohne angemessene Unterstützung durch die Anteilnahme anderer entsteht, ist es überwältigend und potenziell traumatisierend. Wenn es in einem Raum liebevoller Anteilnahme geschieht, ist es transformierend.

Ich nenne diese Qualitäten Fähigkeiten und Bewusstseinszustände, da ich sie als beides wahrnehme. Die Bezeichnung Fähigkeit drückt aus, dass sie uns nicht in die Wiege gelegt wurde, sondern sich erst entwickelt. In diesem Sinne grenze ich zum Beispiel die Fähigkeit zu lieben klar von den biologischen Programmierungen der Verliebtheit und der Mutter- oder Vaterliebe ab. Diese sind tatsächlich einfach angeboren, tragen jedoch erfahrungsgemäß nur bis zu einem gewissen Punkt. Irgendwann reicht Verliebtheit nicht mehr, und es braucht echte Liebesfähigkeit, wenn wir es dauerhaft nah mit einem Menschen aushalten wollen. Und auch als Eltern sind wir gefordert, unsere Liebesfähigkeit zu entwickeln, um unseren Nachwuchs durch alle Entwicklungsphasen hindurch offenen Herzens zu begleiten.

Bewusstseinszustand hingegen beschreibt, dass wir, auch wenn wir die Fähigkeit zu lieben oder zu vertrauen entwickelt haben, uns nicht immer in einem Zustand der Liebe oder des Vertrauens befinden. Wir können immer wieder aus diesem Zustand herausfallen – zum Beispiel, wenn wir emotional aktiviert werden. Durch die Praxis der Bewussten Entladung haben wir nun ein konkretes Werkzeug, um dann wieder den Weg in einen Zustand der Liebe oder des Vertrauens, der Hingabe oder der Weisheit zu finden.

Viele Seminarteilnehmer, die zum ersten Mal die Bewusste Entladung erleben, sind ganz erstaunt, wie bereichernd diese Erfahrung für sie ist; und zwar sowohl in der Rolle des Sprechenden als auch in der Rolle des Zuhörers. Sie bemerken, dass einen Raum halten bedeutet, sich in einen Bewusstseinszustand der Achtsamkeit und der Liebe zu versetzen. Und sie stellen überrascht fest, dass sie dazu fähig sind, zumindest für den begrenzten Zeitraum der Praxis. Das bedeutet, wenn ich jemanden darum bitte, für mich einen Raum zu halten, ich nicht nur mir selbst ein Geschenk mache, sondern auch meinem Partner. Man könnte sagen, ich schenke dem anderen Meditationszeit, Zeit in einem Bewusstseinszustand des Mitgefühls.

Und wenn wir in einem solchen Raum unseren eigenen Wunden und nicht verdauten Erfahrungen begegnen, dann wandeln diese sich nach und nach zu einem Stück Lebensweisheit. Wir müssen dort nicht hinsteuern, wir müssen darauf nicht abzielen, wir müssen noch nicht einmal daran denken. Es geschieht vielmehr von ganz allein, wenn wir den Raum bekommen, uns zu fühlen und die angestauten Emotionen loszulassen, genau wie die dazugehörigen Absolutheitsansprüche. Im Laufe der Zeit stellt sich ein tiefes Gefühl von Frieden ein, das ein Merkmal echter Weisheit ist: Frieden mit dem, was ist, wie es ist, und mit dem, was war, wie es war.

Faszinierend sind in diesem Zusammenhang auch die neuesten Erkenntnisse aus der Epigenetikforschung. Erst vor Kurzem hatte ich die Gelegenheit, mich mit dem Epigenetikexperten Matthias Beck im Rahmen eines Symposiums zu diesem Thema auszutauschen. Die Epigenetik befasst sich mit der Erforschung jener Faktoren, die bestimmte Gene aktivieren oder deaktivieren, die also entscheiden, welche der vielen möglichen Gene tatsächlich zum Zug kommen. »Diese Faktoren liegen zum Teil auf den Chromosomen in den Bereichen zwischen den Genen, sie liegen aber auch in den Proteinen, im Zytoplasma und den Zellmembranen, schließlich auch im gesamten Innenleben des Menschen mit seinem Denken und Fühlen sowie seinen zwischenmenschlichen Beziehungen«, schreibt Beck.[17] Das bedeutet, dass die innere Arbeit, die wir machen, um unser Denken, unser Fühlen und unsere Beziehungen zu verändern, einen direkten Einfluss auf die Aktivierung unserer Gene hat. Diese Erkenntnisse eröffnen eine völlig neue Sichtweise auf den Stellenwert innerer Arbeit und auch darauf, wie Evolution geschieht.

Umgekehrt konnte laut Beck inzwischen festgestellt werden, dass die Gedanken, Gefühle, Beziehungen und traumatischen Erfahrungen unserer Vorfahren bis zu vier Generationen zurück durch die Epigenetik unsere Gene beeinflussen. Mit anderen Worten: In unserem Rucksack befinden sich nicht nur unsere persönlichen Themen, sondern auch die Themen unserer Familie. Was unsere Eltern, Großeltern oder sogar Urgroßeltern nicht fühlen konnten, kann im Rahmen der Bewussten Entladung oder therapeutischen Arbeit in uns auftauchen. Doch das ist noch nicht das Ende unseres Rucksacks. Neben den persönlichen und den Themen der Familie gibt es noch kollektive Themen, die in den Tiefen unseres Rucksacks schlummern.

## Der kollektive Rucksack

Viele Menschen, die sich tiefer mit ihrem Rucksack befassen, stellen irgendwann fest, dass die Themen, die sich zeigen, über ihr persönliches Erleben hinausgehen. Ein typisches Beispiel ist, wie stark viele Frauen auf die Themen sexueller Missbrauch und Vergewaltigung reagieren, obwohl sie weder das eine noch das andere selbst erlebt haben. Das kann so weit führen, dass in bestimmten therapeutischen Settings oder auch in der Bewussten Entladung Bilder solcher Erlebnisse auftauchen. Dies kann zunächst sehr verwirrend sein, vor allem wenn den Betroffenen dieses Phänomen noch nicht bekannt ist. Manchmal wird dann fälschlicherweise angenommen, es handle sich hierbei um verdrängte Bewusstseinsinhalte – die es natürlich auch gibt.

Im Laufe der Zeit entwickeln wir ein Feingefühl dafür, wann es sich um kollektive Rucksackinhalte handelt und wann nicht. Die kollektiven Inhalte tauchen zwar genauso in uns auf wie die persönlichen und können uns genauso nahegehen, doch zugleich ist spürbar, dass es hier um mehr geht als das Individuelle. Ich fühle mich in solchen Momenten eigentlich immer stark mit vielen anderen Menschen verbunden. Um bei dem Beispiel mit den weiblichen Themen zu bleiben: In solchen Fällen ist es mir plötzlich, als würde ich tausende von Frauen spüren, die das erleben oder erlebt haben. Und zugleich spüre ich es, als hätte ich es erlebt, obwohl mein Kopf weiß, dass dem nicht so ist.

Mein bisheriger Kenntnisstand zu diesem Phänomen ist, dass es vor allem Menschen betrifft, die viel innere Arbeit gemacht haben und ihren eigenen Rucksack schon ziemlich aufgeräumt haben. Dann stoßen sie zu den tieferen Emotionsschichten vor. Wenn ich das in meinen Seminaren erzähle, wirken manche Teilnehmer durchaus desillusioniert. Ich höre dann Sätze wie: »Dann ist es ja gar nicht sinnvoll, den eigenen Rucksack auszupacken, wenn man sich dann auch noch mit kollektiven Themen herumschlagen muss!« So gut ich diesen Einwand verstehen kann – hier zeigt sich eben, ob der Weg wirklich das Ziel ist oder ob wir den Rucksack doch nur loswerden wollen. Für mich ist es sehr wohl sinnvoll, dass ich meine Fähigkeit, emotionalen Altlasten mit Mitgefühl zu begegnen, nicht allein für mich behalte. Und auch das ist für mich immer eine sehr bereichernde Erfahrung. Neben dem inneren Frieden, der sich bei persönlichen Entladungen einstellt, ist es bei kollektiven Themen vor allem das bereits angesprochene Gefühl von Verbundenheit, das ich als sehr bereichernd erlebe. Unsere geteilte Menschlichkeit wird in diesen Momenten für mich erlebte Wirklichkeit.

## Der Weg ist das Ziel

Ich habe es ja schon gestanden: Als ich begann, mich mit meinem Rucksack zu befassen, wollte ich ihn vor allem loswerden. Ich kann diese Haltung also wirklich gut verstehen! Eine Zeitlang dachte ich allen Ernstes, das wäre die Lösung all meiner Probleme. Heute sehe ich das anders. Überspitzt könnte ich sagen, ich sehe in meinem emotionalen Rucksack die Lösung meiner Probleme. Ich weiß, dass dort genau die maßgeschneiderten Lektionen liegen, die ich brauche, um jene wunderbaren Fähigkeiten weiterzuentwickeln, die in mir als Potenzial angelegt sind. Und diese Fähigkeiten erlebe ich wirklich als die Lösung all meiner Probleme. Nicht weil meine Probleme durch sie verschwinden, sondern weil sie mich befähigen, sie nicht als Probleme zu sehen, sondern als Herausforderungen, an denen ich wachsen kann.

War es früher mein oberstes Ziel, meinen Rucksack so schnell wie möglich loszuwerden, bin ich heute dankbar, ihn zu haben. Er begleitet mich auf meinem Lebensweg und ermöglicht es mir, meine Lebenslektionen in meinem eigenen Tempo abzuarbeiten. Zugleich erinnert er mich beständig daran, meine Hausaufgaben auch abzuschließen, indem er mir immer wieder Situationen sucht, die mich damit in Kontakt bringen. Momente emotionaler Aktivierung können zwar immer noch unangenehm sein, sie haben jedoch ihren Schrecken für mich verloren, denn ich habe nun eine gute Möglichkeit, mit ihnen umzugehen. Und je öfter ich mich entscheide, mir Unterstützung in Form von Anteilnahme durch einen lieben Menschen zu erbitten, desto öfter mache ich die Erfahrung, dass eine schwierige Situation immer auch das Potenzial birgt, mich tiefer mit mir selbst, meinen Mitmenschen und dem Leben in Verbindung zu bringen.

Vor diesem Hintergrund ist es für mich heute gar nicht mehr attraktiv, meinen Rucksack so schnell wie möglich loszuwerden. Viel interessanter ist es, bewusst mit ihm umzugehen und seine Päckchen eines nach dem anderen auszuwickeln, um die Schätze darin zu entdecken. Das ist nicht nur eine große Bereicherung für mich selbst, sondern auch für meine Beziehungen.



## Wie mein Rucksack meine Beziehungen bereichert

Auch diesen Aspekt habe ich im Laufe des Buches bereits immer wieder einfließen lassen, möchte ihn jedoch an dieser Stelle noch einmal hervorheben. War mein emotionales Gepäck und das meiner Mitmenschen früher eine Belastung für meine Beziehungen, ist es heute zunehmend eine Bereicherung. In den Beziehungen, in denen ich die Bewusste Entladung praktiziere, ist dadurch eine ganz neue Qualität von Offenheit, positiver Verletzlichkeit und Intimität entstanden. Wir nutzen daher das Format des unterstützenden Zuhörens auch in Situationen, wo keine akute Entladung ansteht, einfach um für einen Moment einen tieferen Kontakt mit uns selbst und miteinander herzustellen. Stellenweise wechseln wir auch, ohne es explizit zu vereinbaren, in diesen tieferen Modus des Sprechens oder des Zuhörens, oft ohne darüber nachzudenken. Dadurch entsteht eine viel stärkere Verbindung, als wenn wir uns einfach nur unterhalten.

Aber auch jene Beziehungen, in denen ich die Bewusste Entladung nicht praktiziere, profitieren von meinem anderen Umgang mit meinem Rucksack. Früher kam es immer wieder vor, dass ich mir selbst und anderen vorgaukelte, nicht aktiviert zu sein. Das tat ich nicht aus böser Absicht, sondern weil ich es so gelernt hatte. Ich schämte mich meiner Emotionen und versuchte daher, möglichst aufgeräumt daherzukommen, auch wenn ich es nicht war. Oder ich versuchte, mit anderen etwas zu klären, was ich zuerst in mir selbst hätte aufräumen müssen. Heute gelingt es mir immer besser, mich erst um meines zu kümmern und dann entsprechend aufgeräumt in den Kontakt mit anderen zu gehen.

Der bewusste Umgang mit meinem Rucksack hat mich außerdem geduldig gemacht, wenn ich es mit den Ladungen meiner Mitmenschen zu tun bekomme. Ich erkenne immer deutlicher, wie normal und menschlich es ist, Ladungen zu haben, und wie schwierig es ist, gut damit umzugehen. Und auch wenn die genauen Auslöser meiner Mitmenschen für mich nicht immer leicht nachzuvollziehen sind – die Kenntnis meines eigenen irrationalen Rucksacks macht mich milde im Umgang mit anderen. Mein Menschenbild ist weicher und realistischer geworden. Und durch die Auseinandersetzung mit den kollektiven Aspekten des Rucksacks habe ich eine neue Verbundenheit auch mit Menschen entdeckt, denen ich noch nie begegnet bin.

## Ein neues Bewusstsein

Wenn Menschen die Erkenntnisse, die sie durch Aufarbeitung ihrer emotionalen Altlasten gewonnen haben, in Worte fassen, so sind diese oft schwer nachzuvollziehen. Ich erinnere mich an eine Seminarteilnehmerin, die ihre Aufarbeitung einer schwierigen Kindheit reflektierte. Eine enge Bezugsperson hatte sie missbraucht, und es brauchte viele Entladungsrunden, bevor sie damit Frieden schließen konnte. Ihr Fazit könnte in folgenden Worten zusammengefasst werden: »Heute bin ich dankbar für das, was geschehen ist, denn es hat mich zu der Person gemacht, die ich bin.«

Rational sind solche Feststellungen schwer nachzuvollziehen, vielleicht sogar erschreckend. Wie kann eine Frau dankbar dafür sein, als Kind missbraucht worden zu sein? Redet sie sich da nicht etwas schön, um irgendwie damit klarzukommen? Ich glaube nicht, auch wenn es das natürlich genauso gibt. In mir sind in Bezug auf extrem schwierige Erfahrungen in meinem Leben ganz ähnliche Sätze aufgetaucht, nachdem ich jene verarbeitet hatte.

Ob so ein Satz von einer gelebten Wahrheit durchdrungen ist oder nicht, lässt sich nur im unmittelbaren Kontakt mit jemandem spüren. Wir können einen solchen Satz niemals über eine Erfahrung drüberstülpen und hoffen, dadurch irgendetwas gutzumachen. Und natürlich können wir so einen Satz nicht als Legitimation sehen, um Menschen Schaden zuzufügen. Das Leben ist schwierig genug und voller Herausforderungen. Wenn wir zur Entwicklung unserer Mitmenschen beitragen wollen, sollten wir sie darin unterstützen, ihre Lasten aufzuarbeiten, und ihnen keine weiteren aufbürden.

Doch so ein Satz kann ganz unmittelbar in uns auftauchen, wenn viele Tränen geweint wurden, unsere Wunden ausreichend Raum hatten und die damit verbundenen Absolutheitsansprüche liebevoll losgelassen worden sind. Dann geschieht dieser Wechsel auf eine andere Bewusstseinsebene, wo wir die Ordnung im Chaos, den Sinn im scheinbar Unsinnigen, das Geschenk im Schrecklichen, kurz, das Licht im Dunkel erkennen können. Diese andere Bewusstseinsebene hat etwas Irrationales, gewiss. Doch noch passender finde ich den von Ken Wilber geprägten Begriff des Transrationalen. Damit können wir sie von der prärationalen Ebene abgrenzen, auf der beispielsweise unsere Instinkte angesiedelt sind.

Ein transrationaler Blick auf unser Leben und unsere Wirklichkeit ist ein weiser Blick. Er streitet nicht ab, dass es eine Ebene gibt, wo das, was geschehen ist, nicht in Ordnung war. Das bleibt so. Wie die bereits zitierte Vergebungsexpertin Christa Spannbauer es einmal formulierte: »Man kann jemandem vergeben und dennoch mit ihm vor Gericht ziehen.«[18] Dieser weise Blick nimmt uns auch nicht unsere Wut, unsere Trauer oder unsere Sehnsucht nach einem anderen Umgang mit Kindern. Doch zugleich erkennt er an, dass das Leben in seiner Gesamtheit auch anderen Gesetzmäßigkeiten folgt. Im Kontext dieser Gesetzmäßigkeiten offenbaren sich scheinbare Widersprüche als einander bedingende polare Gegenstücke.

## Wie wir nicht nur alt, sondern auch weise werden

In seiner berühmten Kurzgeschichte *Dr. Heideggers Experiment* beschreibt Nathaniel Hawthorne, wie eine Seniorenrunde sich durch ein Wundermittelchen wieder in die Blüte der Jugend zurückversetzt. Nur der Entwickler des Mittels, Dr. Heidegger, verzichtet auf den Gebrauch und zieht es vor, die Veränderung in seinen langjährigen Freunden zu beobachten. Und tatsächlich: Falten und graue Haare verschwinden, die Frische, Schönheit und Heiterkeit der Jugend kehren zurück. Doch nicht nur das: Mit dem jugendlichen Äußeren kehrt auch die innere Jugend zurück, die Hawthorne jedoch durch die Augen Heideggers alles andere als wohlwollend betrachtet. Es wird gekichert und geflirtet, geschäkert und herumgealbert. Sein Fazit: Wenn die Rückkehr in einen jugendlichen Körper zugleich bedeutet, dass die Weisheit meiner Jahre von mir abfällt, so verzichte ich lieber auf diese Möglichkeit.

Auch wenn diese Geschichte vor hundertachtzig Jahren geschrieben wurde, scheint sie mir heute relevanter denn je. Wir sind als Gesellschaft besessen vom Thema Jugend. Mit allen möglichen und unmöglichen Mitteln wird versucht, das Alter auf Abstand zu halten. Ich denke, das liegt nicht nur an der Fixierung auf Äußerlichkeiten, sondern auch an dem Umstand, dass es uns vielfach an positiven Vorbildern fehlt, die echte Lebensweisheit verkörpern. Mit anderen Worten: In unserer Gesellschaft werden erschreckend viele Menschen alt, ohne jedoch in gleichem Maße weise zu werden. Dieses Phänomen ist in meinen Augen direkt darauf zurückzuführen, wie wir mit unserem Rucksack umgehen.

Jedes Alter, jede Lebensphase hat ihre ganz eigene Schönheit und Würde. Unser emotionaler Rucksack birgt den Schlüssel dafür, dass wir im Laufe unseres Lebens nicht nur Falten und graue Haare bekommen, sondern auch jene Weisheit entwickeln, die diesen ihre ganz eigene Schönheit verleiht. Doch dafür müssen wir uns unserem Rucksack zuwenden, dürfen ihn nicht länger ignorieren und wie ein lästiges Bündel widerwillig durch unser Leben schleppen. Er ist nicht dazu da, uns das Leben schwer zu machen. Im Gegenteil: Er ist dazu da, uns stark, weise, liebevoll, demütig, dankbar und vieles mehr zu machen. Das sind die Geschenke, die in seinen Tiefen verborgen liegen und um derer willen wir ihn seit so vielen Jahren mit uns herumschleppen.

Auch wenn es zunächst wie eine schier unüberwindbare Herausforderung erscheinen mag, einen neuen Umgang mit unserem Gepäck zu entwickeln – zu eingefahren sind die alten Gewohnheiten, zu tief sitzen die Automatismen, die Päckchen wegzudrücken oder anderen in die Schuhe zu schieben –, die Mühe lohnt sich; vermutlich mehr, als du erahnen kannst. Und sobald die ersten Schritte getan sind, wird es zunehmend leichter. Nicht nur weil dein Rucksack an Gewicht verliert, sondern auch, weil du direkt erlebst, wie gut es tut, endlich zu fühlen, was in dir ist, und damit einfach Mensch zu sein.

# AUSBLICK

Nun ist es in diesem Buch bislang vor allem um das Persönliche gegangen, um die Frage, wie jeder Einzelne mit seinem Rucksack umgeht. Doch dieses Persönliche ist in meinen Augen nur im Kontext des Kollektiven richtig zu begreifen und einzuordnen. Wenn ein Einzelner eine Entwicklung vollzieht, dann verändert dies vielleicht sein Lebensgefühl. Doch wenn diese Entwicklung nicht auch im Kontext einer größeren gesellschaftlichen Wandlung vollzogen wird, verliert der Einzelne seine Anschlussfähigkeit an diese Gesellschaft.

Die Geschichte ist voll von Beispielen, wo Einzelne Entwicklungsschritte vollzogen haben, für die das Kollektiv noch nicht bereit war, und daher als Außenseiter, Provokateure und vielleicht sogar Wahnsinnige gebrandmarkt wurden. In diesem letzten Abschnitt des Buches möchte ich daher auf den Umgang mit emotionalen Ladungen im Kollektiv blicken und mögliche Entwicklungsschritte für uns als Gesellschaft skizzieren.

Die Herausforderung, mit unserem emotionalen Rucksack gut umzugehen, ist keine neue. Doch wir leben jetzt in einer Zeit, wo wir als Kollektiv zunehmend bereit sind, uns dieser auch zu stellen. Und ich gehe davon aus, dass unsere Nachfahren eines Tages mit ähnlichem Unverständnis auf unseren heutigen Standard emotionaler Hygiene zurückblicken werden wie wir auf den der körperlichen Hygiene des Mittelalters.

Es wird für sie genauso wenig nachvollziehbar sein, dass Populisten im Wahlkampf die emotionalen Altlasten der Bevölkerung für ihre Zwecke mobilisieren können, wie für uns die damals völlig normale kollektive Katharsis bei öffentlichen Hängungen oder am Scheiterhaufen. Genauso verhält es sich mit der früher gängigen Praxis körperlicher Züchtigung von Kindern, die als normaler Bestandteil von Erziehung betrachtet wurde. Heute ist es das Schimpfen, durch welches Eltern, Lehrer und Erzieher Kinder regelmäßig als emotionale Mülleimer missbrauchen, das als normal und notwendig empfunden wird.

Doch wie würde eine Gesellschaft, in der emotionale Hygiene so selbstverständlich ist wie die körperliche Hygiene, nun wirklich aussehen? Was würde anders laufen in der Bildung, der Politik, in den Familien und der Arbeitswelt? In der Hoffnung, diese mögliche Zukunft greifbarer zu machen, möchte ich hier einen Ausblick darauf geben. Es geht mir nicht darum, eine Utopie zu skizzieren – doch möchte ich daran erinnern, dass manches, was uns heute selbstverständlich ist, aus Sicht des Mittelalters sicher utopisch erschien. Und ich möchte darauf aufmerksam machen, dass die Entwicklung sich exponentiell beschleunigt hat. Es wird also mit Sicherheit keine Jahrhunderte dauern, sondern schon wesentlich schneller eine neue Selbstverständlichkeit entstehen.

## Emotionale Hygiene in der Bildung

Das bestehende Schulsystem ist seit den Anfängen der industriellen Revolution mehr oder weniger unverändert. Damals erfüllte es eine wichtige Funktion: Kindern wurden Fertigkeiten beigebracht, die sie von ihren Eltern nicht lernen konnten. Die Eltern waren Bauern, die Kinder sollten sich in die Abläufe industrieller Fertigungsprozesse und militärischer Hierarchien einfügen können. Pünktlichkeit, immer gleiche Abläufe, das genaue Ausführen von Anweisungen, ohne diese zu hinterfragen – all das waren hierfür wichtige Gewohnheiten, die in der Schule trainiert wurden.

Heute stehen wir vor einem ähnlichen Sprung. Nicht nur mechanische Abläufe werden zunehmend von Maschinen ausgeführt, auch immer komplexere Denkprozesse können von Maschinen deutlich schneller, effizienter und oft auch besser ausgeführt werden. Der Automatisierung der handwerklichen Berufe folgt nun die vieler rein rationaler Tätigkeiten. Ob juristischer Rat, Wissensvermittlung in der Schule oder die Erstellung einer Diagnose – viele Arbeiten, die heute noch von Menschen ausgeführt werden, können bald präziser und effektiver von Robotern geleistet werden. Doch wenn diese wichtigen Bereiche wegrationalisiert werden – was bleibt dann für uns Menschen? Es sind jene Bereiche, die bislang nicht automatisierbar sind: die berühmten Soft Skills, unsere Fähigkeit zu fühlen, zu träumen, einander zu spüren, bewusst zu sein. Und genau diese Bereiche müssen massiv gestärkt werden, wenn wir Kinder auf die Herausforderungen vorbereiten wollen, mit denen sie unweigerlich konfrontiert werden.

Schule müsste heute daher, konsequent neu gedacht, vor allem auf Menschenbildung setzen, wobei die Schulung emotionaler Kompetenz ein wichtiger Teilaspekt wäre. Kindern könnte hier etwas mitgegeben werden, was sie von ihren Eltern nicht lernen können: ein guter und bewusster Umgang mit emotionalen Ladungen zum Beispiel.

Möglich würde dies natürlich nur durch Lehrkräfte, die diese Kompetenz bereits ausgebildet haben. Hier braucht es neue Ansätze in der Lehrerbildung, die in Zukunft vor allem auf Persönlichkeitsbildung setzen müsste. Lehrer müssten weniger dazu angeleitet werden, ein bestimmtes Wissensgebiet zu beherrschen (das binnen weniger Jahre möglicherweise sowieso überholt und zudem jederzeit per Mausklick abrufbar sein wird), sondern stattdessen darin geschult werden, emotionale Aktivierung bei sich selbst und ihren Schützlingen zu erkennen, um bewusst damit umgehen zu können.

Außerdem müsste der Tagesablauf in Schulen der Tatsache Rechnung tragen, dass es unweigerlich zu Konflikten und damit auch zu Aktivierungen kommt, wenn so viele Menschen zusammen lernen und arbeiten. Die meisten Kinder kommen ja schon aktiviert in der Schule an und bräuchten hier erst mal einen Rahmen, in dem sie wieder mit sich in Kontakt kommen können. Ein Versuch in diese Richtung ist das »Bewegte Klassenzimmer«, das in der Primarstufe an manchen Waldorfschulen eingeführt wurde. Hier wird in der ersten halben Stunde erst einmal getobt, Seil gesprungen oder aus den Schulbänken ein Parcours gebaut, gefolgt von einem Morgenkreis, bevor das konzentrierte Arbeiten losgeht.

Auch Lehrer bräuchten Räume, in denen sie bewusst entladen können, damit sie die Ladungen nicht von einer Stunde in die nächste schleppen, bis ihnen der Kragen platzt. Aktuell äußert sich das, wie auch in vielen Büros, in der Lästerstunde im Lehrerzimmer, wo jedoch eingefahrene Dramen lediglich bestätigt werden. Eine kleine Einheit zur Bewussten Entladung wäre hier sicher zielführender und sollte meines Erachtens fest in den Tagesablauf eingeplant werden.

Ein solcher Entladungsraum für Schüler kann auch im Rahmen des sogenannten »Trainingsraumkonzepts« entstehen, das sich an einigen deutschen Schulen bewährt hat. Ich wurde durch einen Vortrag der Lehrerin und Schulpräventologin Silke Ihsen und ihrer Kollegin Steffi Kochem auf das Projekt aufmerksam. An der Oberschule Lachendorf im Landkreis Celle, wo Silke Ihsen tätig ist, hatte eine Umfrage ergeben, dass das Ausmaß der Unterrichtsstörungen sowohl für Schüler als auch für Lehrer nicht mehr tragbar war. Als Intervention wurde ein Trainingsraum eingerichtet. Schüler, die den Unterricht wiederholt störten, wurden in den Trainingsraum geschickt. Anders als beim berühmten Gang zum Rektor befand sich in dem Trainingsraum immer eine Ansprechperson, mit der über das Ereignis gesprochen werden konnte. Im

Fall der Oberschule Lachendorf wechselten sich alle Lehrer bei dieser Aufgabe ab, zunächst sogar ehrenamtlich.

Im Trainingsraum geht es nicht darum, Schüler zu maßregeln, sondern ihnen einen Rahmen zu geben, in dem sie die Störung für sich klären können. Ihsen beschreibt ihre Erfahrung wie folgt: »Schüler brauchen Zeit zum Reden. Häufig liegen die Probleme gar nicht an einer Situation in der Schule, sondern kommen aus der Familie. Im Trainingsraum konnten schon viele große Probleme besprochen und angegangen werden.«[19] Für mich wenig verwunderlich ist die Tatsache, dass die Anzahl der Störungen und Konflikte durch den Trainingsraum erheblich gesunken ist. Dieses Ergebnis deckt sich übrigens mit den Erhebungen an anderen Schulen mit einem Trainingsraum.[20]

## Emotionale Hygiene in der Familie

Eine wichtige Keimzelle gesellschaftlicher Veränderung ist die Familie. Die sozialen Normen, die wir hier erlernen, prägen uns ein Leben lang, genau wie die emotionalen Wunden, die wir hier mitbekommen. Es ist nicht unsere Aufgabe, perfekte Eltern zu sein, denn Enttäuschungen und Verletzungen gehören zum Leben nun mal dazu. Und doch, oder gerade deshalb, tun wir gut daran, bewusst mit emotionalen Ladungen umzugehen. Kinder erleben Überforderungsmomente genau wie wir als Eltern. Das ist nicht nur normal, es ist auch gar nicht schlimm, wenn wir das Rüstzeug haben, damit umzugehen.

Leider fehlt es genau hieran in vielen Familien nach wie vor. Es stehen Kettenreaktionen an der Tagesordnung: Die emotionale Ladung des Kindes aktiviert die Mutter oder umgekehrt, und die daraus entstehenden Verstrickungen setzen sich oft bis ans Lebensende fort. Die meisten Erwachsenen werden durch die Anwesenheit ihrer Eltern aktiviert wie durch sonst keine anderen Menschen.

Entzerrt werden kann dieser Prozess auch durch Räume zur Bewussten Entladung, die Eltern sich gegenseitig regelmäßig anbieten. Und zwar nicht erst, wenn das Fass schon im Begriff ist überzulaufen, sondern regelmäßig und präventiv. Das befähigt sie, ihre eigenen Ladungen effektiver zu parken, wenn sie im Alltag auftauchen, und sich nicht von den Ladungen der Kinder aus der Bahn werfen zu lassen.

Zwar gibt es jede Menge Eltern, denen das augenscheinlich gelingt, doch häufig klinken diese sich einfach komplett emotional aus und sind dadurch für die Kinder nicht mehr präsent oder spürbar. Sie stellen sich über die Kinder, wirken kalt, abgeklärt und unnahbar in ihrem Versuch, sich vor der Heftigkeit kindlicher Emotionen zu schützen. Das ist nicht gemeint. Gemeint ist, für die Kinder einen Raum halten und ihnen Mitgefühl schenken zu können, damit sie ihre eigenen Emotionen regulieren können, ohne auf die eigenen Aktivierungen einzusteigen.

Ein eindrucksvolles Beispiel, wie diese Form der Präsenz den Kontakt mit Kindern entscheidend verändern kann, ist die Arbeit von Thomas Harms. Hauptfokus seiner Arbeit ist die Arbeit mit Eltern von so genannten Schreibabys. Unter dem Oberbegriff »Emotionelle Erste Hilfe« schult Harms Eltern darin, mit sich selbst und ihren Babys in Kontakt zu bleiben. Und siehe da: Sowie die Eltern sich selbst spüren und mit dem Baby in Kontakt bleiben, wenn es schreit, beruhigt das Baby sich.[21]

Natürlich ist die Fähigkeit, für Kinder einen Raum zu halten, nicht nur in der Babyzeit ausschlaggebend. Eltern, die in der Lage sind, einen Raum zu halten und ihren Kindern einfühlsam und nicht wertend zuzuhören, werden merken, dass diese sich ihnen auch als Jugendliche und Erwachsene gerne anvertrauen. Hierbei ist es gar nicht wichtig, die Bewusste Entladung in ritualisierter Form anzubieten. Durch die Praxis der Eltern verändert sich das Kommunikationsverhalten mit dem Nachwuchs. Dieser nutzt die angebotenen Entladungsräume intuitiv, auch wenn diese nie als solche benannt werden. Das liegt daran, dass Kinder noch einen wesentlich natürlicheren und spontaneren Zugang zu ihren Gefühlen und Emotionen haben als wir. Ritualisierte Formen können ihnen daher auch künstlich erscheinen. Wer mehr über das Thema Kinder, Eltern und Gefühle erfahren möchte, findet in meinem Buch *Kleine Gefühlskunde für Eltern* weitere Anregungen.

## Emotionale Hygiene in der Arbeitswelt

Noch vor zwei oder drei Generationen war es nicht nur normal, dass Eltern ihre Kinder körperlich züchtigten, sondern auch am Arbeitsplatz war es gang und gäbe, dass hierarchisch Höhergestellte ihre Untergebenen als emotionale Mülleimer missbrauchten. Und wie die körperliche Züchtigung von Kindern ist auch diese schlechte Angewohnheit bei Weitem noch nicht ausgestorben. Natürlich gibt es sie noch, die Vorgesetzten, die ihren Emotionshaushalt gerne dadurch regulieren, dass sie einen kleinen Angestellten mal so richtig zur Schnecke machen. Doch ich wage zu behaupten, dass sie einer aussterbenden Spezies angehören, denn diese Umgangsform ist immer weniger salonfähig.

So schön das ist, es bedeutet auch, dass wir gefordert sind, einen neuen Umgang mit unseren emotionalen Ladungen zu entwickeln. Und zwar nicht nur, damit alles möglichst harmonisch abläuft, sondern vor allem, damit wir wirklich konfliktfähig sind. Bedingt durch die Komplexität der Herausforderungen, mit denen wir uns heute auseinandersetzen müssen, sind wir zunehmend darauf angewiesen, unsere Kooperationsfähigkeit zu entwickeln. Da die Summe menschlichen Wissens und die Vielfalt der Fertigkeiten enorm angestiegen ist, nimmt die Anzahl der Situationen, in denen nur mehrere Menschen gemeinsam ein Problem lösen können, rasant zu. Mit anderen Worten: Die Nutzung kollektiver Intelligenz ist ausschlaggebend für unsere Zukunftsfähigkeit. Diese ist wiederum nur unter emotional hygienischen Bedingungen möglich. Wenn der gemeinsame Raum eines Teams emotional verstopft oder gar vergiftet ist, können solche Prozesse nicht gelingen.



## Emotionale Hygiene in der Politik

Politik ist eine hochemotionale Angelegenheit. Die großen politischen Umwälzungen sind immer mit einer starken Emotionalität einhergegangen, die von bestimmten Wortführern so kanalisiert wurde, dass bestehende Machtsysteme ins Wanken gerieten. Dies geschieht immer dann, wenn die Mächtigen zu lange die Bedürfnisse vieler ignorieren.

Dieser Vorgang ist per se weder gut noch schlecht. Problematisch wird er, wenn die vorhandenen Ladungen in der Bevölkerung auf Ziele gelenkt werden, die nicht die eigentliche Ursache sind. Und das ist leider sehr häufig der Fall. Die populistische Politik der einfachen Antworten, die derzeit wieder hoch im Kurs steht, bietet uns vorgefertigte Zielscheiben für unsere emotionalen Altlasten. Das hat den Vorteil, dass die eigentlichen Probleme nicht angegangen werden müssen, allerdings geschieht bei solchen Vorgängen immer großes Unrecht. Oft ist dies den Tätern nicht bewusst, denn es fühlt sich auf einer emotionalen, rein subjektiven Ebene einfach nur verdammt richtig und gut an, wenn unsere Absolutheitsansprüche bestätigt werden.

Eine reife Politik verzichtet bewusst auf eine solche Instrumentalisierung von Emotionen und Absolutheitsansprüchen. Sie hat es auch nicht nötig, diese für ihre Zwecke zu nutzen, da sie sich aufrichtig für die wahren Bedürfnisse aller einsetzt. Hierfür bräuchte es jedoch ein politisches System, das Lagerbildung nicht fördert, sondern dieser gezielt entgegenwirkt. Schon lange lässt sich beobachten, dass sich Konsens und Dissens nicht entlang von Parteigrenzen bewegen. Die digitalen Möglichkeiten, die wir heute haben, befähigen uns auch, die Bedürfnisse der Bevölkerung präziser abzubilden und als Leitlinien für politische Entscheidungen zu nutzen. Und nicht nur das: Auch Lösungsansätze können zunehmend aus der Bevölkerung generiert werden.

Als richtungsweisend empfinde ich hier die Ansätze des »systemischen Konsensierens«, eines an der Universität Graz entwickelten Abstimmungsverfahrens, das Lagerbildung vorbeugt und jene Lösungen zum Zug kommen lässt, die die Bedürfnisse aller bestmöglich berücksichtigt.[22] Die Energie, die heute in Grabenkämpfen zwischen den Parteien verloren geht, könnte genutzt werden, um echte Lösungen für die eigentlichen Probleme zu entwickeln. Das bedeutet natürlich nicht, dass jeder genau das bekommt, was er möchte. Doch wir wären heute sehr wohl dazu in der Lage, die Bedürfnisse aller so weit zu berücksichtigen, dass die Stimmungsmache der Populisten ihre Attraktivität verliert.

# ANHANG

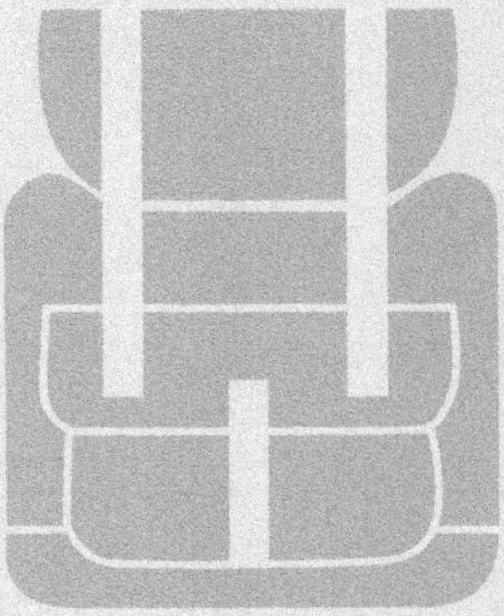

Am Anfang kann es überwältigend sein, sich einen neuen Umgang mit einem so zentralen Thema wie dem emotionalen Rucksack zu erarbeiten. Daher gibt es hier im Anhang noch ein paar Hilfsmittel, die dich dabei unterstützen. Hier findest du eine **Schritt-für-Schritt-Anleitung** mit Querverweisen zu den entsprechenden Übungen und Texten im Buch, falls du dir zusammen mit einem Partner die Praxis der Bewussten Entladung erarbeiten möchtest. Erfahrungsgemäß fällt es manchen Menschen leicht, einfach der Anleitung zu Übung 11 zu folgen und auf diesem Weg die Bewusste Entladung zu erlernen. Andere brauchen deutlich mehr Hilfestellung. Dafür ist diese Schritt-für-Schritt-Anleitung gedacht. Weiter findest du eine **Checkliste**, die du nach einer Entladungssession durchgehen kannst, um die Session für dich zu reflektieren. Als dritte Hilfestellung gibt es die **Zündschnur kompakt**, wo ich den klassischen Ablauf einer Entladungssession in komprimierter Form zusammenfasse. Dort habe ich auch vier Fragen herauskristallisiert, die dich durch die verschiedenen Phasen einer Entladung sicher navigieren. Diese sind als Hilfestellung gedacht, nicht als Ersatz für die Fühlreise – doch das dürfte mittlerweile hoffentlich klar sein! Und zuletzt gibt es noch am Ende dieses Buches einen **Spickzettel**, den du heraustrennen und entweder irgendwo aufhängen oder im Geldbeutel immer mitführen kannst. Darauf stehen fünf konkrete Schritte, die dir im Zustand akuter Aktivierung helfen, einen neuen Weg einzuschlagen.

## Schritt-für-Schritt-Anleitung: Bewusste Entladung erlernen

Diese Anleitung soll dich zusammen mit einer Partnerin in drei konkreten Schritten durch den Prozess begleiten, die Bewusste Entladung zu erlernen. Ihr könnt die vorgeschlagenen Schritte an unterschiedlichen Tagen machen, sodass ihr euch immer nur ca. zehn bis zwanzig Minuten Zeit je Übung nehmen müsst. Oder ihr übt einmal einen ganzen Nachmittag, bis ihr den Eindruck habt, den Dreh herauszuhaben.

### Schritt eins: Das Raumhalten üben

Beginnt mit Übung 9: Raumhalten. Macht die Übung ruhig zweimal hintereinander, um euch mit dem Raumhalten vertraut zu machen. Nehmt euch nach jeder Runde Zeit, eure Erfahrung zu reflektieren. Mögliche Fragen können hierzu sein: Konnte die gehaltene Person überhaupt wahrnehmen, dass sie gehalten wird? Falls ja, wie hat es sich angefühlt? Konnte sie sich darauf einlassen, gehalten zu werden? Wie ging es der Person, die gehalten hat? War es anstrengend? Was hat sie wahrgenommen?

### Schritt zwei: Was fühlst du gerade?

Wiederholt Übung 9 und nehmt ein weiteres Element dazu. Die Person, die den Raum hält, fragt die Person, die gehalten wird: »Was fühlst du gerade?« Die Person, die gehalten wird, übt sich darin, diese Frage zu beantworten und dabei aus dem Moment und aus dem Gefühl/der Empfindung/der Emotion zu sprechen (siehe auch Übung 10: Emotionen sprechen lassen). Wenn die gehaltene Person länger still ist, kann die haltende Person die Frage wiederholen, bei Bedarf auch mehrmals. Dies sollte achtsam und einfühlsam geschehen, ohne die Person zu bedrängen. Die haltende Person sollte bei dieser einen Frage bleiben und sich nicht weiter einmischen, auch wenn keine Antworten kommen. Nehmt euch pro Person mindestens fünf Minuten Zeit und tauscht dann die Rollen. Natürlich könnt ihr diesen Schritt auch mehrmals machen, bevor ihr zu Schritt drei übergeht.

### Schritt drei: Suche dir einen Zugang zu deiner Zündschnur

Für die nächste Übung braucht ihr einen konkreten Zugang zu eurer Zündschnur. Wenn ihr wollt, lest euch noch einmal die entsprechende Passage in Kapitel 8, »Die innere Zündschnur«, durch (Seite 131) und seht euch den Übersichtskasten dazu an. Wählt entweder eine akute Aktivierung, eine Erinnerung an eine Aktivierung, eine Erinnerung an ein schwieriges Ereignis, eine jetzt akute Emotion oder eine körperliche Empfindung als Einstieg aus. Alternativ könnt ihr auch einen Symbolgegenstand verwenden (siehe Übung 1: Erste Rucksackinspektion), einen stark emotional aufgeladenen Vorwurf (siehe Übung 17: Vorwürfe loslassen) oder direkt einen Absolutheitsanspruch (siehe Übung 16: Absolutheitsansprüche mit und ohne Ladung erspüren).

Nutzt nun das in Übung 11 beschriebene Format der Bewussten Entladung, um einander einen Raum zu geben, in dem erst die eine und dann die andere den gewählten Zugang nutzen kann, um sich auf ihre innere Zündschnur einzulassen. Nehmt euch dieses Mal mindestens fünf bis zehn Minuten Zeit pro Person, gerne auch länger.

Wenn ihr beobachtet, dass es euch schwerfällt, im Fühlen zu bleiben und aus dem Gefühl zu sprechen, kehrt ruhig immer wieder zu Schritt zwei zurück. Wenn ihr merkt, dass es mit dem Raum liebevoller Anteilnahme und dem Sich-halten-Lassen noch nicht so klappt, kehrt wieder zu Schritt eins zurück. Bewusste Entladung ist, wie gesagt, ein innerer Dreh, der Übung erfordert. Folgende Checkliste kann dir helfen, die Entladungssession danach für dich zu reflektieren.

Folgende Checkliste kann dir helfen, deine Entladungszeit zu überprüfen. Das ist gerade zu Beginn hilfreich, um sich möglicher Sackgassen bewusst zu werden.

1. Hat sich mein allgemeiner Gefühlszustand durch die Sitzung verändert? Wenn ja, wie?
2. Hat sich mein emotionaler Bezug zu dem Thema/dem Ereignis verändert? Falls ja, wie?
3. Ist es mir gelungen, mit der Gefühlsebene in Kontakt zu bleiben bzw. immer wieder dorthin zurückzukehren? Oder habe ich vor allem eine Geschichte erzählt oder mich in einer Analyse verlaufen?
4. Falls es sehr emotional war: Ist es mir gelungen, aus meinem Drama auszusteigen und mich auf die dahinterliegenden Emotionen einzulassen? Habe ich meinen Absolutheitsanspruch aufgespürt und infrage gestellt? Habe ich mich mit meinem eigentlichen Bedürfnis verbunden?
5. War ich wohlwollend und liebevoll mit mir selbst?

Diese Checkliste ist als eine Art Spiegel gedacht, in den du blicken kannst. Sei geduldig, liebevoll und wohlwollend mit dir. Es ist ein normaler Teil des Lernprozesses, sich hier auch mal zu verlaufen. Wenn du es erkennst, ist alles in Ordnung, und du bist auf einem guten Weg. Je mehr du übst, desto selbstverständlicher wirst du dich in deinem inneren Labyrinth zurechtfinden.

## Zündschnur kompakt

Im Laufe der Zeit hat sich ein bestimmtes Schema herauskristallisiert, dem erfolgreiche Entladungsprozesse folgen. Ich habe dieses in der Grafik auf Seite 275 kompakt dargestellt, um es dir als

Orientierung anzubieten. Bitte widerstehe der Versuchung, dich mental hineinzugraben oder daraus ein Konzept oder gar Rezept zu bauen. Ein Entladungsprozess muss immer ein organischer Vorgang sein, damit er lebendig bleibt. Das bedeutet, dass jeder Prozess anders ist und eigenen Rhythmen folgt. Diese gilt es vor allem zu würdigen. Wenn wir versuchen, den Prozess an das hier dargestellte Schema anzupassen, landen wir leicht in einem mechanistischen Abklatsch der eigentlichen Heilung.

So kommt zum Beispiel nicht jeder Schritt in jedem Entladungsprozess vor. Und nicht immer geschehen die Schritte in dieser Reihenfolge. Manche Themen brauchen wirklich Jahre, um diesen Prozess ganz vollziehen zu können – und das ist in Ordnung.

Die Gefahr solcher Schemen und Konzepte ist immer, dass diese sich zwischen uns und unsere Erfahrung schieben können. Wir beginnen, das Konzept ernster zu nehmen oder ihm mehr Gültigkeit zuzusprechen als unserem Erleben in diesem Moment. Gedanken wie »Aber ich sollte doch jetzt den Absolutheitsanspruch hinterfragen« bringen uns nur von uns selbst weg und sind nicht förderlich.

## Das Zusammenspiel von Verstand und Emotion

Nach all diesen »Warnungen« möchte ich erklären, warum dieses Schema hier dennoch abgebildet ist. Es zeigt zum einen, wie eng die Verstandesebene (oben) und das Fühlen (unten) zusammenarbeiten, wenn es um emotionale Heilung geht. Die Wellenlinie stellt die innere Zündschnur dar und zugleich unsere Wahrnehmung, die zwischen diesen beiden Ebenen hin und her pendelt. Idealerweise haben wir immer beide Ebenen in unserem Aufmerksamkeitsfeld, doch der Fokus unserer Wahrnehmung pendelt zwischen beiden Ebenen. Mal ist er auf der Ebene des Verstandes, wenn dieser bestimmte Fragen stellt oder Erkenntnisse zulässt, dann lässt er sich wieder ganz auf das Fühlen ein, denn dort geschieht ja die eigentliche Heilung. Die verschiedenen Fragen, die der Verstand im Laufe des Prozesses anbieten kann, sind Handreichungen, damit wir uns nicht auf der emotionalen Ebene verlieren. Trotzdem dürfen sie nicht dazu führen, dass das eigentliche Fühlen zu kurz kommt. Dafür muss der Verstand sich ständig darüber im Klaren sein, wie wichtig das Fühlen ist, und diesem ausreichend Platz einräumen. In dieser Zeit tritt er bewusst zur Seite und gibt innerlich Raum für das, was sich emotional zeigt.

### Ausdruck zulassen

Neben dem Zusammenspiel dieser beiden Ebenen möchte ich noch die aufsteigenden und die absteigenden Wellenbewegungen gesondert betrachten. Die aufsteigenden Bewegungen (also jener Teil der Welle, wo die Aufmerksamkeit von der emotionalen Ebene wieder in Richtung Verstand wandert, in der Grafik Abschnitt 4, 8, 12 und 16) sind meistens begleitet von dem Hinweis »Die Emotion sprechen lassen« (siehe auch Übung 10).

Hier geht es um den möglichst ungefilterten Ausdruck dessen, was sich im Fühlen zeigt. Es bekommt Gehör. Wie in Kapitel acht, »Die innere Zündschnur«, bereits geschildert, vermindert sich dadurch auch die Intensität der Emotionen. Wenn wir rein aus der Emotion sprechen und diese nicht durch Gedanken neu anschubsen/erzeugen, kehrt schon bald eine gewisse Ruhe ein. Dadurch wird es leichter, auf der mentalen Ebene einen neuen Fokus/Impuls zu setzen. Dieser Teil der Welle hat also zum einen die Funktion, etwas hochkommen zu lassen, und zum anderen soll er eine Entlastung des emotionalen Systems ermöglichen. Auch beim Abschnitt 16, Bedürfnis sprechen lassen/würdigen, geht es darum, etwas hochkommen zu lassen, auch wenn es diesmal keine Emotion mehr ist, sondern ein lang vergrabenes Bedürfnis. Die innere Bewegung ist sehr ähnlich: hinspüren, zulassen, aufsteigen lassen, ausdrücken.

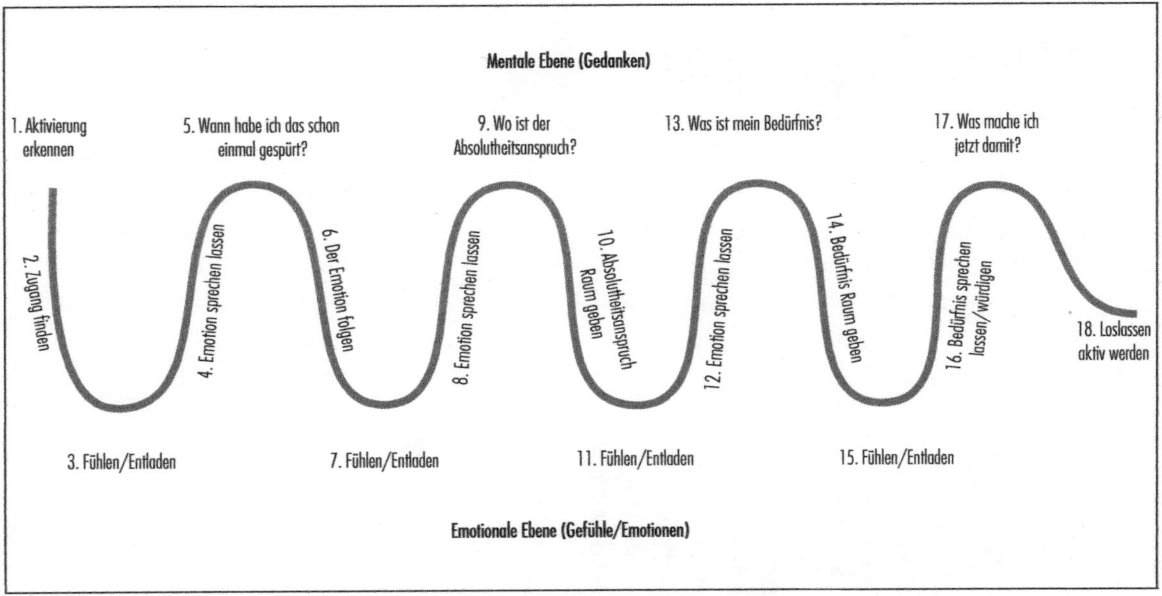
Mentale Ebene (Gedanken)
1. Aktivierung erkennen
2. Zugang finden
3. Fühlen/Entladen
4. Emotion sprechen lassen
5. Wann habe ich das schon einmal gespürt?
6. Der Emotion folgen
7. Fühlen/Entladen
8. Emotion sprechen lassen
9. Wo ist der Absolutheitsanspruch?
10. Absolutheitsanspruch Raum geben
11. Fühlen/Entladen
12. Emotion sprechen lassen
13. Was ist mein Bedürfnis?
14. Bedürfnis Raum geben
15. Fühlen/Entladen
16. Bedürfnis sprechen lassen/würdigen
17. Was mache ich jetzt damit?
18. Loslassen aktiv werden
Emotionale Ebene (Gefühle/Emotionen)

Außerdem möchte ich noch den absteigenden Teil der Welle betrachten (in der Grafik beschriftet mit 2, 6, 10, 14). Hier geht es darum, den mental gesetzten Impuls in die emotionale Ebene mitzunehmen/hinabsinken zu lassen. Dafür müssen wir uns einerseits dem mentalen Impuls (also zum Beispiel der Frage »Wann habe ich das schon einmal gespürt?«) öffnen, zugleich müssen wir jedoch die mentale Ebene loslassen und zulassen, dass wir mit dieser Frage wieder in die emotionale Ebene eintauchen. Die Antworten auf diese Fragen dürfen nie von der Verstandesebene vorweggenommen werden, das ist zwar sehr verlockend, sabotiert jedoch den Prozess. Damit das gelingt, müssen wir alles, was wir zu wissen glauben, beiseitestellen und mit einer Offenheit der emotionalen Ebene lauschen. Oft ist es sehr überraschend, was sich dort zeigt – ein zuverlässiges Zeichen, dass wir uns wirklich eingelassen haben.

# DANKSAGUNG

Allen voran möchte ich meinem Mann Christian und meinen wunderbaren Söhnen danken. Jeder von euch ist mir wichtiger Lehrer, Begleiter und Spiegel auf dem Weg mit meinem Rucksack. Danke, dass ihr so seid, wie ihr seid.

Meiner lieben Freundin Chiara Jana Greber danke ich für die wertvollen inhaltlichen Impulse, insbesondere zu Übung 17 und für die Anregung für die Schritt-für-Schritt-Anleitung im Anhang. Und für all die Male, wo ich einfach anrufen durfte.

Manitonquat und Ellika Linden danke ich für ihr unermüdliches Engagement für die Verbreitung des Co-Counseling und die wertvollen Impulse, die ich durch ihre Arbeit erhalten habe. Ihr seid wunderbar.

Thomas Schmelzer danke ich dafür, dass er so klar seinen Impulsen folgt und sich nicht so leicht abwimmeln lässt. Ohne dich würde es dieses Buch nicht geben.

Ulrich Ehrlenspiel, Caroline Colsman und Pascal Frank vom Goldmann Verlag danke ich für die große Wertschätzung und Offenheit, mit der sie mir von Anfang an begegneten.

Den Seminarteilnehmern der Rucksackseminare danke ich für ihre Fragen, ihre Antworten sowie für das gemeinsame Lernen und Forschen. Meiner inzwischen verstorbenen Freundin Karen Behmer danke ich für die wertvolle Assistenz und für die Impulse aus der Traumatherapie. Du fehlst mir.

Kerstin Hacker danke ich für ein paar windige Sommertage auf Langeoog, die ich mit ihrer Unterstützung ganz dem Schreiben widmen durfte.

Meinen Eltern danke ich für all die Arbeit, die sie an ihrem Rucksack getan haben. Meiner Mutter, der das Buch gewidmet ist, danke ich für alles – insbesondere jedoch dafür, dass deine Reise immer weitergeht.

# ÜBUNGSVERZEICHNIS

# QUELLENVERZEICHNIS

1 http://www.paulekman.com/wp-content/uploads/2013/07/Basic-Emotions.pdf, abgerufen am 21. September 2017 um 10:58 h.
2 S. M. Mallick and B. R. McCandless, »A Study of Catharsis Aggression«, Journal of Personality and Social Psychology 4 (1966) or Travis, Anger: The Misunderstood Emotion.
3 ebd.
4 http://www.salon.com/2015/06/12/toxic_masculinity_is_killing_men_the_roots_of_male_trauma_partner/, abgerufen am 21. September 2017 um 10:48 h.
5 http://asr.sagepub.com/content/71/3/353, abgerufen am 6. Mai 2015 um 15:33 h.
6 Jackson, Tim: Prosperity without Growth, earthscan publishing, 2009, S. 37.
7 Emotion Elicits the Social Sharing of Emotion: Theory and Empirical Review, http://emr.sagepub.com/content/1/1/60, abgerufen am 8.12.2016 um 12:22h.
8 https://www.ncbi.nlm.nih.gov/pmc/articles/PMC1679147/, abgerufen am 1. Juli 2017 um 14:00 h.
9 McCraty, Rollin: Science of the Heart, Exploring the Role of the Heart in Human Performance Volume 2, Boulder Creek, 2015, S. 36–44.

10 Batson, C. D., Fultz, J. and Schoenrade, P. A. (1987), Distress and Empathy: Two Qualitatively Distinct Vicarious Emotions with Different Motivational Consequences. Journal of Personality, 55: 19–39.

11 https://www.swr.de/swr2/wissen/mitgefuehl-neu-studien/-/id=661224/did=11286912/nid=661224/8ibzjc/index.html, abgerufen am 25. Oktober 2017 um 12:11 h.

12 Matthew D. Lieberman, Naomi I. Eisenberger, Molly J. Crockett, Sabrina M. Tom, Jennifer H. Pfeifer, Baldwin M. Way: Putting Feelings Into Words, Psychological Science, Vol 18, Issue 5, 25. November 2016, pp. 421–428.

13 Rimé, Bernard, Páez, Darío, Basabe, Nekane, Martinez, Francisco: Social Sharing of Emotion, Post-Traumatic Growth, and Emotional Climate: Follow-up of Spanish Citizen's Response to the Collective Trauma of March 11th Terrorist Attacks in Madrid, European Journal of Social Psychology, Eur. J. Soc. Psychol. 40, 1029–1045 (2010).

14 http://journal.frontiersin.org/article/10.3389/fnhum.2012.00292/full, abgerufen am 12. September 2017 um 12:14 h.

15 http://www.umassmed.edu/cfm/mindfulness-based-programs/mbsr-courses/about-mbsr/mbsr-journal-articles/, abgerufen am 15. Juli 2017 um 11:35 h.

16 http://onlinelibrary.wiley.com/doi/10.1002/brb3.219/full, abgerufen am 15. Juli 2017, um 11:12 h.

17 Beck, Matthias: Zur Beziehung von Geist, Genetik und Epigenetik, Imago Hominis (2013), http://www.imabe.org/index.php?id=1974, abgerufen am 24. September 2017 um 12:27 h.

18 https://vimeo.com/221071871, abgerufen am 25. Oktober 2017.

19 Zitiert aus einer E-Mail vom 20. September 2017 an die Autorin.

20 http://www.trainingsraum.de/erfahrungen.html, abgerufen am 20. September 2017 um 15:15 h.
21 https://www.emotionelle-erste-hilfe.org/fuer-fachleute/#eeh-wasistdas, abgerufen am 21. September 2017 um 12:17 h.s
22 Visotschnig, Erich: Nicht über unsere Köpfe, Wie ein neues Wahlsystem unsere Demokratie retten kann, oekom Verlag, 2017.

# REGISTER